本书受 《序伦财经文库》系列学术专著基金
国家社会科学基金项目(19BGL061) 资助

序|伦|财|经|文|库

技术创新与盈余质量研究

汪猛 ◎ 著

中国社会科学出版社

图书在版编目(CIP)数据

技术创新与盈余质量研究/汪猛著．—北京：中国社会科学出版社，2020.1

（序伦财经文库）

ISBN 978-7-5203-5469-1

Ⅰ.①技… Ⅱ.①汪… Ⅲ.①技术革新—研究②会计检查—研究 Ⅳ.①F062.4②F231.6

中国版本图书馆 CIP 数据核字(2019)第 232583 号

出 版 人	赵剑英
责任编辑	王　曦
责任校对	孙洪波
责任印制	戴　宽

出　　版	中国社会科学出版社
社　　址	北京鼓楼西大街甲 158 号
邮　　编	100720
网　　址	http://www.csspw.cn
发 行 部	010-84083685
门 市 部	010-84029450
经　　销	新华书店及其他书店

印刷装订	北京君升印刷有限公司
版　　次	2020 年 1 月第 1 版
印　　次	2020 年 1 月第 1 次印刷

开　　本	710×1000　1/16
印　　张	14.5
插　　页	2
字　　数	188 千字
定　　价	79.00 元

凡购买中国社会科学出版社图书，如有质量问题请与本社营销中心联系调换

电话：010-84083683

版权所有　侵权必究

序

作者汪猛同志是我指导的博士生，基于博士论文完成本书，邀我作序，我欣然接受。

人类社会经历了蒸汽机、电气化和信息化三次工业革命，现已进入"工业4.0"时代，是利用信息化技术促进产业变化的智能化时代。随着"大智移云物"等的出现和广泛运用，人类迎来了以智能化为特征的第四次工业革命，技术创新在国家发展中具有战略地位，党的十八大明确提出"科技创新是提高社会生产力和综合国力的战略支撑，必须摆在国家发展全局的核心位置"。技术创新引领国家长远发展、解决社会难题，推动了社会经济发展。技术创新是时代的主旋律，技术创新对企业产生深远影响，因此，作为现代经济社会的基本单元和组成部分的企业，必将奏响技术创新的最强音，必须高度重视技术创新。技术创新影响企业的战略决策、市场占有率、经营业绩和核心竞争力等方面，汪猛基于创新经济学理论，将研究视角定位于会计盈余质量。

盈余质量是会计研究领域重要且永恒的话题，随着创新驱动发展战略的推进，中国科技创新能力不断增强，研究技术创新对会计盈余质量的影响，具有现实意义。盈余质量的特征涵盖可靠性、相关性、持续性、变动性、稳健性和及时性等多个维度，也正因为如此，盈余质量的衡量难度较大。很多学者围绕盈余质量影响因素开展广泛而深入的研究，比如研究了公司治理、内部控制、薪酬激励、制度环境、通货膨胀等因素对盈余质量的影响。创新经济学的产生源自熊彼特的《经济发展理论》一书的问世，随着实证研究方法的广泛运用，鼓励会计学进行交叉学科研究，汪猛同志的专著即从技术创新的角度研究了其与盈余质量的关系。本书的基本思路：基于创新驱动发展战略大的环境背景，以"竞争优势"和"加速化陷阱"等为理论根基，以实证检验的研究范式，探索技术创新对盈余质量的影响，并选取产权性质、制度环境等调节变量，进一步增强本书的研究价值及贡献。

归纳起来，本书的创新之处体现在以下几点：

（1）以创新驱动发展战略为背景，从创新经济学出发研究会计问题，体现了跨学科交叉融合，具有学术理论贡献和实践价值。党的十八大提出走创新驱动发展道路，有关创新经济学方面的成果日益增多，但将创新经济学与会计学结合起来特别是与盈余质量结合起来的成果尚为鲜见。作者系统梳理了有关创新经济学研究文献，分析了技术创新与盈余质量之间关系的逻辑链条，运用经验研究方法，发现技术创新能够抑制盈余波动性、提高盈余持续性，丰富了现有文献。

（2）本书得到的结论之一：技术创新能够提高企业持续盈利能力，该结论为国家实施创新驱动发展战略、为企业抓实抓牢技术创新提供了经验证据，具有应用性导向。技术作为生产要素之一，技术进步对提高生产效率、推动社会进步，起到了重大作用。技术创新能够增强企业核心竞争力，不断提高企业可持续增长能力，而且被本书证实。当今是智能化时代，没有创新，或者说不重视技术创新，企业将无法掌控复杂局面，本书由实证方法得到的结论也验证了技术创新对不断提高企业持续盈利能力的重要作用。

（3）本书得到的结论之二：过多的专利反而降低了盈余价值相关性，这可能与资本市场中存在的专利的"加速化陷阱"有关，但较强的知识产权保护、较弱的政府干预、较高的金融发展水平以及较高的法治水平有利于提高专利技术的价值相关性，这无疑为加强制度环境建设提供了很好的启示和经验证据。

随着第四次工业革命的深入发展，"大智移云物"将对会计产生深远影响，本书选题将技术创新与会计结合起来，不但体现了学科之间的交叉融合，而且将会计话题与国家创新驱动发展战略结合起来研究，选题新颖，富有实践意义。从反映盈余质量的波动性、持续性和价值相关性三方面构建本书结构，既属于同一体系，又互相联系，思路清晰、结构严谨。文献综述资料翔实，理论推导具有逻辑性，实证设计科学合理，结论可靠。当然本书并非完美，比如盈余质量的衡量并不限于本书提到的三方面，还包括稳健性、及时性等，这为从事该领域研究的学者提供一定的启发，也可能引发更多人关注创新经济学与会计学科的融合研究。本书需要改进或完善之处，希冀读者诸君指教！

"术业有专攻"，愿作者能够对该领域有更深刻的探究！"学无止境"，愿作者在学术道路上取得更大成就！

徐经长
2019年12月于北京

前　言

　　党的十八大报告明确提出：科技创新是提高社会生产力和综合国力的战略支撑，必须摆在国家发展全局的核心位置。实施创新驱动发展战略是党和国家的基本国策，经济发展新常态、产业转型升级和"大众创业、万众创新"等国家战略的实施，表明技术创新在经济增长中发挥重大作用。熊彼特在《经济发展理论》中提出技术创新理论，认为经济发展的根本动力是创新。索洛认为技术进步是经济增长的重要来源。就技术创新的经济后果而言，专利可以作为技术创新的重要衡量指标，但是根据国内外研究结论，专利具有两种截然相反的理论或结果，即"专利竞争优势理论"和"加速陷阱理论"，而且这两种理论在我国资本市场中均存在。会计盈余是企业经营业绩的综合衡量指标，是财务报告中最重要的信息，而且财务报告使用者进行契约和决策时非常看重盈余质量。盈余质量是会计信息质量的核心：盈余质量高，则能够为信息使用者提供决策相关信息。反映盈余质量的指标包括持续性、可预测性、变动性、价值相关性、及时性、稳健性和平滑性等，盈余质量可能受到宏观经济、会计准则制定、机会主义动机和经营多元化等多种因素的影响。技术创新影响盈余质量吗？本书便是在国家创新驱动发展战略实施的大背景下，研究技术创新是否影响以及如何影响盈余质量？采用经验研究方法，研究技术创新与会计盈余质量之间的关系，具体包括技术创新与盈余波动性、技术创新与盈余持续性以及技术创新与盈余价值相关性，而且结合产权性质、公司治理水平、融资约束和制度环境等研究其对两者之间关系的调节效应。

本书立足于创新驱动发展战略实施的大环境，基于学科间的交叉融合，研究技术创新对提高盈余质量的作用，主要结论如下：

第一，技术创新与盈余波动性。研究发现：（1）技术创新能力的增强能够抑制盈余波动性。（2）在国有企业中，技术创新能力的增强能够更进一步抑制盈余波动性。（3）相比较公司治理水平高和成立年龄大的企业，在公司治理水平弱及成立年龄小的企业中，技术创新能力的增强使盈余波动性更低。（4）相对于知识产权保护弱、政府干预弱、金融发展水平低和法治水平低的企业，在知识产权保护强、政府干预强、金融发展水平高及法治水平高的企业中，技术创新能力的增强进一步抑制了盈余波动性。

第二，技术创新与盈余持续性。研究发现：（1）技术创新能力的增强能够显著提高盈余持续性。（2）在国有企业中，技术创新能力的增强能够更进一步提高持续获利能力。（3）相比较公司治理水平高、融资约束强的企业，在公司治理水平低和融资约束弱的企业中，技术创新能力的增强能够更进一步提高持续盈利能力。（4）相比较盈余波动性小的企业，在盈余波动性大的企业中，技术创新与盈余持续性之间的正相关性有所减弱，但减弱的主要是应计项目利润的正相关性，而增强了经营活动现金流的正相关性。（5）相对于知识产权保护强、政府干预弱、金融发展水平高和法治水平高的企业，在知识产权保护弱、政府干预强、金融发展水平低及法治水平低的企业中，进一步增强了技术创新与盈余持续性之间的正相关性。

第三，技术创新与盈余价值相关性。研究发现：（1）技术创新降低了盈余价值相关性。（2）在国有企业中，技术创新与盈余价值相关性之间的负相关性进一步加剧。(3) 相比较盈余波动小和持续盈利能力弱的企业，在盈余波动性大和持续盈利能力强的企业中，进一步加剧了技术创新与盈余价值相关性之间的负相关性。(4) 相比较知识产权保护弱、政府干预强、金融发展水平弱和法治水平弱的地区的企业，在知识产权保护强、政府干预弱、金融发展水平强、法治水平强的地区的企业，技术创新能力的增强，有利于提高盈余价值相关性。

本书将创新经济学引入会计领域进行研究，具有一定的理论贡献和实践价值，具有贡献如下：

第一，以往文献主要从公司治理、内部控制、计量属性等方面研究其对盈余质量的影响，而本书突破现有文献，以我国的创新驱动发展战略为背景，研究技术创新对提高盈余质量的作用，丰富了现有研究文献。

第二，不仅研究技术创新对盈余质量的影响，而且选取产权性质、公司治理、融资约束、制度环境等研究其对技术创新与盈余质量之关系的调节作用，进一步增强了本书的现实意义。

第三，为企业深入贯彻落实国家创新驱动发展战略提供决策参考，企业应扎实推进技术创新活动，实现长期经营目标，而且本书的经验证据也表明技术创新有利于企业获取更好的经营业绩。

第四，政府除了鼓励企业贯彻落实技术创新战略外，还应加强制度环境建设，为企业技术创新活动提供制度保障，因为完善的制度环境有利于增强技术创新对盈余波动性的抑制作用，而且有利于增强技术创新的盈余价值相关性。

第五，投资者在进行投资决策时，不应忽视技术创新活动隐含的价值相关信息，特别应结合企业的产权性质、盈余波动情况、所处的制度环境等综合分析技术创新可能隐含的有用信息。

目　录

第一章　绪论 …………………………………………………（1）
　　第一节　研究背景和研究意义 ……………………………（1）
　　第二节　研究思路与研究方法 ……………………………（5）
　　第三节　主要内容与研究框架 ……………………………（7）
　　第四节　主要贡献 …………………………………………（9）

第二章　技术创新理论与文献述评 …………………………（10）
　　第一节　概念界定和基本理论 ……………………………（10）
　　第二节　技术创新研究国内外文献述评 …………………（19）

第三章　盈余质量理论与文献述评 …………………………（27）
　　第一节　盈余质量的概念界定和基本理论 ………………（27）
　　第二节　盈余波动性 ………………………………………（30）
　　第三节　盈余持续性 ………………………………………（33）
　　第四节　盈余价值相关性 …………………………………（42）
　　第五节　小结 ………………………………………………（47）

第四章　技术创新与盈余波动性 ……………………………（48）
　　第一节　引言 ………………………………………………（48）

第二节　技术创新与盈余波动性理论分析与研究假说 ……（50）
　　第三节　技术创新与盈余波动性研究设计 …………………（59）
　　第四节　技术创新与盈余波动性实证结果与分析 …………（63）
　　第五节　小结 …………………………………………………（88）

第五章　技术创新与盈余持续性 …………………………………（89）
　　第一节　引言 …………………………………………………（89）
　　第二节　技术创新与盈余持续性理论分析与研究假说 ……（91）
　　第三节　技术创新与盈余持续性研究设计 …………………（99）
　　第四节　技术创新与盈余持续性实证结果与分析 …………（103）
　　第五节　小结 …………………………………………………（141）

第六章　技术创新与盈余价值相关性 ……………………………（143）
　　第一节　引言 …………………………………………………（143）
　　第二节　技术创新与盈余价值相关性理论分析与研究假说 …（145）
　　第三节　技术创新与盈余价值相关性研究设计 ……………（151）
　　第四节　技术创新与盈余价值相关性实证结果与分析 ……（155）
　　第五节　小结 …………………………………………………（186）

第七章　研究结论与政策建议 ……………………………………（187）
　　第一节　研究结论 ……………………………………………（187）
　　第二节　政策建议 ……………………………………………（191）
　　第三节　研究局限性与后续研究展望 ………………………（193）

参考文献 ……………………………………………………………（195）

致谢 …………………………………………………………………（218）

第一章 绪 论

第一节 研究背景和研究意义

一 研究背景

党的十八大报告明确提出实施创新驱动发展战略。党中央提出中国经济发展"新常态",经济发展从高速增长转为中高速增长,经济结构不断优化升级,经济发展的动力从要素驱动、投资驱动转为创新驱动。根据科学发展观,经济发展转向创新驱动,是要把它作为经济发展的新动力,使经济发展更多依靠科技进步、劳动者素质提高和管理创新驱动。驱动经济发展的创新是多方面的,包括科技创新、制度创新和商业模式创新,其中科技创新是关系发展全局的核心。创新驱动的增长方式不只是解决效率问题,更为重要的是依靠知识资本、人力资本和激励创新制度等无形要素实现要素的新组合,是科学技术成果在生产和商业上的应用和扩散,是创造新的增长要素。因此,创新驱动的经济增长是比集约型增长方式更高层次、更高水平的增长方式。创新是企业可持续发展的重要条件和竞争力提高的主要源泉,创新是提升企业价值的根本途径,创新能够给企业带来异质性资源。企业资源基础理论认为,企业中具有价值的、稀缺的、难以模仿的和难以替

2　技术创新与盈余质量研究

代的异质性资源使得企业具有持续竞争优势（Barney，1991）。索洛模型认为技术进步是经济长期增长的外生因素（索洛，1956），技术进步是经济增长的核心，是经济增长的内生因素（Romer，1990）。创新经济学认为，创新能够提高企业价值和生产率（Griliches，1986；Cockburn and Griliches，1988），创新是企业竞争力提高的主要源泉（Dosi，1988），根据竞争优势理论，专利（技术创新的衡量指标）能够使企业获得技术领先地位，建立品牌地位，开拓市场（Reitzig，2004）。基于现有研究和理论，技术创新有利于企业获取竞争优势，有利于企业长远发展。

财务会计的基本目标是向企业利益相关者提供财务信息，而财务信息的基本功能是缓解资本市场中的信息不对称，信息质量的高低决定着资本市场有效性和资源配置效率。当前财务会计的目标已经从"受托责任观"转为"决策有用观"，斯托布斯（Staubus，1953）提出决策有用观，即认为财务会计的目标是为利益相关者提供决策有用的信息，股东、债权人、政府部门、管理者等均是企业的利益相关者，但因存在信息不对称性，这些利益相关者需要通过财务信息获知企业的财务状况、经营成果和现金流量等信息，财务信息的质量对利益相关者非常重要，财务信息质量的核心内容是会计盈余质量。盈余质量概念形成于20世纪30年代，最初在证券行业中使用，盈余质量起初是为了发现价值被低估的证券。决策有用的信息观认为会计盈余质量是向信息使用者提供决策有用信息，强调提供相关信息；决策有用的计量观认为会计盈余能够在多大程度上反映企业真实盈余，强调盈余的真实性。会计盈余质量可能受到诸如会计计量属性、会计目标的认定、代理动机、契约、政府监管、税收规避、宏观经济和制度环境等多种因素的影响。盈余质量定义为会计盈余真实反映希克斯（Hicksian）收入的程度，持续性（Persistenece）、可预测性（Predictability）和变动性（Variability）是反映盈余质量的重要指标（Schipper and

Vincent，2003），会计盈余质量包括应计质量、盈余持续性、盈余可预测性、盈余平滑性、盈余价值相关性、盈余及时性和盈余稳健性等（Francis et al.，2004），会计盈余分为盈余持续性、可预测性、盈余平滑、异常应计、应计质量、盈余反应系数和盈余价值相关性等（Perotti and Wagenhofer，2014）。由此可见，可以多种角度衡量会计盈余质量，而且这些度量盈余质量的指标计量方法不同、研究角度有别，本书无意囊括度量盈余质量的所有指标，而是基于创新的"竞争优势理论"研究技术创新是否真的能够发挥竞争优势，即技术创新是否有利于企业获得长期的经营业绩（会计盈余）稳定？或者说技术创新能够抑制会计盈余波动性？若技术创新能够降低盈余波动性，那么，是否能够保持企业长期持续盈利（或者说能否增强盈余持续性）？再者，技术创新在抑制盈余波动性、增强盈余持续性的条件下，是否能够提高会计盈余价值相关性？

二　研究意义

党的十八大报告明确提出走中国特色的自主创新道路、实施创新驱动发展战略，2014年9月第八届夏季达沃斯论坛上，李克强总理第一次提出"大众创业、万众创新"，并在2015年3月十二届全国人大三次会议上，将"大众创业、万众创新"写入《政府工作报告》。当前，中央提出和实施的经济增长"新常态"、供给侧经济结构性改革、产业转型升级等国家战略，都表明中国经济增长已经从要素驱动、投资驱动转向创新驱动。在此背景下，各类企业，特别是高新技术企业，均在积极加快转型升级，加大研发投入力度，提高自主创新能力。技术创新是企业一项重大的长远发展战略，决定着企业的长期发展和经营业绩的提升。技术创新影响经济增长方式的转变，能够提高企业核心竞争力，技术创新必然会影响企业的经营业绩。本书即是研究技术创新与会计盈余质量的关系,包括技术创新对盈余波动性、盈余持续性和盈余价值相关性的影响。研究该议题,具体的理论和实践意义阐述如下:

1. 理论意义

首先,企业盈余波动性受多种因素影响,比如外部宏观经济环境、制度环境等,但是否受技术创新的影响呢?对此,本书提供了经验证据,而且从实证结果来看,技术创新确实能够抑制经营业绩的波动;技术创新增强了企业经营业绩的持续性,但同时,技术创新却降低了盈余的价值相关性,从而得出"正""反"两种结论,由此可见,技术创新产生的"竞争优势理论"和"加速化陷阱理论"在我国资本市场均存在。其次,本书结合公司治理、制度环境等因素,研究其对技术创新与会计盈余质量两者关系的调节作用,根据得到的研究结论,加强公司治理机制建设仍然任重道远,不能仅仅追求达到一种制衡,事实上公司治理机制建设并不是为了达到相互之间的制衡,更根本的是公司治理结构的改进,使治理机制发挥最佳效果;从短期来看,制度环境建设可能对真实的技术创新能力的提高并未显效,但从长远来看,加强制度环境建设,有利于提高企业的技术创新能力。本书为此提供了经验证据,也具有理论价值。最后,盈余波动性影响盈余持续性(Dichev and Tang,2008;Clubb and Wu,2014),而且盈余波动性对技术创新与盈余持续性以及技术创新与盈余价值相关性之间的关系起到调节作用,这一研究结论无疑丰富了现有的研究文献。

2. 实践意义

第一,本书的结论对于国家实施创新驱动发展战略及企业坚持技术创新战略具有重要的现实意义。本书发现技术创新能够抑制经营业绩波动、增强持续营利能力,因此,从国家长期发展和企业自身发展来看,更加凸显了创新驱动发展战略的重大实际意义。

第二,政府部门加强制度环境建设和企业加强公司治理机制建设具有重大现实意义。完善的公司治理机制和制度环境有利于增强企业的创新能力,从而有利于经营业绩的提升,但任重而道远,而且从经验证据来看,公司治理建设并未达到激励技术创新的目的。

第三,国家积极推动"大众创业、万众创新"的同时,更应该重视培育"工匠精神",因为根据本书的研究结论,发现技术创新对盈余质量可能存在两种截然相反的影响,即"竞争优势理论"和"加速化陷阱理论"同时并存。

第四,投资者在进行投资决策时,一方面应考虑技术创新可能隐含的价值相关信息,另一方面还应结合制度环境等因素进行综合抉择。

第二节 研究思路与研究方法

一 研究思路

本书研究的核心问题是技术创新对会计盈余质量的影响,研究范畴属于技术创新产生的经济后果,使用的理论主要包括"竞争优势理论"和"加速化陷阱理论"等,即由这两个理论阐释技术创新对会计盈余质量的影响,而会计盈余质量具体包括盈余波动性、盈余持续性和盈余价值相关性。本书共分为7章,前3章主要介绍研究背景、研究意义、研究的主要内容以及技术创新与会计盈余质量相关的理论与文献回顾,第四章、第五章和第六章分别研究技术创新与盈余波动性、技术创新与盈余持续性以及技术创新与盈余价值相关性之间的关系,这三章为经验证据,也是本书的主体内容,第七章为研究结论与政策建议。研究思路如图1-1所示:

6 技术创新与盈余质量研究

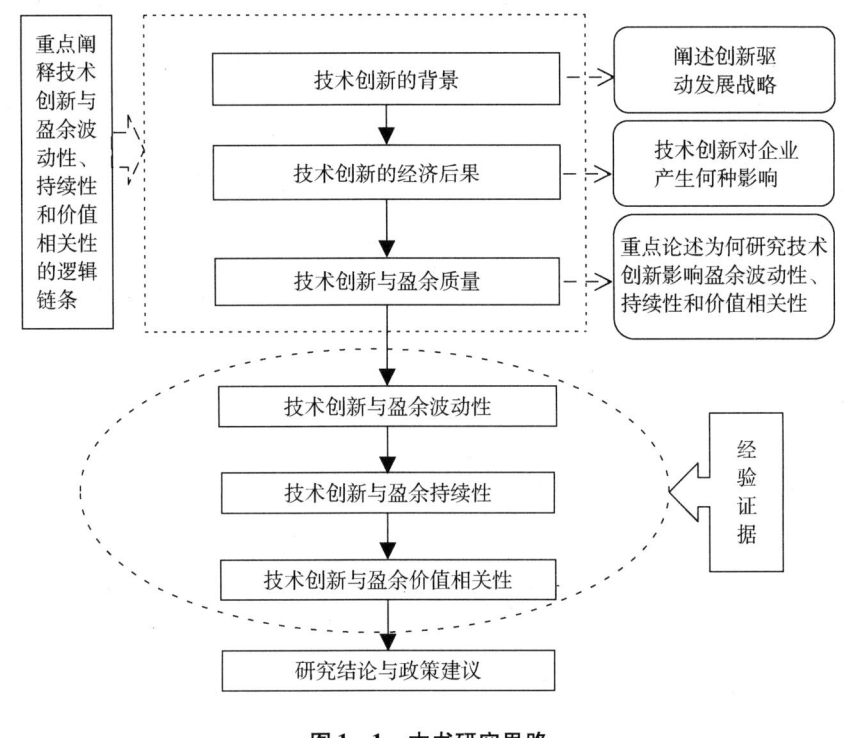

图1-1 本书研究思路

二 研究方法

本书重点研究技术创新与盈余质量（盈余波动性、盈余持续性和盈余价值相关性）之间的关系，论题涉及的理论基础涵盖经济学、管理学、财务学、制度经济学、技术创新理论以及会计学等学科。采用理论分析、提出假说与经验研究相结合的方法，具体方法包括演绎推理、归纳总结、设置变量、建立模型，而且在实证检验中采用非参数检验、聚类分析、相关系数分析、内生性检验以及稳健性测试等方法。

第三节 主要内容与研究框架

一 主要内容

本书共分为7章，具体内容阐述如下：

第一章为绪论，主要介绍研究背景、研究意义、研究思路与方法、研究的主要内容以及主要贡献。

第二章为技术创新理论与文献述评，具体介绍技术创新的概念、理论及其理论发展和国内外技术创新相关研究成果。

第三章为盈余质量理论与文献述评，具体介绍盈余质量（以盈余波动性、盈余持续性和盈余价值相关性为主）相关理论、会计盈余质量研究的国内外相关文献述评。

第四章研究技术创新与盈余波动性之间的关系，具体包括理论分析与研究假说、研究设计（样本选取与数据来源、模型设计与变量定义）、实证结果与分析、内生性检验和稳健性检验等，并研究产权性质、公司治理、成立年龄和制度环境等对两者之关系的调节作用。

第五章研究技术创新与盈余持续性之间的关系，具体包括理论分析与研究假说、研究设计（样本选取与数据来源、模型设计与变量定义）、实证结果与分析、内生性检验和稳健性检验等，并研究产权性质、公司治理、融资约束、盈余波动性和制度环境等对两者之关系的调节作用。

第六章研究技术创新与盈余价值相关性之间的关系，具体包括理论分析与研究假说、研究设计（样本选取与数据来源、模型设计与变量定义）、实证结果与分析、内生性检验和稳健性检验等，并研究产权性质、盈余波动性、盈余持续性和制度环境等对技术创新与会计盈余价值相关性之间的调节作用。

第七章为研究结论与政策建议,具体内容包括本书得到的研究结论、政策建议以及研究局限性与后续研究展望。

二 研究框架

本书的框架结构如图1-2。

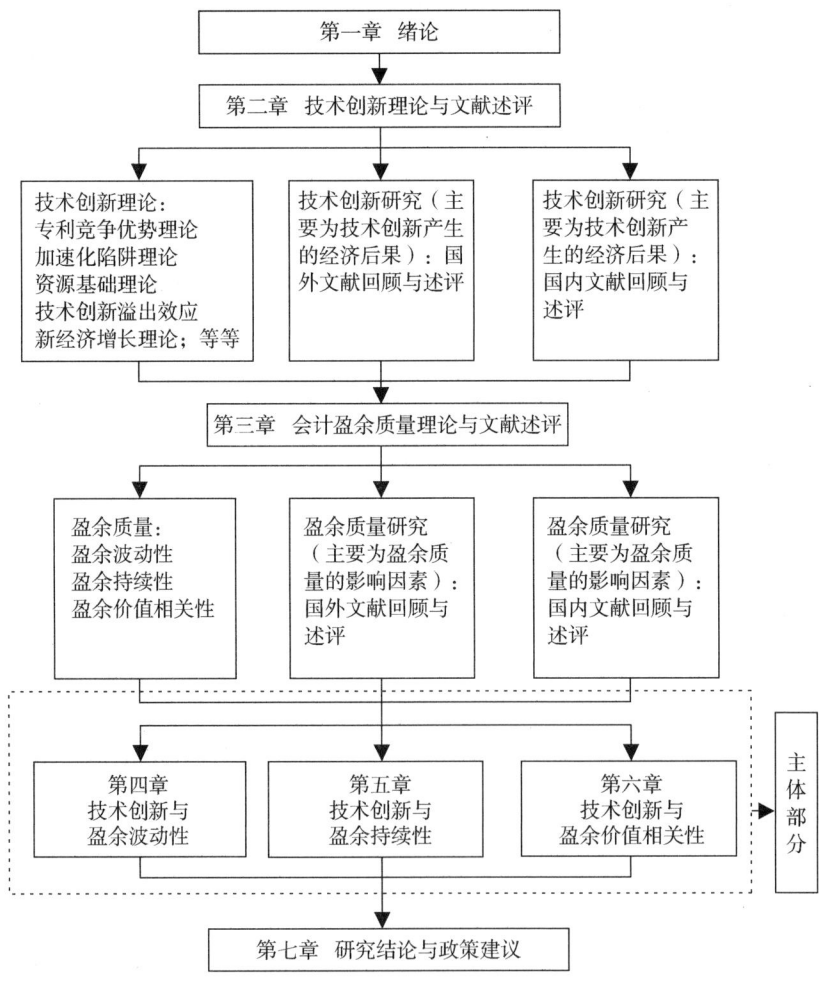

图1-2 本书框架结构示意

第四节 主要贡献

第一，以往文献主要从公司治理、内部控制、计量属性等方面研究其对盈余质量的影响，而本书突破现有文献，以我国的创新驱动发展战略为背景，研究技术创新对盈余质量的影响，丰富了现有研究文献。

第二，不仅研究技术创新对盈余质量的影响，而且多角度考虑诸如产权性质、公司治理、融资约束、制度环境等对技术创新与盈余质量之关系的调节作用，进一步增强了本书的现实意义。

第三，为企业深入贯彻落实国家创新驱动发展战略提供决策参考，企业应扎实推进技术创新活动，实现长期经营目标，而且本书的经验证据也表明技术创新有利于企业获取较好的经营业绩。

第四，政府除了鼓励企业贯彻落实技术创新战略外，还应加强制度环境建设，为企业技术创新活动提供制度保障。

第五，投资者在进行投资决策时，不应忽视技术创新活动隐含的价值相关信息，应结合企业自身的产权性质、盈余波动情况、所处的制度环境等因素综合分析技术创新可能隐含的有用信息。

第六，为国家深入实施自主创新战略和专利制度建设提供经验证据，企业要不断提高专利技术水准，追求精品，切实提高自主创新能力，而且要加强专利制度建设，加强专利知识产权保护建设。

第二章 技术创新理论与文献述评

第一节 概念界定和基本理论

一 概念界定

对"创新"的理解,在科学研究和生产实践中,经历了逐步完善而深入的过程。熊彼特1912年在《经济发展理论》中首次提出"创新理论"(Innovation Theory),指出"创新"是"建立一种新的生产函数或供应函数",是"生产要素的重新组合",是把一种从来没有的生产要素和生产条件的"新组合"引进生产体系中。熊彼特进一步指出了"创新"的五种情况:(1)创造新产品;(2)采用新的生产方法;(3)开辟新市场;(4)获取或控制原材料和半制成品的新的供应来源;(5)实现新的组织形式。上述5种情况对应的就是现在通常所说的产品创新、技术创新、市场创新、资源配置创新和组织创新。熊彼特的创新理论包括以下几个基本观点:(1)创新是生产过程中内生的,即创新是从体系内部发生的;(2)创新是一种"革命性"变化,创新具有突发性和间断性特点;(3)创新能够创造出新的价值,强调创新是新工具或新方法的应用,应用于经济活动中,并能够产生新的经济价值;(4)创新的主体是"企业家",熊彼特强调创新活动中人的作用，特别是优秀企业家所发挥的作用；（5）创新是经济发展的本质规定，从创新的视角来解释经济发展。熊彼特在《经济周期》《资本主义、社会主义和民主主义》中对创新进行了完善，形成了熊彼特创新理论体系。熊彼特认为，创新不是一个单纯的技术概念，是一个经济概念，也就是说，创新不是单纯的科学技术的创造发明，而是要将创新要素或新组合引入生产体系，投入到生产中，并产生经济效益。熊彼特的创新理论将创新作为经济发展的根本原因，而且创新不是狭义的技术创新，而是包括各种创新的综合系统。

20世纪60年代，随着新技术改革的快速发展，华尔特·罗斯托将"创新"概念发展为"技术创新"，认为"技术创新"是"创新"的主导力量。伊诺斯1962年在《石油加工业中的发明与创新》首次将"技术创新"定义为：技术创新是几种行为综合的结果，这些行为包括发明的选择、资本投入、组织建立、制订计划、招用工人和开辟市场等（从行为的集合进行定义）。林恩从创新时序过程角度将技术创新定义为：技术创新是始于对技术的商业潜力的认识而终于将其完全转化为商业化产品的整个行为过程。美国国家科学基金会从20世纪60年代起也开始对技术变革和技术创新进行研究，作为主要的倡议者和参与者，迈尔斯和马奎斯（1969）在研究报告《成功的工业创新》中将创新定义为技术变革的集合，认为技术创新是一个复杂的活动过程，从新思想、新概念开始，不断地解决各种问题，最终使一个有经济价值和社会价值的新项目得到实际的成功应用。20世纪70年代下半期，他们进一步拓展了技术创新，在研究报告《1976年：科学指示器》中，将技术创新定义为：将新的或改进的产品、过程或服务引入市场。厄特巴克（1974）在《产业创新与技术扩散》中认为：与发明或技术样品相区别，创新就是技术的实际采用或首次应用。弗里曼（1973）在《工业创新中的成功与失败研究》中认为：技术创新是技术的、工艺的和商业化的全过程，其导致新产品的市场实现和新技工艺与装备的商业化应用。弗里曼（1982）在《工业创新经济学》中提出：技术创新是新产品、新过程、新系统和新服务的首次商业性转化。

通过对"创新"概念的理解，不同的学者给出不同的定义，但创新是不断的变革这一思想是不变的。本书对"创新"的定义正如罗斯托等学者所提出的，是指技术创新。根据学者对技术创新的理解和定义，将技术创新的特点概括如下：第一，创造性，即技术创新是从无到有；第二，风险性，技术创新具有不确定性；第三，收益性，技术通过投入生产带来经济效益；第四，系统性，技术创新涉及企业研发技术部门、供产销部门、财务部门、人力部门等，是一种集体性的创造性活动；第五，破坏性，技术创新可能威胁甚至摧毁一个行业的生存；第六，实践性，技术创新产品必须运用于生产实践才能发挥其价值效应，也才能带来经济效益和社会效益。本书研究技术创新对会计盈余质量的影响，实际上是研究技术创新的经济后果，而从技术创新的六大特点来看，技术创新具有风险性和收益性，风险性是指由于外部环境的不确定性、技术创新项目本身的难度与复杂性、创新者自身能力与实力的有限性，而导致技术创新活动达不到预期目标的可能性。技术创新风险的来源：首先，外部环境的不确定性，比如国家政策变动、新的竞争对手的出现、消费者新的需求的出现、新的可替代产品和潜在竞争对手的威胁等；其次，技术创新项目本身的难度和技术复杂性，也正是因为此，增加了对人、财、物等大量的需求；再次，企业实力，这些包括企业的自身实力（资金、技术、人才、应对市场的能力等）、风险应对能力和企业决策者对风险的态度。技术创新具有收益性，包括企业的经济效益和社会效益。就技术创新的社会效益来说，技术创新能够创造出新的产品，改善人民生活水平，推动产业转型升级，促进经济发展，而且能促进产品的出口，创造外汇，对推动国家综合国力的提升具有重大的战略意义。就企业层面来说，通过研发新产品，通过技术进步和提高创新能力，生产出高科技产品，能够增强企业的核心竞争力，有利于降低产品生产成本、有利于增加产值、有利于促进产品的生产和销售、有利于增加产品的利润，而且有利于企业增强市场优势、竞争力和企业的长远发展能力。

二 基本理论

技术创新理论（Technical Innovation Theory）主要有两个学派，即新古典学派和新熊彼特学派。新古典学派以索洛（Solow）为代表，索洛（1956）构建新古典经济增长模型，研究资本和劳动在经济增长中的作用，研究技术进步与经济发展的关系，指出技术进步是经济增长的核心源泉。新熊彼特学派以曼斯菲尔德、斯通曼、弗里曼等为代表，坚持熊彼特的创新理论思想，而且做了进一步研究和探索，该学派认为技术创新和技术进步在经济发展中能够起到核心作用。随着经济的发展，科学技术发展日新月异，创新理论也得到了长足的发展，而且创新理论又上升到一定高度，将创新逐渐提升到国家战略的高度，出现了国家创新、系统集成网络创新、产业集群创新、三螺旋创新等理论体系。

1. 新经济增长理论

凯恩斯（1936）的力作《货币、就业和利息通论》问世，掀起了凯恩斯革命，并创立了宏观经济学。哈罗德（1939）发表《论动态理论》，提出动态经济增长学说，分析经济增长的条件和影响因素等，对国民收入或产量长期增长进行解释。哈罗德（1948）发表《动态经济学导论》，在动态分析中引入时间因素，哈罗德（1973）出版《动态经济学》，从动态发展的角度，填补了凯恩斯理论的空白。20世纪三四十年代，经济学家哈罗德和多马建立了著名的哈罗德—多马经济增长模型，该模型是根据凯恩斯的有效需求理论和储蓄—投资理论分析得到的，研究实现经济长期均衡增长的条件。20 世纪 50 年代，以索洛和斯旺等为代表的新古典经济增长理论是在哈罗德—多马经济增长模型中不合理假定基础上发展起来的，索洛和斯旺（1956）提出索洛模型或称外生经济增长模型，奠定了新古典经济增长理论的基础。索洛模型认为技术进步是经济长期增长的外生因素，但未解释技术进步的决定因素。阿罗（1962）和罗默（1986）提出内生经济增长理论，罗默认为知识在经济增长中起到重要作用，并认为技术进步是知识引致；罗默（1990）提出技术进步内生的增长模型，即把经济增长建立在技术进步上，认为技术进步是经济增长的核心。

2. 技术创新溢出效应

随着经济全球化的加剧，生产产品和提供服务可以在全球流动，企业面临越来越大的全球性竞争压力，如何保持企业长期持续盈利成为企业发展的核心要义。波特（1990）提出国家竞争优势理论（或称波特钻石模型），认为影响一国某个行业国际竞争优势的因素包括生产要素、市场需求、支持产业、企业战略与同业竞争、政府政策和机会等，但随着科技进步和技术革命的深入推进，影响企业国际竞争力的传统因素受到很大冲击，因此，加快技术创新是形成企业核心竞争力、保障企业长期持续发展的必然选择。根据熊彼特（1912）的观点，技术创新包括产品、生产方法与工艺、新的市场、原料的新来源和新的组织等组合，但是技术创新是一项高投入、长周期、高风险的企业战略活动。而通常对风险的理解，有学者强调风险表现的不确定性，有学者强调风险表现为损失的不确定性，但风险具有客观存在性、变动性和可预测性的特点。技术创新风险的产生可能因为外部环境存在不确定性、项目自身的难度和复杂性，或者企业自身能力有限等达不到预期目标；或者因资金、技术、市场、政策、法规等不确定性因素而导致技术研发失败的可能性。

瓦西里·里昂惕夫是投入—产出分析方法的创始人，里昂惕夫（1993）提出投入—产出分析的基础是一般均衡，投入—产出分析基于一般均衡理论，用代数联立方程的方法，来阐述经济活动中的相互依存性。投入—产出表反映国民经济各部门间的投入—产出，投入—产出表在第二次世界大战后得到广泛运用。随着投入—产出表和分析技术的不断完善，投入—产出计算也不断与经济计量学、数理统计等学科融合，投入—产出技术的运用不断扩大，在可持续发展、技术创新、生产率增长和经济全球化等方面日益引起重视，而且技术创新理论的溢出效应研究不断深入。溢出效应（Spillover）是指对某部门进行大量研发投入，能够提高技术进步，提高生产率，同时，也能够提高其他部门生产率，之后有学者利用投入—产出理论分析知识（或技术）创新的溢出效应。技术创新的溢出效应是技术创新的外部性，萨缪尔森（Samuelson）对外部经济效应的理解是"当生产或消费对其他人产生附带的成本或效益时，外部经济效应就发生了"。肯尼斯·阿洛认为若因投资产生的知识被转移到竞争者，企业进行R&D投入的激励减少；米切尔·史密斯发现，若溢出增加，则R&D投入减少。格里利克斯（Griliches，1992）认为，技术溢出就是基于相似的研究而彼此互惠。对技术溢出效应可以这样理解：一家企业发明一项新技术，随之被竞争企业复制、模仿，而且一段时间以后，市场中很多产品或服务都使用了该技术，这就是一种技术溢出效应，产生技术溢出的企业在市场中可能是受害者，但同时也可能是受益者（因为其他企业也可能产生技术溢出）。经济学家阿罗用外部性解释了溢出性对经济增长的作用，他认为进行投资的生产厂家通过积累生产经验提高生产率，其他厂家可以通过学习提高生产率，这便是投资产生的溢出效应。内生的技术进步是经济增长的动力（罗默，1990），罗默认为知识不同于普通商品之处在于知识具有溢出效应，也正是知识的溢出效应提高了全社会的生产率。

3. 专利竞争优势理论

专利制度是国际上利用经济和法律手段确认发明人对其发明享有专有权，以此来保护、促进技术发明创造的制度。专利的基本内容是遵循专利法，将发明创新要点写成详细的说明，向专利主管部门提出申请，向社会公众公布，征询意见，经过专利主管部门审查、批准后，授予专利发明者专利权。专利（Patent）来源于英文，Patent一词包括垄断和公开两层意思，专利的基本特征就是垄断和公开。从专利法的角度理解专利，具体含义包括：（1）专利权人对其发明创造依照法律法规享有排他性的独占权；（2）专利法保护的对象是发明、实用新型和外观设计本身；（3）载有发明创造内容的专利文献。波特竞争理论认为决定企业获利的首要因素是"产业吸引力"，竞争优势学派认为产业吸引力和企业获得在市场中的位势是企业竞争优势的最重要来源。为了保持竞争优势和在市场中的位势，需要制订战略计划，比如加大产品研发投入，提高竞争能力，提高产品差异化，提高规模效应。总之，要形成自己的核心优势，加强研制王牌产品、高品质产品，不断提高行业壁垒，打击竞争者，获得垄断地位，取得垄断利润。企业竞争优势的源泉是异质性资源和能力（Barney，1991），该资源和能力是其他企业难以模仿和替代的，其核心思想即发明专利具有异质性，而且是其他企业难以模仿和复制的。

随着信息化、智能化、网络化和知识经济时代的到来，知识就是无形资产，是企业的一种专有性资产，企业能够从对专利的独占权中获利，但企业同时又需要不断地从外部获取知识，利用好外部知识是企业保持竞争优势的关键。专利不仅仅是企业的一种独占资产，而且也是取得市场竞争优势的来源，能够帮助企业占有市场位势，专利竞争优势从外部环境来看，主要指专利的垄断性和创新性。专利竞争的立体性、多维性和复杂性源自专利竞争优势的独特性，Reitzig（2004）认为专利能够使企业获得技术领先地位，建立品牌地位，开拓市场；

而且能够增强顾客对产品的忠诚度，增强与供应商的谈判能力，有利于企业获取或保持市场位势。

4. 资源基础理论

资源基础理论是战略管理的重要理论基础，该理论解释了竞争优势的最终来源。以波特为代表的竞争优势理论过分强调外部产业环境分析和行业选择，而忽视了企业自身的资源特性，对于在同样的外部环境下，难以解释同一产业内的企业间的绩效差异（Barney，1986）。资源基础理论能够系统论述企业竞争优势来源和绩效差异。企业资源基础理论有两个前提假设：（1）企业拥有的资源具有异质性特征（Heterogeneity）。资源的难以模仿和难以替代是形成资源异质性的关键（Dierickx and Cool，1989）。（2）企业内部资源具有不完全流动性。企业内部资源的不完全流动性是因一些资源优于另一些资源，造成市场失灵或市场不完全，进而使生产性要素的效率不同，效率的不同使得企业资源的异质性得以持续（Penrose，1959）。以 Barney 为代表的学者从企业自身的视角进行研究企业持续竞争优势的可持续性和企业间绩效差异的来源，而以 Penrose 为代表的学者则从竞争性市场的视角对市场竞争和竞争战略选择进行研究。异质性战略资源分为有价值的、稀缺的、不完全模仿的和不完全替代的资源（Wernerfelt，1984）。能够带来竞争优势的资源具有价值性、稀缺性、不可模仿性和不可替代性（Barney，1991）。企业资源基础理论阐述了企业竞争优势的来源，企业的可持续性竞争优势因企业的异质性资源而产生。

5. 加速化陷阱理论

与专利竞争优势理论相对应的便是专利的加速化陷阱理论（Acceleration trap），该理论认为过度追求专利数量未必一定能提高企业竞争优势。布朗（1999）认为过度缩短创新周期、追求专利数量将适得其反，因为创新周期的缩短、专利的粗放式增长会阻碍企业本可以实现的其他业务，菲利普（Philip，2001）认为专利的价值具有不确定性，因为专利中往往包括不重要的创新，这些不能代表企业的真正创新水平。布朗（1999）在对 1978—1990 年北美、欧洲和日本进行研究后得出结论：缩短创新周期，追求专利数量，不但造成资源浪费、专利质量参差不齐，而且新产品更新过快，超过了消费者接受能力，从而引致消费者抵制、观望等情绪，进而还会迫于市场压力，要保持经营业绩稳定，又会加大研发投入和专利产出，陷入恶性循环。

6. 国家创新系统

国家创新系统作为一个新的理论概念和分析方法引起学术界和政府部门的高度重视和广泛而深入的研究。查德·纳尔逊（1993）认为美国国家创新系统主要由市场制度、专利制度、研究与开发制度、大学和政府支持产业技术的计划和政策等制度安排构成，也就是说国家创新是"相互作用决定着一国企业的创新实绩的一整套制度"。纳尔逊强调了国家创新系统中专利制度和研究开发制度对一个国家创新能力所起到的决定性作用。我国政府近些年来也相继出台一系列国家创新战略的政策和文件，将创新作为国家重要的战略来抓。2006 年 2 月，国家发布《国家中长期科学和技术发展规划纲要（2006—2020 年)》；2012 年 11 月，党的十八大作出了创新驱动战略部署；2015 年 3 月出台《中共中央 国务院关于深化体制机制改革，加快实施创新驱动发展战略的若干意见》；2015 年 9 月出台《深化科技体制改革实施方案》；2016 年 5 月，中共中央、国务院印发了《国家创新驱动发展战略纲要》，并提出国家创新战略三步走目标：到 2020 年进入创新型国家行列，到 2030 年跻身创新型国家前列，到 2050 年建成世界科技创新强国。当前掀起了"大众创业、万众创新"的热潮，进入产业转型升级、经济发展"新常态"，而且已将创新驱动发展战略作为党和国家的一项基本国策。

第二节 技术创新研究国内外文献述评

一 技术创新研究国外文献述评

1. 技术创新的影响因素研究

自从熊彼特（1912）提出"创新理论"之后，有关创新的话题，国外学术界进行了广泛而深入的探究。格里利克斯（Griliches, 1957）从经济学的角度对技术创新进行了研究，格里利克斯（Griliches, 1979）和豪斯曼等（Hausman et al., 1984）深入研究对技术创新的计量和评价，曼斯菲尔德（Mansfield, 1968）、Prais 和 Mansfield（1968）研究了企业规模对创新的影响及产业研究在提升创新和生产力中的作用。

税收激励政策能够弥补技术创新活动中的市场失灵，即税收激励能够对技术创新活动产生"正面效应"（Cropper and Oates, 1992），税收激励政策能够促进 R&D 投资活动（Mamuneas and Nadiri, 1996）。税收激励对 R&D 产生积极影响，一般而言，1 单位的税收激励能够产生至少 1 单位的 R&D 投资（Klassen et al., 2004）。研发费用抵扣是一种间接税收优惠政策，属于"非债务税盾"，能够税前扣除，降低所得税负担。研发费用抵扣政策从本质上来说，是政府扶持企业进行技术创新的一种资金配套政策，其产生的税盾效应能够激励企业进行 R&D 投入（Bloom, et al., 2002），但也有学者认为企业的创新投入并未有效地利用税收优惠（Mansfield, 1986）。

政府补贴是一种政策工具，通过对企业进行经济补偿，政府能够实现多种政策目标，而且在产业转型升级中发挥重要作用。但是政府补贴对技术创新的影响存在争议。政府补贴对私人 R&D 投入有显著正向作用（Hu, et al., 2001），政府补贴有利于弥补技术创新过程中的市场失灵（Patel and Pavitt, 2006），能够促进技术创新活动（Hewitt-

Dundas and Roper, 2010), 即政府补助能够对技术创新产生"正面效应"。政府的补贴政策对企业的创新投入产生挤出效应 (Wallsten, 2000), 即政府补贴对技术创新活动产生"负面效应"。

进行研发投入的企业更倾向于通过发行股票、债券等外部融资渠道进行融资, 从事技术创新活动的企业更容易受到外部融资约束的影响 (Aghion et al., 2004), 融资约束影响企业的技术创新活动, 融资约束高将阻碍企业的 R&D 投入 (Hall and Lerner, 2009)。霍尔和勒纳 (Hall and Lerner, 2009) 从企业、行业和国家等不同层面说明融资约束对技术创新活动产生显著而重要的影响。

贝尔基奇 (Berchicci, 2013) 研究了内部 R&D 投入、外部知识获得对创新绩效的影响, 发现企业面临平衡内、外部 R&D 投入活动以便从外部知识获益的挑战, 更加依赖外部 R&D 投资的企业, 则创新绩效更高, 但是有个临界值, 一旦超过这个临界值, 则更多的外部 R&D 投资活动反而降低了企业的创新绩效。

有关技术创新的影响因素研究, 国外围绕企业规模、税收激励、研发投入、融资约束等方面进行研究。

2. 技术创新经济后果研究

熊彼特在《经济发展理论》中提出技术创新理论后, 政治、经济和社会等领域不断进行深入的研究, 熊彼特认为经济发展的动力是创新。创新的目标是促进经济增长和推动社会进步, 技术创新有利于生产力水平的提高。索洛 (1957) 在《技术进步和总生产函数》中提出索洛模型, 认为从劳动力和资本中获得的经济增长是稳定的, 而技术进步才是经济增长的重要来源。索洛还利用美国 1909—1949 年产业数据, 经验研究提出索洛残差, 即总产出扣除劳动力和资本后的因素归结为技术进步; 施莫克勒 (Schmookler, 1966) 在《发明与经济增长》中, 采用专利统计分析测度技术进步, 从而开创了创新经济学的定量研究时代。发展经济学家提出的"内生增长理论"将技术进步作为经济增长的决定性因素（Romer，1987；Romer，1990）。

专利竞争优势理论认为，专利是技术创新活动的结晶，是一种创造价值的无形资产，它不仅反映技术的变化，而且预示企业获取超额利润的能力，即专利能为企业赢得竞争优势。专利的竞争优势主要源于创新经济学理论和企业资源基础理论。创新是一个非常宽泛的概念，适用于很多领域。在经济学范畴，熊彼特在《经济发展理论》中首先提出了创新的基本概念和思想，形成了最初的创新理论。1939年和1942年熊彼特又分别出版了《经济周期》《资本主义、社会主义和民主主义》两部专著，对创新理论加以补充完善，逐渐形成了以创新理论为基础的独特的创新经济学理论体系。资源基础理论为，企业是各种资源的集合体。企业拥有的资源各不相同，具有异质性，这种异质性决定了企业竞争力的差异。

专利引文指在申请专利文件中列出来的与本专利申请相关的其他文献，包括专利文献和非专利文献。专利引文蕴含着知识流动和技术转移。一定程度上一种专利会被后来开发的专利参考（即引用），这表明专利的经济价值和技术上的重要性。特拉坦伯格（Trajtenberg，1989）发现专利引用强度与被引用的专利所产生的社会收益正相关。Lanjouw 和 Schankerman（2001）发现被诉讼的专利比未被诉讼的专利被引用的频率更高。可见，专利引文能够作为创新的代理变量。专利被大量地引用表明被引用的专利已经产生了很多技术上比较成功的革新，而且这种革新具有重要经济意义，因为专利研发活动与企业技术上的创新投入高度相关。总之，专利引文包含有关提高未来盈余的企业创新的有用信息，比如专利的先发优势。所以，衡量创新的专利引文会对企业未来盈余产生增量信息。

熊彼特提出创新理论后，国外主要围绕技术创新能够促进经济增长、能够促进社会进步以及能够形成核心竞争力展开研究。

二 技术创新研究国内文献述评

1. 技术创新影响因素研究

朱平芳和徐伟民（2003）研究了上海市政府的科技激励政策对大中型工业企业 R&D 投入和专利产出的影响，发现政策的科技拨款和税收减免显著正向影响大中型科技企业的 R&D 投入，而且科技拨款和税收减免能够产生互为补充的效果，即提高一个的强度能够增加另一个的效果。林洲钰等（2013）基于所得税改革这一外生事件，研究税收政策对技术创新（以专利为代理变量）的影响，发现降低税率政策和研发费用抵扣政策从直接和间接两方面促进技术创新，而且这两个政策影响技术创新存在互补关系；税收激励强度与技术创新存在显著的倒 U 型关系，即税收激励强度小于某临界值时，税收政策能够显著提高技术创新能力，而当税收政策大于某临界值时，税收政策却抑制了技术创新；还进一步发现减税政策对于促进大型企业、装备制造业、市场化程度和法律约束程度较高地区的企业以及税费负担较重地区的企业的技术创新活动效果更加明显，研发费用抵扣政策更加能够促进中小企业的技术创新活动。但李丽青（2007）并未发现企业的创新投入有效地利用税收优惠政策。高新技术企业享受的税收优惠提高了企业的创新投入和创新绩效，而创新投入的提升在其中起到中介效应，但不同企业所处的制度环境差异致使税收优惠政策的效果有别，税收优惠对制度环境较高地区的企业并未形成有效激励；存在政治关联的企业并未将获得的税收优惠用于创新投入中（李维安等，2016）。

R&D 投入是企业技术创新的必要条件，能够对技术创新产生促进作用，合理利用和配置资源能够提高企业的 R&D 投入效率，而且资源利用对 R&D 投入与创新产出之间的关系产生不完全中介效应，并对创新产出产生显著积极影响（王红霞和高山行，2009）。严焰和池仁勇

(2013)以浙江省高科技企业为样本,研究了 R&D 投入对创新绩效的影响,发现 R&D 投入与创新绩效之间存在显著正向关系,而且发现技术获取模式对 R&D 投入与创新绩效之关系存在显著的调节作用:以自主研发作为主要技术来源和以购买技术资料或专利作为引进国外技术的主要方式,对企业 R&D 投入与创新绩效之关系具有正向调节作用,而以合作研发为主要技术来源和以购买设备、购买样品、聘请国外技术人员等为引进国外技术主要方式,对企业 R&D 投入与创新绩效之关系具有反向调节作用。

外部融资和企业规模影响技术创新,更为便利的外部融资能够显著促进技术创新,企业规模与技术创新之间呈现倒 U 型关系,金融发展水平和外部融资更显著地正向影响规模较小企业的技术创新(周方召等,2014)。融资约束是制约技术创新、产业结构升级,造成"中等收入陷阱"的重要因素,较弱的融资约束能够促进技术创新,促进产业转型升级,对成功跨越"中等收入陷阱"具有重要意义(丁一兵等,2014)。

在劳动密集型、资本密集型和技术密集型三种不同行业的企业中,公司治理对技术创新的影响不同;在资本密集型和技术密集型行业中,薪酬激励有利于企业开展创新活动,良好的市场环境能够推动企业的技术创新(鲁桐和党印,2014)。

受到不同融资约束的民营企业,对外直接投资(OFDI)对技术创新的促进作用存在差异,较弱的融资约束有利于增强 OFDI 对技术创新的促进作用;投资目的地是发达国家时,OFDI 对民营企业的技术创新的促进作用较大,而此时并未发现融资约束显著负向影响技术创新;投资目的地是发展中国家时,OFDI 对民营企业的技术创新的促进作用较小,而且融资约束明显阻碍技术创新(罗军,2017)。在企业普遍存在融资约束的情况下,政府 R&D 补贴对企业 R&D 投入的激励效应高度依赖"非主动性"的外部融资激励机制,政府 R&D

补贴因能够释放技术认证和监管认证的双重信号而使企业获得更多的外部认证性融资，进而能够激励企业的 R&D 投入（王刚刚等，2017）。

从上述文献可见：国内对技术创新的影响因素，涉及研发投入、税收激励、公司治理、融资约束等。

2. 技术创新经济后果研究

徐欣和唐清泉（2012）基于"专利竞争优势理论"和"加速化陷阱理论"，发现 2000 年之后，我国专利申请增长较快，呈现行业特点，专利产品主要集中于少数几个行业，反映了我国技术创新的不平衡性。大体上，专利与盈余显著正相关，表明我国存在专利竞争优势，但是也有些行业盈余并未随专利的增加而增加，即加速化陷阱理论同样也存在；同时，区分为新增专利和存量专利，发现新增专利能够显著提高盈余，而存量专利并未显著提高盈余，这可能与我国的专利具有时效性有关。

R&D 对生产率有促进作用，而且控制市场和产权因素后，R&D 与生产率仍然显著正相关，R&D 是促进我国经济增长的重要因素（吴延兵，2006），这是从技术创新投入的角度研究其对生产率的影响。技术创新能够降低经济增长集约化水平，外资技术溢出效应和模仿效应能够提高经济增长的集约化水平（唐未兵等，2014）。R&D 投入能够显著提高生产率（柳剑平和程时雄，2011）。李志强和赵卫军（2012）对技术创新与商业模式创新的协同效应进行研究，建立技术创新与商业模式创新协同的熵变模型，企业应该根据自身情况借助该模型对熵变进行分析，并为企业的决策提供理论支撑。

技术创新的数量和质量对财务绩效产生不同影响，技术创新数量水平高能够显著提高销售收入和盈利水平，市场导向强的技术创新比科技含量高的技术创新更加显著地提高销售收入和盈利水平（周煊等，2012）。技术创新投入能够显著增强企业的短期财务绩效和长期财务绩效，技术创新投入能够正向调节企业社会责任与长期财务绩效之间的关系（朱乃平等，2014）。

技术溢出对军工企业研发产出产生显著负向影响，技术溢出损害军工企业创新动力；政府补贴显著正向影响军工企业技术研发产出，政府补贴能够促进军工企业的技术创新活动（赵中华和鞠晓峰，2013），并认为军工企业应通过技术创新产权激励机制等方式来减少技术溢出对军工企业产生的损害。

金融发展、技术创新与经济增长两两之间存在长期均衡的协整关系，金融发展与R&D投入之间存在显著的正向关系，技术创新能够显著促进经济增长，而以银行为主导的金融发展结构不利于R&D投入（李苗苗等，2015）。

技术创新能力（以专利作为替代变量）越强的企业，内源融资的额度越大（陈昆玉，2015）。

有关技术创新的经济后果的研究，国内现有成果认为技术创新有利于企业形成核心竞争力，能够提高生产率、增强财务绩效和增强内源融资等，当然也有文献认为技术创新存在"加速化陷阱"现象。

三 技术创新研究小结

熊彼特在《经济发展理论》中首次提出"创新理论（Innovation Theory）"，提出创新的5种情况，也就是通常所说的产品创新、技术创新、市场创新、资源配置创新和组织创新。本书的创新是指技术创新，厄特巴克（1974）指出与发明或技术样品相区别，创新就是技术的实际采用或首次应用。弗里曼（1973）认为技术创新是包括技术的、工艺的和商业化的全过程，其导致新产品的市场实现和新技术工艺与装备的商业化应用。弗里曼（1982）认为技术创新是新产品、新过程、新系统和新服务的首次商业性转化。索洛（1956）

构建新古典经济增长模型,指出技术进步是经济增长的核心源泉。自此,围绕技术创新的研究不断增加,本章主要介绍技术创新相关概念、理论及国内外技术创新研究成果,技术创新有驱动因素(动因)和经济后果,而本书是研究技术创新的经济后果,即对盈余质量的影响。

第三章 盈余质量理论与文献述评

第一节 盈余质量的概念界定和基本理论

盈余质量概念形成于20世纪30年代，最初运用在证券行业，财务报告使用者进行契约和决策时非常重视盈余质量。财务会计的目标是提供财务信息，而财务信息质量的高低取决于可靠性、相关性、可理解性、可比性、谨慎性、及时性、重要性等信息质量要求。Beaver（1968）认为会计盈余是收入扣除成本后的差额，是财务报告中最为重要的信息。会计盈余能够向财务信息使用者提供决策有用信息，对未来盈余和未来现金流有预测功能。A. C. 利特尔顿认为会计盈余是企业经营业绩的综合衡量指标，得到财务信息使用者的最大"关注"，罗斯·L. 瓦茨认为会计盈余是左右资源配置的信号，FASB将盈余信息的决策有用性作为财务会计的立身之本，因此可见会计信息中盈余信息的地位和重要性。67%的财务信息使用者认为在进行经济决策时应考虑盈余质量，其中有91%的信息使用者认为盈余质量对经济决策非常有用（Jeon et al., 2004）。盈余质量是会计信息质量的核心，盈余质量越高，能够为信息使用者提供的决策相关信息越多。盈余信息可能因受诸如宏观经济、机会主义行为、经营多元化等因素的影响，即盈余信息的质量受到影响。盈余质量不是一个单纯的指标或某一个特定指标，而是涵盖诸多反映盈余信息的指标。Schipper 和 Vincent（2003）将盈余质量定义为会计盈余真实反映希克斯收入的程度，指出：持续性（Persistenece）、可预测性（Predictability）和变动性（Variability）是反映盈余质量的重要指标。Francis 等（2004）概括盈余质量包括应计质量、盈余持续性、盈余可预测性、盈余平滑性、盈余价值相关性、盈余及时性和盈余稳健性七个方面。Perotti 和 Wagenhofer（2014）将会计盈余分为基于会计度量和基于市场度量的 7 个指标，包括盈余持续性、盈余可预测性、盈余平滑、异常应计、应计质量、盈余反应系数和盈余价值相关性等。本书研究技术创新对盈余质量的影响，但不可能涵盖全部盈余质量，而且结合技术创新产生的"竞争优势理论"和"加速化陷阱理论"等，主要考察技术创新所形成的核心竞争力是否有利于企业盈余稳定增长（盈余波动性），更进一步研究经营业绩是否能够长期持续增长（盈余持续性）以及研究技术创新对盈余价值相关性的影响（技术创新能否为盈余的价值相关性提供增量信息）。此外，还研究公司治理、制度环境等因素对技术创新与盈余质量之关系的调节作用。

委托—代理理论。委托—代理理论（Principal-Agent Theory）是伯利和米恩斯于 20 世纪 30 年代提出的，委托—代理理论是现代公司治理的逻辑起点，建立在非对称信息博弈论基础上，非对称信息（Asymmetric Information）是有些人拥有而另一些人不拥有的信息。委托—代理理论属于制度经济学契约理论的内容之一，委托—代理关系指一个或多个行为主体（委托方）基于明示或隐含的契约，委托另一些行为主体（受托方）为其服务，授予受托方相应的权利，并支付相应的报酬。委托—代理理论的核心任务是在利益相冲突和信息不对称的环境中，委托人设计最优契约以激励代理人。

受托责任观。会计目标的研究一直是会计理论研究的热点和重点，西方会计学术界自 20 世纪 60 年代起开始探索会计目标，并逐渐将会计目标作为会计理论研究的起点。20世纪70年代后，美国会计界有关会计目标的研究形成两大派：受托责任观和决策有用观。受托责任产生于企业经营权和所有权的分离，因为随着社会化大生产的规模不断扩大，所有者已无法独自经营管理企业，必须雇用专业的管理人员代为经营管理，委托—代理关系由此产生，企业所有者为委托方，管理者为受托方。委托人（所有者）将企业资源交由受托人代为经营管理，受托人应承担经营管理委托人交付的资源的责任。财务会计目标按照"受托责任"来设定，反映受托人对受托责任的履行情况便成为财务会计的目标，这里的受托责任即受托人接受委托人的财产委托后应该承担的托管责任。在受托责任观下，财务信息的使用者主要是所有者、债权人及其他需要了解和评价财产受托责任的利益相关者，而且这些信息使用者是现存的，不是潜在的。按照受托责任观，财务信息使用者更加关注资本的保值增值、现金流、经营业绩等信息，以财务报告历史的、客观存在的信息为主，会计计量更倾向采用历史成本计量。受托责任观提供的财务信息可能较为客观真实，但是其也难免存在缺陷，比如受托责任更加强调真实地反映历史信息，而难以反映未来的信息；受托责任观更加倾向为现存的信息使用者提供信息而忽略了潜在投资者的信息需求；受托责任观产生于两权分离，更适用于委托受托关系比较明确的企业，不太适合个人独资企业和合伙企业；受托责任观强调历史成本计量，现时计量的收入与以历史成本计量的费用进行配比，难以反映会计信息的真实性。当然随着现代社会的进步，企业承担或履行的责任也在不断地扩展，如生态环境保护、促进社会就业和公益事业等，即并不局限于财产受托责任。

决策有用观。20世纪70年代，美国财务会计准则委员会（FASB）在财务会计概念框架中首次提出决策有用观。决策有用观认为财务会计信息是经济决策的基础，按照决策有用观确立的会计目标是向信息使用者提供决策有用信息，但此时的信息使用者不仅仅是现存的，而且包括潜在的，所以，企业所提供的财务会计信息更强调相关性和有用性。在决策有用观下，财务信息使用者不但关注过去的信息，同时会更加关注预测、比较和评估企业未来现金流的金额、时间和不确定性。2004年4月，FASB和IASB启动联合项目制定财务报告概念框架；2006年7月，FASB和IASB发布财务报告概念框架的初步意见，会计目标确立的理论依据受托责任观和决策有用观又成为讨论和争议的焦点（Lennard，2007；O'Connell，2007），但是普遍认为受托责任观是可以忽略的，因为决策有用观本身就已经包含了受托责任观，这样，会计目标确立的理论依据便从受托责任转为决策有用。

第二节 盈余波动性

一 盈余波动性基本概念

波动性（Volatility）是一个物理学概念，比如光的波动，该词也被广泛用来测量资产的风险性，与潜在收益率的范围及其发生的可能性有关，用来指资产的风险性和不确定性，波动性具有时限性，用标准偏差来度量。比如说股票的价格变化大，则波动高；股票的价格变化小，则波动低。盈余波动性是度量盈余质量的指标之一，是考察经营风险和衡量经营业绩的重要指标。从会计的角度讲，会计盈余可以是一个绝对数（比如净利润），也可能是一个相对数（比如资产回报率），但是会计盈余无论是绝对数还是相对数，都会有变化：若变化大，则波动大；反之，则波动小。盈余波动性本质上讲就是企业经营业绩的增长这一系统远离平衡态涨落的反映，系统内部各因素在增长过程中产生相互冲突和协调的力量，当协调力量大于冲突力量时，将使企业向一个新的平衡态发展；当冲突力量大于协调力量时，将会打破系统的平衡状态，系统将远离平衡态，即引起增长的波动性。

二 盈余波动性研究国外文献述评

国外有关文献研究盈余波动性（或经营业绩波动性），既研究盈余波动的影响因素，又研究盈余波动的经济后果。李等（Lee et al., 2008）从锦标赛理论（Tournament）和公平公正理论（Equity Fairness）角度解释了高管薪酬差距和公司业绩之间的关系，锦标赛理论认为有巨大差距的薪酬能够激励高管努力工作，增加公司业绩；公平公正理论认为，较大差距的薪酬，容易引起成员之间的嫉妒、功能失调行为，对业绩造成不良影响，而且研究发现在代理成本较高的公司中，薪酬差距与公司业绩之间的正相关性更大。他们这种解释的理论基础本质上是代理问题和公司治理机制。收入多元化能够减少盈余波动，提高银行业的回报率，与利息收入相比，非利息收入能够发挥更大的潜在的稳定收益的作用（Deb and Sen, 2015），而且他们基于多元化经营战略角度，认为因为产品和服务的多元化使得经营风险降低而收益增加，即多元化战略"不是将所有鸡蛋都放进一个篮子里"，所以能够起到分散风险的作用，进而降低盈余波动。相比较理性投资者来说，过度自信的投资者有时可能做出具有破坏性的投资决策，更加自信的管理层可能会冒险选择具有更大风险的投资项目，使得企业的整体风险增加，盈余波动也相应增加（Goel and Thakor, 2008）。

霍德等（Hodder et al., 2006）研究商业银行公允价值收益计量的风险相关性，他们将净收益、综合收益和构造一个完全由公允价值计量的收益等作为经营业绩的衡量指标，并用标准差反映业绩波动性，研究发现对于所选的银行样本，全部由公允价值计量的收益的波动性是综合收益波动的3倍以上，是净利润波动的5倍以上；而且发现完全公允价值计量的收益，其增量的波动性与市场模型 Beta 系数、股票收益的标准差以及长期利率 Beta 系数均显著负相关。

Cao 和 Narayanamoorthy（2012）研究了盈余波动产生的经济后果，研究盈余波动对盈余公告后漂移（PEAD）以及贸易摩擦的影响，发现更低的事前盈余波动导致更高的盈余公告后的漂移现象，盈余波动较低的公司，其异常收益更高；盈余波动较低的公司，其贸易摩擦也较低。他们认为在盈余公告后漂移出现反常的情况下，市场不能及时识别盈余波动。

管理人员普遍认为盈余波动降低了盈余的预测能力（Graham et al.，2005），较低的盈余波动能够显著改善年度盈余预测能力，分析师预测偏误与盈余波动相关，他们忽略了盈余持续性中所隐含的盈余波动信息（Dichev and Tang，2008），他们还认为盈余波动使盈余持续性降低，考虑盈余波动能够大大改善年度盈余预测。资本市场并不能够充分理解盈余波动信息（Frankel and Litov，2009），投资者并未低估盈余波动性所隐含的信息。

国外文献从代理理论、机会主义行为等方面解释盈余波动产生的原因，发现多元战略有利于降低盈余波动性（Deb and Sen，2015）；过度自信的投资者增强了盈余波动性（Goel and Thakor，2008）；盈余波动降低了盈余的预测能力（Graham et al.，2005）等。

三　盈余波动性研究国内文献述评

有关会计盈余波动的研究由来已久，而且国内外学术界均进行了广泛而深入的探索。姜付秀等（2006）从多元化经营能够分散企业经营风险的角度进行研究，发现多元化经营能够抑制盈余波动性。从公司治理的角度，牛建波（2009）研究发现较大规模的董事会能够减少盈余波动，并认为董事会规模通过大型董事会成员之间的沟通协调而影响盈余波动性；同时，认为大规模的董事会因减少了经营性应计、非经常性损益、操控性应计而使得盈余波动减少。其从大规模董事会可能存在的"搭便车"行为和沟通协调的折中现象来解释盈余波动的减少。李姝（2013）研究经营多元化对会计盈余波动性的影响，发现多元化程度越高，则盈余波动性越低，其理论依据是多元化经营能够分散、降低经营风险，能够抑制盈余波动，而且发现较好的公司治理结构能够对多元化与会计盈余波动性之间的关系产生正向调节作用。张军和王军只（2009）通过研究 2007 年沪市上市公司发现，公司首次实施内部控制审核可以显著降低操纵性应计利润，即内控审核在一定程度上可以提高上市公司的盈余质量。李东红（2012）研究企业增长波动性，用营业收入增长率标准差反映企业增长的静态波动，用营业收入增长率与可持续增长率之差衡量企业增长的动态波动水平，研究发现利润增长幅度较营业收入增长幅度小，而且利润增长和营业收入增长具有行业差异，同时发现静态增长波动和动态增长波动大多集中在 40% 以内。曾雪云（2014）从公允价值的角度研究其对盈余波动性的影响，发现相比较未采用公允价值计量的公司，采用公允价值计量的公司，其盈余波动性显著正相关，即这类公司的盈余波动性更大。

有关盈余波动的研究，国内现有文献认为多元化经营战略能够降低盈余波动性（姜付秀等，2006）；董事会规模降低盈余波动性（牛建波，2009）；采用公允价值计量与盈余波动性显著正相关（曾雪云，2014）。

第三节 盈余持续性

一 盈余持续性基本概念

盈余持续性是盈余质量的衡量指标之一，基本含义是当前会计盈余或其组成部分持续到未来的程度。盈余持续性代表了公司具有较为平稳的经营业绩和较高的经营管理水平，较高的盈余持续性有利于降低经营风险、提高企业价值。Ball 和 Watts（1972）研究盈余的时间序列特征，开启了盈余持续性研究的先河，之后有关盈余持续性的研究文献开始增多，而且盈余持续性是重要的会计基本理论。盈余持续性是当期和未来盈余预期修正的现值（Lipe，1986），盈余持续性是盈余创新（未预期盈余）对预期未来盈余的影响，即 1 单位货币的当期盈余创新能够产生的预期未来盈余修正的现值（Kormendi and Lipe，1987；Collins and Kothari，1989），盈余持续性反映当期盈余持续到下一期的程度（Sloan，1996），盈余持续性衡量当期的盈余创新对未来盈余序列期望值修正的影响（Riahi-Belkaoui and Alnajjar，2002），盈余持续性指企业在未来能够维持当前盈余的概率（Beneish and Vargus，2002），盈余持续性代表了当前盈余在未来能够维持的程度（Jeon et al.，2006），盈余持续性是当前盈余或当前盈余较上期盈余的增加在未来能够维持或重现的可能性（张景奇等，2010）。

二 盈余持续性研究国外文献述评

1. 盈余持续性影响因素研究

盈余持续性是盈余质量的重要属性之一，反映企业的当期盈余在未来将持续或增长的可能性，是评价盈余质量的一种比较常用的方法。盈余持续性是盈余在一个较长的时期内保持一种稳定状态，可以基于已有的盈余信息有效地预测未来的盈余，盈余持续性对于投资者预测企业未来的发展具有重要意义。一种观点认为盈余持续性的形成是会计盈余操纵造成的，Xie（2011）认为利润分为应计利润和非应计利润，应计利润受盈余操纵，存在很大的机会主义动机，这种盈余操纵的结果导致盈余持续性降低。另一种观点认为盈余持续性与经济因素有关，Kormendi 和 Lipe（1987）认为盈余持续性与经济因素密切相关，经济因素具有暂时性，而恰恰这些暂时性因素导致盈余具有较低的持续性。管理者可能通过真实盈余活动管理操纵利润，比如销售操控、消减研发费用等（Roychowdhury，2006），但这些盈余操控可能损害企业长期发展（Gunny，2005），即真实盈余管理活动影响盈余持续性。

会计盈余实际上包括现金流和应计盈余两部分，它们的持续性决定了会计盈余总的持续性。一般而言，现金流持续性高于应计盈余持续性，因为应计盈余包含了更高程度的会计人员的主观判断以及更广的会计政策选择空间，企业对现金流的操控比对应计盈余的操控更加困难。Dechow（1994）指出应计盈余比现金流能更好地反映企业业绩，但是 Sloan（1996）发现应计盈余比现金流差，而且应计盈余比现金流在衡量企业业绩时权重低，其认为应计盈余具有主观性，带有某种机会主义。现金流持续性高于应计盈余持续性（Ebaid，2011；Boubakri，2012），企业的经营业绩和会计系统共同决定了盈余持续性（Dechow et al.，2010）。Dechow 和 Dichev（2002）用 DD 模型计算的应计盈余质量与盈余持续性显著正相关，应计盈余质量的提高能够增强盈余持续性。盈余持续性由公司的持续经营状况决定，公司的破产概率越大，则盈余持续性越低（Subramanyam and Wild，1996），盈余波动性的增加降低了盈余持续性（Dichev and Tang，2008），盈余波动性与盈余持续性之间存在负相关关系，这种关系反映了对与暂时性盈余相关的盈余持续性向下估计的偏差，而且两者之间的负相关关系可能是因估计偏误和关键盈余持续性的变动造成的，在盈余波动较低的公司中，对盈余持续性的预测偏误有显著改善，而且盈余波动影响盈余预测（Clubb and Wu，2014）。会计方法的选择可能导致盈余持续性过度，比如折旧能够平滑盈余，从而导致过度的盈余持续性（Anctil and Chamberlain，2005），收入和费用的匹配性明显下降，进而增加了盈余波动性，降低了盈余持续性（Dichev and Tang，2008），与未支付股利的公司相比，支付股利公司所报告的盈余，其盈余持续性更强（Skinner and Soltes，2011）。Hsu 和 Hu（2016）研究了董事会与盈余持续性之间的关系，认为咨询委员会的设立有利于企业保持增长，能够增强盈余持续性，而且同时增强现金流持续性和应计盈余持续性。Gregory 等（2016）研究社会绩效与盈余持续性之间的关系，发现企业社会绩效有利于提高盈余持续性。

国外有文献认为盈余操控降低了盈余持续性（Gunny，2005；Roychowdhury，2006；Xie，2011）；破产风险降低了盈余持续性（Subramanyam and Wild，1996）；盈余平滑降低了盈余持续性（Anctil and Chamberlain，2005）；支付股利有利于提高盈余持续性（Skinner and Soltes，2011）；咨询委员会的设立有利于提高盈余持续性（Hsu and Hu，2016）；社会绩效有利于提高盈余持续性（Gregory et al.，2016）。

2. 盈余持续性经济后果研究

有关盈余持续性的研究始于 Ball 和 Watts（1972），他们认为当期盈余能够预测未来盈余。国外学者对盈余持续性进行了广泛而深入的研究，比如 Sloan（1996）和 Richardson 等（2005）建立了通过当期盈余来预测未来盈余的回归模型，模型的回归系数越大，则盈余持续性越高。之后，国内外围绕盈余持续性以及盈余各组成部分对未来盈余的预测能力的文献逐渐增多。帮助会计信息使用者预测未来盈余，不但是会计准则制定和监管机构的责任，而且是企业管理层面向外界财务信息使用者应该履行的义务。

Jonas 和 Blanchet（2000）构建财务信息质量特征框架和"决策有用性—相关性—预测价值—盈余持续性"链条，充分说明盈余持续性是重要的财务信息质量衡量标准。很多学者认为盈余持续性越高，则盈余质量越高。

盈余持续性的经济后果主要围绕盈余持续性的市场反应、盈余持续性对企业价值的影响等，盈余持续性越强，则对股票的价格反应也更加强烈（Kormendi and Lipe，1987；Collins and Kothari，1989），盈余反应系数与企业成长性、盈余持续性显著正相关，与无风险利率显著负相关（Collins and Kothari，1989），盈余持续性越大，在决定股票价格时当期盈余（或组成部分）的权重（乘数）越大（Lev，1989），盈余持续增长的企业，其盈余反应系数比其他企业更大，即盈余的持续增长具有价值相关性；盈余的持续增长表明公司具有竞争优势和未来盈余增长（Barth et al.，1999），具有高持续性的盈余数字会被投资者看成是可持续性的（Schipper and Vincent，2003），盈余持续性越高，则股票回报的反应越强烈（Nichols and Wahlen，2004）。

Penman 和 Zhang（2002）认为若当期盈余能作为未来盈余的良好指标，则本期盈余具有良好质量特性，即盈余持续性愈高，代表盈余质量愈高。盈余持续性影响盈余预测能力，高质量的会计盈余更加容易预测、反映企业的内在价值（Dechow and Schrand，2004），随着盈余持续性的降低，盈余的增量信息含量减少，不过经营活动现金流相对于盈余的增量信息含量增加（Cheng et al.，1996）。盈余持续性越差，则权益资本成本越高（Francis et al.，2004）。Mahjoub 和 Khamoussi（2013）研究社会和环境信息的披露对盈余持续性的影响，发现披露社会和环境信息能够提高盈余持续性。

国外有关盈余持续性产生的经济后果研究，认为盈余持续性高，则盈余质量高（Jonas and Blanchet，2000；Penman and Zhang，2002；Richardson et al.，2005）；盈余持续性高，则对股票的价格反应更加强烈（Kormendi and Lipe，1987；Collins and Kothari，1989）；盈余持续性有利于增强盈余的价值相关性（Lev，1989）；盈余持续性高，则股票回报高（Nichols and Wahlen，2004））；高的盈余持续性，更易预测盈余，更能反映企业的内在价值（Dechow and Schrand，2004）；盈余持续性的增强，能够提高信息含量（Cheng et al.，1996）；社会和环境信息的披露能够提高盈余持续性（Mahjoub and Khamoussi，2013）等。

三 盈余持续性研究国内文献述评

1. 盈余持续性影响因素研究

刘云中（2003）检验了现金流量和应计项所产生的会计盈余的持久性的差异，研究发现现金流量所产生的会计盈余的持久性大于应计项所产生的会计盈余的持久性。不过中国股票市场并不能有效地区分这种差异，上市公司的股票价格似乎高估了会计应计所产生的会计盈余的持久性，而低估了现金流量所产生的会计盈余的持久性。现金流持续性高于应计盈余持续性（姜国华等，2006；李远鹏和牛建军，2007）。张景奇（2013）基于 Ohlson 模型研究会计信息价值相关性及盈余持续性，发现现金流持续性高于应计盈余持续性，盈余的可靠性与盈余的持续性显著正相关，企业负债有利于企业盈利的持续增长，并基于 Ohlson 模型计算盈余可持续性指标（OPER），基于 Kormendi 和 Lipe 模型计算盈余持续性指标（PER）。

会计信息可靠性正向影响盈余持续性，因为更加可靠的会计信息具有更高的盈余自相关系数和股票回报；基于盈余自相关性，会计信息更可靠，其盈余持续性更强；基于股票回报，市场符合"幼稚投资者假说"，存在利润"功能锁定"现象，市场对会计信息可靠性与盈余相关性之间的关系不能正确理解，对会计信息可靠性做出了异常定价（彭韶兵和黄益建，2007）。较差可靠性的资产负债表项目导致较低的盈余持续性，较低可靠性的应计项目使得盈余持续性更低（张国清和赵景文，2008）。

派发现金股利的公司的盈余持续性要强于未派发现金股利的公司的盈余持续性，在净利润和营业利润上表现为更强的增长能力；在派发现金股利的公司中，股利支付率的高低与盈余持续性强弱并不成简单的线性关系，股利支付率高的公司在盈余的整体及其组成部分上并未表现更强的盈余持续性；大股东对现金股利的偏好并未显著影响盈余持续性（李卓和宋玉，2007）。

基于管理层持股的利益趋同效应，管理层持股能够明显提高盈余持续性，而对现金流持续的增量效应更加明显；董事会、监事会和高级管理人员持股对盈余持续性的影响不同，董事会和高级管理人员持股对盈余持续性的影响更加明显（宋建波和田悦，2012）。基于代理理论，高管层权力越大，高管层通过权力进行寻租的动机越强烈，盈余持续性越弱，而且产权性质为国有的企业，高管权力与盈余持续性之间的敏感性加剧（谢盛纹和刘杨晖，2015）。

宋建波等（2012）研究机构投资者对盈余持续性的影响，发现有机构投资者的上市公司其盈余持续性更低，机构投资者的持股比例降低了盈余持续性，还发现机构投资者的增持行为也显著降低了盈余持续性，认为可能是机构投资者的短期行为造成这种情况。机构投资者持股比例与盈余持续性显著正相关，而且独立机构投资者持股比例大则盈余持续性强（牛草林和李娇，2014）。

李姝等（2017）研究发现内部控制质量与盈余持续性显著正相关，而且发现使得应计盈余持续性和现金流持续性均显著提高；在区分产权性质时，发现在民营企业中，内部控制质量的提高能够显著提高盈余持续性。内部控制正向显著影响盈余持续性，并正向影响现金流持续性和应计盈余持续性，即内部控制质量越高，则盈余持续性、现金流持续性和应计盈余持续性越高；市场能够识别内部控制对盈余持续性的积极影响并能作出市场反应（方红星和张志平，2013）。内部控制显著影响盈余持续性，内部控制质量越高，则盈余持续性越高；暂时性会计—税收差异较大的公司，则盈余持续性较弱（谭青，2015）。

边泓和贾婧（2015）研究发现我国上市公司普遍存在较大的盈余波动性：盈余波动大，则盈余持续性低；过度盈余波动降低了现金流盈余的持续性；而盈余波动性小的样本中，应计盈余和现金流的持续性并未表现出显著差异，还发现规模的大幅度变动是造成盈余波动的重要因素。

与没有发生关联交易的公司相比，发生关联交易的公司其盈余持续性较低；与关联交易小的公司相比，关联交易大的公司的盈余持续性较低；高质量审计和机构投资者持股能够提高盈余持续性；在发生关联交易的公司中，在关联交易与高质量审计或机构投资者持股的共同作用下，其增量盈余持续性显著为正；良好的公司治理结构能够提高盈余持续性（汪健和曲晓辉，2015）。

多元化公司比专业化公司的盈余持续性更强，与相关多元化相比，非相关多元化的盈余持续性更强；相关多元化与非相关多元化对现金流持续性和应计盈余持续性影响不同。与应计盈余相比，相关多元化程度和非相关多元化程度使得现金流的持续性增强；相关多元化和非相关多元化对盈余持续性的影响在发生多元化溢价的企业中更加明显（张俊瑞等，2016）。

无形资产能够显著降低盈余持续性（孙光国和郭睿，2016）。

社会资本使得盈余持续性降低，而且在民营企业中，这种负相关性更加明显（雷倩华和涂虹羽，2016）。

会计稳健性显著降低盈余持续性（吴璇等，2017）。

在国内有关盈余持续性影响因素的研究中，认为会计信息可靠性（彭韶兵和黄益建，2007；张国清和赵景文，2008）、股利分配政策（李卓和宋玉，2007）、管理层持股（宋建波和田悦，2012）、机构投资者持股（宋建波等，2012；牛草林和李娇，2014）、内部控制（李姝等，2017；方红星和张志平，2013；谭青，2015）、高管权力（谢盛纹和刘杨晖，2015）、关联交易（汪健和曲晓辉，2015）、盈余波动性（边泓和贾婧，2015）、多元化经营（张俊瑞等，2016）、无形资产（孙光国和郭睿，2016）、社会资本（雷倩华和涂虹羽，2016）和会计稳健性（吴璇等，2017）等均显著影响盈余持续性。

2. 盈余持续性经济后果研究

陆宇建和蒋玥（2012）研究了盈余持续性的市场定价行为，发现不同持续性的会计盈余其市场定价所起的作用不同，营业利润在定价中起主导作用，而线下项目的定价作用减弱。

肖华和张国清（2013）研究发现高质量内部控制能够提高盈余持续性，认为高质量内部控制有利于监督高管人员的利润操纵，降低了内部代理成本；同时，发现更高的盈余持续性能够增强企业的价值相关性。

魏明海等（2013）研究发现盈余持续性的提高能够显著降低交易成本。

张国清（2015）研究了盈余持续性与公司价值之间的关系，发现更高的盈余持续性，因降低信息风险、对未来盈余和未来现金流的预测更加准确，有利于公司进行价值评估，还发现内部控制因降低了代理成本，有利于企业保持高持续性盈利。

杨棉之等（2017）研究发现盈余持续性水平与股价崩盘风险存在负相关性，而且这种关系在"熊市"中更加显著；公司治理水平的提高能够显著正向调节盈余持续性与股价崩盘之间的负相关性。

国内有关盈余持续性产生的经济后果的文献非常少，在少见的文献中有文献认为不同持续性的会计盈余其市场定价作用不同（陆宇建和蒋玥，2012）、盈余持续性能够增强企业价值（肖华和张国清，2013；张国清，2015）、高盈余持续性能够降低交易成本（魏明海等，2013）、高盈余持续性能够降低股价崩盘风险（杨棉之等，2017）。从国内外有关盈余持续性的研究文献来看，核心是研究现金流和应计盈余对盈余持续性的影响，有少量文献研究了资本市场的内幕交易（卖空）对盈余持续性的影响，而有关企业所处的宏观经济环境以及技术创新是否影响盈余持续性的研究成果非常少。

第四节 盈余价值相关性

一 会计盈余价值基本概念

相关性（Relevance）指企业提供的财务信息与信息使用者的决策需要相关，有利于财务报告信息使用者评价或预测企业过去、现在或未来的情况。事实上会计信息价值相关性就是会计信息（如会计或财务指标）对股票内涵价值（或内在价值）的预测能力和解释力，如果企业提供的会计信息不能满足财务信息使用者的需要，或者不能帮助信息使用者进行决策，那么，会计信息就不具有相关性。FASB 将相关性和可靠性定义为会计信息质量最重要的两个要求，确定会计目标的理论基础已经从"受托责任观"转为"决策有用观"，更加强调会计信息质量的相关性。Beaver（1968）提出会计信息与股票价格关系的理论基础：（1）股价等于未来可分配股利的贴现值，是投资者对股票未来现金流预期值的反映；（2）未来会计盈余决定未来可分配股利；（3）股票价值能够为投资者提供预测未来会计盈余的有效信息。Beaver 提出的理论为通过实证方法研究价值性关系提供可能，解决了内涵价值无法观察、难以计量的难题。

股票价格或股票收益与财务数据进行多元线性回归，根据回归方程判定系数（R^2）、解释变量回归系数衡量财务数据的价值相关性，上述便是会计信息价值相关性研究的基本思路。价值相关性模型有报酬模型（Return Model）和价格模型（Price）。报酬模型包括超额报酬（Abnormal Return）模型和股票报酬模型，前者的自变量为未预期会计指标（Unexpected Accounting Information），后者指会计指标。超额报酬模型如下：

$$AR_t = \alpha + \beta UX_t + \varepsilon$$

模型中，AR_t 为 t 期超额收益；UX_t 为 t 期未预期会计指标。在有效市场假设下，超额报酬模型虽然符合股票价格理论，但是预期未来会计信息存在误差，而影响着模型的效果。Easton 和 Harries (1991) 提出用当期会计指标为解释变量、以股票报酬（非超额收益）为因变量的股票报酬模型为：

$$R_t = \alpha + \beta X_t + \varepsilon$$

模型中，R_t 为 t 期股票收益，X_t 为 t 期会计指标。

价格模型如下：

$$P_t = \alpha + \beta X_t + \varepsilon$$

模型中，P_t 为 t 期股票价格；X_t 为 t 期财务会计变量（如每股收益、每股净资产等）。

上述模型中，会计指标通常指会计盈余及其组成部分（如每股收益等）、现金流与应计利润以及账面净资产与剩余收益。

二 盈余价值相关性国外文献述评

Ball 和 Brown (1968) 开创性地进行会计信息含量研究，证明了会计盈余数字的有用性及信息含量，实证会计研究由此拉开序幕，但该研究范式局限于会计信息是否有用，之后研究者发现会计信息是否有用只是会计有用性研究的一部分，还需进一步研究会计信息如何有用。所以，这方面的研究便由信息含量研究转向会计信息价值相关性研究，研究会计指标与股票价格的相关性，即研究会计指标或会计数据对股票内涵价值的解释能力。Beaver (1968) 提出会计信息与股票价格之间的理论基础，而且巧妙地设计当前会计信息（Current Accounting Information）与当前股票价格（Current Stock Price）的关系模型，解决了内涵价值无法观察、难以计量的难题，为价值相关性的实证研究提供了可能。所以，此后的价值相关性实证研究的基本思路便为将会计指标与股票价格或收益进行多元线性回归，用多元回归方程的判定系数（R^2）和解释变量的系数（β）衡量会计指标（或数据）价值相关性的大小。价值相关性模型通常包括价格模型（Price Model）和报酬模型（Return Model），价格模型（Ohlson，1995）中的解释变量包括会计盈余（Earnings）及其构成、账面净资产和剩余收益。报酬模型有超额报酬（Abnormal Return）模型和股票报酬模型（Return），两模型对应的自变量分别为未预期会计信息和会计信息。Easton 和 Harris（1991）提出以当期会计指标为解释变量、以股票报酬（不是差额收益率）为因变量的股票报酬模型，该模型既反映了盈余水平又反映了盈余变化，而且认为盈余水平与未预期盈余比较是一个更好的解释变量。

　　Ball 和 Brown（1968）、Beaver（1968）设计会计盈余信息含量模型，研究结果表明会计盈余公告的确存在信息含量。Ball 和 Brown 研究的前提假设条件是盈余期望模型能够较好地衡量未预期盈余。价值相关性主要是研究市场价值与各种财务指标的关系，考察财务指标对证券的估值有用性（Ramakrishnan and Thomas，1998）。价值相关性的理论依据包括直接定价理论（Direct Valuation Theory）和间接估价理论（Inputs-to-Equity Valuation Theory），即会计信息能够对企业价值进行估值或对价值评估有益（Holthausen and Watts，2001）。公允价值的盈余价值相关性在学术界得到广泛研究。公允价值具有增量信息、具有价值相关性，能够提高盈余价值相关性的解释力（Barth，1994）。

　　Chen 等（2001）利用中国 A 股 1991—1998 年上市公司数据，研究会计信息价值相关性，发现在报酬模型多元回归中，盈余的回归系数具有显著性，检验了中国的利润表和资产负债表提供的会计信息具有价值相关性。

　　自从 Ball 和 Brown（1968）开创性地进行会计信息含量研究之后，有关会计盈余价值相关性的研究日益增多。盈余价值相关性模型包括报酬模型（Easton and Harris，1991）和价格模型（Ohlson，1995）。公允价值具有价值相关性（Barth，1994）；会计盈余具有信息含量（Ball and Brown，1968）；盈余价值相关性能够通过实证方法检验（Beaver，1968）；价值相关性是研究财务指标与市场价值之间的关系（Ramakrishnan and Thomas，1998）；会计信息对价值评估有益（Holthausen and Watts，2001）；利润表和资产负债表具有价值相关性（Chen et al.，2001）。

三 盈余价值相关性国内文献述评

我国会计实证研究始于20世纪90年代末期，而有关会计盈余质量的实证研究从此不断涌现。赵宇龙（1998）研究发现未预期会计盈余与股票非正常报酬率存在显著相关性，表明我国资本市场中披露的会计盈余数据具有信息含量。王跃堂等（2001）利用事件研究法和关联研究法，研究会计制度改革对会计信息价值相关性的影响，发现会计盈余和净资产的账面价值对投资报酬率和股价具有显著的解释能力，通过事件研究法未发现自愿披露的三大资产减值具有信息含量，运用关联研究法，通过价格模型和报酬模型检验，发现净资产的价值相关性显著提高，而会计盈余的价值相关性并未显著提高。

关联交易是资本市场监管部门和投资者关注的重要信息，关联销售比重与会计盈余价值相关性呈现倒U型非线性关系，关联销售比重越大，则存在盈余操纵的空间越大（洪剑峭和方军雄，2005）。公允价值信息披露显著提高了会计盈余价值相关性，公允价值的盈余价值相关性较弱，但投资者认为公允价值能够提高会计盈余价值相关性的解释能力（邓传洲，2005）。陈俊和陈汉文（2007）研究公司治理与会计盈余价值相关性，基于代理冲突、契约动机以内外部治理机制分析公司治理对盈余价值相关性的影响，发现公司治理质量能够显著提高会计盈余价值相关性。余琰和李怡宗（2016）从高息委托贷款的角度研究了其对盈余价值相关性的影响，根据 Ramakrishnan 和 Thomas（1998）对盈余的分类：永久性盈余、暂时性盈余和价格无关性盈余，认为企业存在的价格无关性盈余过多，会降低盈余的定价作用及价值相关性。基于此，余琰和李怡宗（2016）认为高息委托贷款带来的盈余多数为暂时性盈余和价格无关性盈余，从而降低了盈余的价值相关性。

江伟和李斌（2007）从审计任期的角度，研究了审计任期的价值相关性，认为审计任期长，则审计独立性受到影响，审计质量下降，投资者就不太相信报告的会计盈余，降低了会计盈余的利用程度，进行会计盈余的价值相关性降低。廖义刚和徐影（2013）研究了投资机会、审计质量与盈余价值相关性，发现投资机会的增加降低了会计盈余价值相关性，但高质量审计师能够抑制两者之间的负相关性，认为审计质量高能够抑制投资机会的代理问题，进而提高了盈余的价值相关性。徐经长等（2003）研究发现中国资本市场上披露的预测盈余信息的价值相关性不显著，但预测误差具有价值相关性，认为投资者在进行决策时利用了招股说明书和公告书中所披露的盈余预测信息。中国资本市场会计信息同样具有信息含量（赵宇龙，1998；陈晓等，1999），赵春光（2004）发现现金流具有信息含量，但会计盈余对股票收益的解释力强于现金流量。现行会计准则中适当引入公允价值计量有助于提高会计盈余的信息含量（姜国华和张然，2007）。研究特殊环境下的会计信息含量是该领域未来可期的研究方向，如新旧会计准则更替期间的会计信息改变等（张然和张会丽，2008）。

会计稳健性使得会计盈余价值相关性显著降低，公允价值计量显著降低了会计稳健性与会计盈余价值相关性之间的负相关性；公允价值与会计稳健性适度耦合，能够弥补会计稳健性的不足，有利于会计信息质量的提高（刘斌和吴娅玲，2010）。

国内有关盈余价值相关性的研究主要集中在盈余价值相关性的影

响因素上，盈余价值相关性影响因素主要包括会计稳健性（刘斌和吴娅玲，2010）、公允价值（姜国华和张然，2007）、公司治理（陈俊和陈汉文，2007）、审计任期（江伟和李斌，2007）、审计质量（廖义刚和徐影，2013）、关联交易（洪剑峭和方军雄，2005）、会计制度改革（王跃堂等，2001）和高息委托贷款（余琰和李怡宗，2016）等。

第五节　小结

盈余质量是会计盈余真实反映希克斯（Hicksian）收入的程度，盈余持续性（Persistenece）、可预测性（Predictability）和变动性（Variability）是反映盈余质量的重要指标（Schipper and Vincent，2003）。盈余质量包括应计盈余、盈余持续性、盈余可预测性、盈余平滑性、盈余价值相关性、盈余及时性和盈余稳健性7个方面（Francis et al.，2004）。会计盈余包括基于会计衡量和基于市场衡量的盈余持续性、可预测性、盈余平滑、异常应计、应计质量、盈余反应系数和盈余价值相关性等7个指标（Perotti and Wagenhofer，2014）。因此可见，盈余质量包括许多方面，但本书不可能涵盖所有的盈余质量研究，而是结合技术创新的相关理论（"竞争优势理论"及"加速化陷阱理论"）研究技术创新对盈余波动性、盈余持续性和盈余价值相关性的影响。本章主要介绍盈余波动性、盈余持续性和盈余价值相关性基本概念、理论和国内外研究情况。

第四章 技术创新与盈余波动性

第一节 引言

盈余的变动性或波动性（Variability）是反映盈余质量的重要指标（Schipper and Vincent，2003）。企业经营业绩的波动受到多种因素的影响，宏观经济环境、制度环境、经营多元化、公司治理机制等均可能对盈余波动性产生影响，从理论上解释对经营业绩波动产生影响的理论，包括委托—代理理论、机会主义动机、公司治理机制等，比如Lee等（2008）基于委托—代理理论认为薪酬差距与公司业绩呈现正相关性。技术创新现已成为学术界非常关注的话题，谭力文和丁靖坤（2014）分析了战略管理期刊（SMJ）中2001—2012年的论文，发现战略管理理论的"资源基础观"是学术界热门的话题，而"创新（Innovation）"和"创业（Entrepreneurship）"也受到广泛关注，特别是"创新"已超过"资源基础观"成为战略管理研究领域最热门的话题。创新驱动发展战略已经成为我国的重大战略，技术创新或者说技术变革能否使企业经营业绩稳定增长、能否一定程度上抑制经营业绩的波动？

当今世界经济全球化，各种变革日新月异，从18世纪60年代英国工业革命开始到现在，人类社会已经进入信息化、网络化时代，变革之快，可谓瞬息万变！中国已经改变初期的粗放式工业化发展模式，经济增长方式已从要素驱动、投资驱动转向创新驱动。创新驱动发展战略已经成为党和国家的重大决策部署，今后中国经济增长要依靠科技创新驱动，而不是依靠传统意义上的劳动力、资源的消耗等为驱动力。作为微观主体的企业，自主创新能力的提高（特别是高新技术企业）已摆在企业发展的重要位置，创新需要大量的资金投入、周期长，而且蕴藏较大风险，一旦创新失败，企业的各种投入都将变为"沉没成本"，给企业的经营带来很大风险和经济负担；但福特汽车公司前总裁李·艾柯卡（Lee Iacocca）曾经说过"不创新，就死亡"，这句话告诉我们，进行技术创新也许面临失败，但是若不积极创新，不提高自主创新能力，在激烈的技术变革时代，企业可能更加难以生存。发展经济离不开劳动力、土地、资本和企业家才能等要素，而随着新经济增长理论的发展，人们已经意识到技术创新对经济增长起到的巨大推动作用，一项技术的重大变革必将带来经济发展的变化。

索洛（1956）认为技术进步是经济长期增长的外生因素，罗默（1990）构建技术进步内生的增长模型，认为技术进步是经济增长的核心。竞争优势理论认为，技术创新能够帮助企业形成核心竞争力，增强企业竞争优势。Barney（1991）认为企业竞争优势的源泉是异质性资源和能力，这种资源和能力是其他企业难以模仿和替代的。技术创新带来技术变革，比如创新成果专利的出现，可能给企业带来稀缺资源，而且这种资源别人难以模仿、难以复制，这种专利技术受到专利法的保护，企业拥有这样的专有技术，必将能够形成企业的核心竞争力，扩大市场位势，提高企业的经营业绩。但事实果真如此吗？技术创新能力的增强是否真的能够使企业经营业绩稳定增长或者说技术创新是否能够抑制经营业绩波动（或盈余波动）？再考虑诸如产权性质、公司治理、企业年龄、制度环境等因素的调节作用，这些因素究竟是加强还是减弱技术创新与盈余波动之间的相关性？

第二节 技术创新与盈余波动性理论分析与研究假说

专利能够反映企业的创新能力（Arundel，2001），企业是技术创新的主体。企业通过研发投入，不断开发创造出新的产品和技术，形成企业的核心竞争力，使得企业在市场竞争中占据优势地位，而且能够使企业拥有具有自主知识产权的核心技术和品牌技术创新的收益性，包括社会效益和经济效益。就技术创新的企业经济效益来说，企业通过加大研发投入，创造出新的产品和技术，形成企业强大的核心竞争力和自主品牌，而核心竞争力是企业通过技术创新活动达成的，从本质上说，是企业拥有的、难以模仿的、能够为企业创造经济价值的能力，而且企业的创新能力又反过来推动核心竞争力的提升。同时，企业强大的技术创新能力能够推动企业的可持续发展，能够给企业带来超额利润。所以说，技术创新是企业持续稳定发展的关键因素。技术创新能够使企业拥有自主知识产权的品牌产品，而且通过不断的技术创新，形成自主品牌，其他企业才难以模仿，能够始终在残酷的竞争中立于不败之地。技术创新具有技术溢出性，即从事创新活动的企业对同行业及其他企业的技术进步产生的积极影响和促进作用，也就是说，一个企业的技术创新使其他企业受益，当然自己也能够从其他企业的技术创新活动中得到好处。这样通过技术创新的溢出效应，在其他企业创新的带动下，本企业的创新能力也能够得到提升。此外，技术创新的市场溢出，即企业在完成新项目之后，在向市场推出创新产品过程中可能会因为其他竞争性企业的技术抄袭或技术溢出而导致该企业市场占有率的下降，出现"搭便车"现象。这里存在着一个市场溢出风险，但凡事都有两面性；反之，企业也能通过技术创新的市场溢出效应而受益，增强企业的创新能力。技术创新是高投入与高产出相伴随的，就是说虽然技术创新需要高投入，但是同时获得了高收益。创新活动风险高，而且周期长，但收益也高，创新产品一旦实现产业化生产后，能够给企业带来源源不断的丰厚收益。创新产品的技术含金量，往往是传统产品无法比拟的，给企业带来超过市场平均利润的超额收益。

市场经济的本质是竞争经济，也正是因为市场的竞争，才增强了企业技术创新发展的动力，而且随着经济全球化，市场竞争更加激烈，企业为了在市场中立足或取得长远发展，推动企业技术进步是必然选择。在技术创新活动的推动下，不断增强企业的技术创新能力，能够改善企业经营管理、降低成本，从长远看，还能够形成技术优势和技术垄断，维持长久发展。创新经济学认为创新能够提高企业可持续发展和核心竞争力（熊彼特，1912；索洛，1957；戴维斯和诺斯，1971）。企业的技术创新活动，涉及投入（如研发）和产出（专利），而且本书实证部分对创新的衡量即是用创新产出专利作为代理变量，因此，根据专利竞争优势理论，专利是技术创新活动的结晶，能够提高企业的竞争力，增强企业的竞争优势和可持续发展能力。根据资源基础理论（Wernerfelt，1984），专利是企业的无形资产，而且这些无形资产具有其他企业无法模仿和独特异质性的特点，代表企业一种独特的能力，这些独特的资源和能力是企业持久发展的源泉。会计盈余有大小，而且金额前后期有变化，也有变化幅度（会计盈余波动）。盈余波动反映了企业的经营风险，经营风险大或者说前后期经营业绩不稳定，则盈余波动就大，比如当企业高管采取冒险的决策行为时，可能会增加盈余波动的程度，而技术创新形成的核心竞争能力能够维持企业经营业绩的稳定。由上述分析可知，企业创新能力的增强，能够降低盈余波动。因此提出本章假说 H4-1：

H4-1：技术创新与盈余波动显著负相关，即企业创新能力越强，则盈余波动越低。

中央提出经济发展新常态，更加注重经济发展的质量。随着供给侧结构性改革、产业转型升级以及"大众创业、万众创新"等国家战略的深入推进，经济增长动力已经从要素驱动、投资驱动转向创新驱动。许多企业已充分意识到增加研发投入和提高创新能力对形成企业核心竞争力的重要性，若不加快创新，就可能在激烈的市场竞争中被淘汰，但是创新需要资金投入，而且需要大量的资金。因此，必须解决企业创新的"最先一公里"的资金来源问题。我国的市场化环境仍然不够完善，处于这样一个特殊的环境中，从产权性质的角度来说，国有企业可能会获得更多的政府专项资金补助，而且外部融资约束相对较弱，更加容易从外部获取资金用于企业研发，提高创新能力。虽然非国有企业因面临更加激烈的市场竞争环境，自主研发动力可能更强，但其研发资金未必充足。沈弋等（2016）认为基于政治考虑，国有企业会增大研发投入的规模，以便与政府专项补贴资金相配套，这样在中国当前的市场环境中，因国有企业可能更易获得国家创新资金投入，国有企业的创新能力也就更强。因此，提出本章的假说H4-2：

H4-2：相对于非国有企业，在国有企业中，技术创新与盈余波动的负相关性更大。

公司治理问题产生于现代公司的所有权与经营权的分离，公司治理机制建设也正是为了解决该问题。公司治理首要的是保护股东的利益，公司治理机制建设过度反而可能约束管理层的自主权。管理层具有自利行为，管理人员可能追求自己任期内（短期）的个人利益，而并未将企业长期的利润最大化目标置于首要位置（Jensen and Meckling，1976）。通常股东追求的是企业长期利润的最大化，但管理层除了可能存在与股东的利润追求一致外，也可能为了个人私利而从事违背股东意愿的事情。鲁桐和党印（2014）虽然研究发现第二至第十大股东持股、基金持股和董监高持股比例与研发投入显著正相关外，也发现像两职分离负向影响研发投入，董事会规模、独立董事比例与研发投入不存在显著关系，认为这些与我国公司治理形式上已经健全但却没有发挥应有的作用有关。此外，虽然有些公司治理机制建设比如董监高持股比例有利于管理层的目标与股东的目标保持一致，能够一定程度上减轻逆向选择和道德风险等代理问题，使得管理层的决策行为更倾向于考虑企业的长期发展利益，有利于增大研发投入，提高创新能力；但也存在另外一种情况，比如董事会召开会议多可能表明董事会比较勤勉，另外也可能表明召开会议是一种被动行为，恰恰说明企业经营管理中存在问题。还比如股权过于集中有利于股东监督管理层，但同时过于集中也会影响内部治理的运行效率。一定程度的股权制衡有利于管理层监督股东行为，而朱红军和汪辉（2004）认为股权制衡可能会导致股东激烈争夺控制权，不利于企业的经营决策。加之，我国市场经济发展水平低，《中华人民共和国公司法》等相关法律法规建设还有待完善，公司治理机制建设虽然在一定程度上能够对企业的经营管理起到积极作用，但是因公司治理机制建设本身的局限性，即凡事应该有度，否则，将适得其反，可能存在企业管理层为了私人利益而放弃企业长期发展规划，或者说受到公司治理内部约束过多，反而不利于经营决策行为，并影响到企业的研发投入和创新活动的开展。

同时，中国上市公司中，国有企业占有相当大的比例，比如本书所选样本国有企业占60.81%，所以还可能存在"国有股一股独大"，引进国外先进的公司治理机制困难重重，阻力较大；同时，在公司治理机制建设中，规模大、比例高，并不能代表公司治理结构合理、完善，而且徐晓松（2013）指出公司治理是由"治理问题"和"治理结构（体制或模式）"组成的体系，要克服盲目崇拜国外公司治理制度的现象，应加强中国本土的公司治理建设，否则，会走向反面。公司治理水平高，可能存在"过度"治理情况，管理层出现经营决策的短期行为，更关心任期内的眼前利益，比如在研发支出方面，无疑研发支出有利于企业的长远发展，但见效慢，周期长，还会造成短期内的利润减少，由此管理层可能会为了自己的眼前利益而放弃研发这一长期项目，进而影响企业的创新能力。公司治理不是为了制衡而制衡，公司治理好坏的标准，除了公司内部权力的制衡状况（股东、董事会和经理层等之间），更重要的是使公司有效地运行、有效地决策。由于公司治理过度，比如"一股独大"使得股东大会成为大股东会，董事会基本上由经理人员构成，很难行使监督制约作用，而且规模过大的董事会多半都是经理层，这样因经理层追求短期利益而放弃研发投入等，难以形成长远的创新力。虽然当前公司治理机制建设受到重视，但是在实践中，"新三会"、独立董事等并未树立公众信心，反而出现"有机构无治理"的异常现象，也就是说公司治理并未发挥应有的作用，或者说公司治理成为一种摆设（徐晓松，2013），这些可能都不利于技术创新活动开展，不利于创新能力的提升。

根据上面分析，公司治理水平高，在中国当前的制度背景中，反而不利于公司创新活动的开展，不利于企业长期创新能力的形成。因此，再结合假说 H4-1，提出本章假说 H4-3：

H4-3：相对于公司治理强的企业，在公司治理弱的企业中，技术创新与盈余波动的负相关性更大。

企业年龄[①]能够测度企业在生命周期中所处的位置和生存状态（生存能力和持续性），企业年龄与企业的成长性、死亡率、规模、绩

---

① 企业年龄表现为自然年龄和商业年龄，自然年龄指企业自诞生之日起所经历的时间，主要表明企业存在时间的长短；商业年龄是企业生命体活力的量化，综合反映企业的经营状况及发展态势。

效和技术创新活动等密切相关（Carroll，1983；Jovanovic，1982）。根据企业生命周期理论，企业的发展与成长过程是动态的，包括发展、成长、成熟、衰退等阶段。Sørensen 和 Stuart（2000）研究发现企业年龄与创新绩效（用专利作为代理变量）之间存在正相关性，知识和经验的积累能够增强企业的创新能力。年龄影响企业的业绩持续成长，企业的成长随着年龄的增加而降低（Jovanovic，1982；Evans，1987）。但随着年龄的增加，企业的创新绩效会下降（Cohen and Levinthal，1989），其理由是随着企业年龄的增加，企业内部组织结构僵化，沟通不畅，引起创新力下降。随着企业年龄的增加，企业会产生某种程度的惰性，表现为企业对资源的守旧和运作程序的老套，而且企业进入某种发展阶段后，会对原有的经营管理模式产生依赖（Gilbert，2005）。随着企业年龄的增加，上述惰性会增强，影响企业的创新能力。虽然随着企业年龄的增加，企业能够积累丰富的经营管理经验，适应环境的能力更强，增强企业的生存能力，但是随着企业年龄的增长，大规模获取收益的能力将减弱（Dunne and Hughes，1994），也在一定程度上影响企业的创新能力。程虹和宁璐（2016）也得到企业年龄与劳动生产率成倒 U 型非线性关系的经验证据，而且发现企业年龄在 10 年时劳动生产率达到最高。由上述分析可知，随着企业年龄的增加，企业创新动力和积极性降低，不利于企业的创新活动开展，因此，对于那些成立年龄比较短的企业因正处于发展阶段，急需大量研发投入以增强企业的创新能力，较强的创新能力能够保障企业持续获利的能力，一定程度上抑制了盈余的波动性。提出本章假说 H4-4：

H4-4：相对于成立年龄大的企业，在成立年龄小的企业中，技术创新与盈余波动的负相关性更大。

知识产权是人类智力劳动产生的智力劳动成果所有权，一般包括版权（著作权）和工业产权，工业产权包括发明专利、实用新型专利和外观设计专利等。2008 年 6 月，《国家知识产权战略纲要》发布后，我国相继出台和修正《中华人民共和国商标法》《中华人民共和国专利法》《中华人民共和国技术合同法》等，即国家已经从法律制度方面为企业的知识产权保护提供了法律依据。知识产权保护即是对知识产权创造者或拥有者提供了一个合法的权利，阻止或限制他人使用或有条件地使用。知识产权特别是高端技术创新产品的问世需要投入大量的人力和物力，而且耗时长、风险大，所以，必须给创新产品创造者足够的回报，这样才能够激发创新、创业者的热情，产品创新者也才愿意投入更大人力、物力、资金等，进行艰苦的研发活动，而知识产权保护正可以达成该目标。实施产权保护制度一定程度上将阻碍市场竞争，但从长期来看能够激发创造者的创新积极性（Nordhaus，1970），而且他提出了著名的"IPR 基本权衡"，核心内容是最优专利制度是损失与收益之间的平衡，该知识产权保护理论已经成为各国知识产权保护制度建设的依据。具有良好知识产权保护记录对企业获得外部融资有利，还能够吸引研发合作伙伴，对企业的创新具有积极作用（Arundel，2001；Hall，2004；Haussler et al.，2009；尹志峰等，2013）。知识产权保护对企业开展创新活动非常重要，知识产权保护不力将挫伤创新主体的创新积极性，影响企业竞争力的形成和业绩提升（贺贵才和于永达，2011）。由此可见，增强知识产权保护能够提高企业的创新积极性，加大研发投入，从而提升企业的创新能力。企业创新能力的进一步提升将使企业持续长久发展，减少会计盈余波动。因此提出本章假说 H4 - 5：

H4 - 5：相对于知识产权保护弱的地区的企业，在知识产权保护较强的地区的企业，技术创新与盈余波动的负相关性更大。

"政府干预理论"认为政府运用宏观手段调控经济运行，能够保持经济持续、稳定、协调增长；"市场自由理论"认为市场经济实际上就是充分发挥市场在配置资源中的决定性作用，相信市场能够起到自发地配置资源的作用。当然，市场经济也绝对离不开政府的宏观调控和行政干预，否则，市场经济会进入无政府状态，但是，在以市场经济为主体的经济体制中，政府干预应该有度，不能过度干预，要充分发挥"看不见的手"的作用。在市场经济中，若政府过度干预，会造成负面影响：不利于微观企业主体之间的公平竞争，不利于创新资源的优化配置，而且政府干预过大，会破坏企业固有的自主能动性，反而出现政府对企业创新活动的行政过度干预，可能妨碍甚至损害市场机制的能动作用，不利于企业构建长期稳定的创新机制。政府如果控制着土地、劳动力、资本等生产要素的定价权、分配权，企业可能存在与政府部门构建政治关系，从而获取发展所需较低成本的资金和稀缺资源的动机，即存在通过寻租行为获得超额收益，这样企业可能将更多时间和精力投入到非生产性寻租活动上，降低了企业的创新研发活动，而且政府干预越强，则上述情况越明显。张杰等（2011）、蔡地和万迪昉（2012）研究发现政府与市场关系和研发投入显著负相关，政府干预越强的省份其研发活动越不活跃。综上可知，适当的政府干预是必需的，而政府干预过度，将影响企业的创新活动，损害企业自身的创新活动的能动性，不利于企业创新。因此，政府干预弱的地区的企业，其创新活动更强，更能保障企业盈余持续性增长，能够抑制盈余波动性。因此提出本章假说 H4 - 6：

H4 - 6：相对于政府干预强的地区的企业，在政府干预较弱的地区的企业，技术创新与盈余波动的负相关性更大。

企业的技术创新活动属于企业微观主体的行为，毫无疑问，该活动受到宏观经济政策和环境的影响。企业创新活动需要大量的人力物力，而且资源消耗大、资金投入大、周期长，创新活动最终能否取得成功受多种因素影响，而能否解决创新投入的资金问题将直接影响创新活动的成败。虽然企业创新资金来源有自有资金等多种渠道，但企业内部现金流未必稳定、储备未必充足，所以，企业的创新资金需要外部供给，而金融机构贷款可能成为重要的创新资金来源。企业的创新活动往往需要反复的开发和实验，周期长，需要大量和持续的资金支持，金融发展水平较高的地区，企业能够获取更加充足的资金供给。在金融发展水平较高的地区，企业的研发投入更多，创新能力更强（解维敏和方红星，2011；蔡地和万迪昉，2012）。金融发展水平高的地区，能够为企业的技术创新活动提供长期的激励，促进技术创新活动的长期化和稳定化。金融发展水平较高的地区，金融工具更加多样化，金融机构更能够获取储蓄存款，而且金融机构的专业技术水平更高，防御风险的能力更强，一定程度上能缓解企业面临的外部融资约束，从而使得企业能够获取更多的研发资金，有利于增强企业的创新能力，有利于企业持续盈利，进而能够抑制盈余波动性。提出本章假说H4-7：

H4-7：相对于金融发展水平低的地区的企业，在金融发展水平高的地区的企业，技术创新与盈余波动的负相关性更大。

市场经济的基础是法治，法治不但能够约束政府的过度行政干预行为和经济活动中经济人的行为，而且能够带来可置信承诺的预期（North and Weingast，1989）。2014年10月党的十八届四中全会通过《中共中央关于全面推进依法治国若干重大问题的决定》，指出：社会主义市场经济本质上是法治经济。若使市场在资源配置中起决定性作用和更好发挥政府作用，必须以保护产权、维护契约、统一市场、平等交换、公平竞争、有效监管为基本导向，完善社会主义市场经济法律制度。可见，法治经济是社会主义市场经济的本质要义。法治能够体现公平、公正与效率，法治能够保护产权、保障经济人的合法权益。创新驱动发展战略已经成为我国的一项基本国策，但是创新驱动发展战略的实施必须以法治为保障，必须遵循市场经济就是法治经济的逻辑，必须依法创新、依法驱动，只有加强法治建设，完善产权制度、知识产权保护制度等，才能激发创造者的热情，才能激励创业创新。企业所处的国家大环境基本相同，但是所处的地区法治水平相差较大

（樊纲等，2011）。高质量的法治化水平能够促进企业的创新投入活动（Coe et al.，1997），较高的法治水平有利于保障债权人的契约、有利于促进金融发展、有利于完善产权保护制度，还能约束政府的行政干预等，有利于创新投入、有利于企业开展创新活动、有利于提高技术创新能力。而根据竞争优势理论，创新能力的提高有利于形成企业的核心竞争力，增强竞争优势，进而有利于企业经营业绩的长期稳定增长。综上，提出本章假说 H4－8：

H4－8：相对于法治水平低的地区的企业，在法治水平高的地区的企业，技术创新与盈余波动的负相关性更大。

第三节　技术创新与盈余波动性研究设计

一　样本选取与数据来源

选取沪深 A 股 2007—2015 年非金融类上市公司作为研究样本，并剔除 ST 类、数据缺失等样本，最终确定 832 家公司的 3656 个非平衡面板观测值。第一大股东持股比例、第二至第十大股东持股比例和终极控制人性质等变量数据来自 CCER 数据库，政府补助来自 Wind 数据库，其余变量均取自 CSMAR 数据库。多元回归进行了 White 异方差检验和 Robust 稳健标准差修正，并对多元回归进行了公司层面的聚类（Cluster）处理，且对所有连续变量在 1% 和 99% 分位上进行了 Winsorize 处理。样本行业分布和授权专利行业分布见表 4－1。总体来看，授权专利呈现增长趋势，随着创新驱动发展战略的深入实施，企业的技术创新能力不断增强。授权专利主要集中在制造业（C），信息传输、软件和信息技术服务业（I），建筑业（E），采矿业（B）等行业，制造业（C）居多。

表4-1　　　　　　样本行业分布和授权专利行业分布　　　　　　单位：件

Panel A 样本行业分布

行业类型＼年份	2008	2009	2010	2011	2012	2013	2014	2015
农、林、牧、渔业（A）	0	2	3	2	4	5	5	7
采矿业（B）	4	5	7	9	7	17	17	22
制造业（C）	232	271	347	375	433	470	489	538
电力、热力、燃气及水生产和供应业（D）	0	1	2	2	8	8	8	9
建筑业（E）	4	7	14	12	17	19	19	25
批发和零售业（F）	0	0	1	2	3	5	5	8
交通运输、仓储和邮政业（G）	1	1	3	4	4	5	5	5
信息传输、软件和信息技术服务业（I）	10	13	16	15	14	14	20	24
房地产业（K）	2	2	2	2	6	2	4	2
水利、环境和公共设施管理业（N）	0	1	1	2	1	1	1	1
文化、体育和娱乐业（R）	0	0	0	1	0	0	2	3
综合（S）	1	1	3	2	2	3	2	2
合计	254	304	399	428	499	549	577	646

Panel B 授权专利行业分布

行业类型＼年份	2007	2008	2009	2010	2011	2012	2013	2014
农、林、牧、渔业（A）	0	2	28	49	59	73	43	36
采矿业（B）	711	720	1279	2402	242	900	960	3382
制造业（C）	9984	7148	9883	12325	17670	20083	19814	20500
电力、热力、燃气及水生产和供应业（D）	0	2	17	15	19	99	105	155

续表

Panel B 授权专利行业分布								
年份 行业类型	2007	2008	2009	2010	2011	2012	2013	2014
建筑业（E）	55	117	151	123	391	400	432	685
批发和零售业（F）	0	0	2	19	12	37	52	445
交通运输、仓储和邮政业（G）	1	4	19	9	3	10	40	6
信息传输、软件和信息技术服务业（I）	63	89	179	337	230	207	117	135
房地产业（K）	4	22	19	15	30	11	6	2
水利、环境和公共设施管理业（N）	0	1	9	9	13	17	7	14
文化、体育和娱乐业（R）	2	0	0	4	0	0	29	5
综合（S）	0	4	10	6	3	13	11	6
合计	10820	8109	11596	15313	18672	21850	21616	25371

二 模型设置与变量定义

为了验证研究假说 H4-1，构建模型（4-1）。

$$Volatility_{i,t} = \alpha_0 + \alpha_1 Innovation_{i,t-1} + \alpha_2 ROA_{i,t} + \alpha_3 ROA_{i,t-1} + \alpha_4 ROA_{i,t-2} + \alpha_5 Size_{i,t} + \alpha_6 Lev_{i,t} + \alpha_7 Growth_{i,t} + \alpha_8 Age_{i,t} + \alpha_9 First_{i,t} + \alpha_{10} Balance_{i,t} + \alpha_{11} Management_{i,t} + \alpha State_{i,t} + Industry + Year + \varepsilon_{i,t} \quad (4-1)$$

再将样本分为国有企业和非国有企业、公司治理强和公司治理弱、成立年龄大和成立年龄小、知识产权保护强和知识产权保护弱、政府干预强和政府干预弱、金融发展水平高和金融发展水平低、法治水平高和法治水平低两组进行检验，分别验证研究假说 H4-2、假说 H4-3、假说 H4-4、假说 H4-5、假说 H4-6、假说 H4-7 和假说 H4-8。

模型（1）中，被解释变量 Volatility 表示盈余波动性，用 ROA 每五年的标准差来衡量；解释变量 Innovation 代表企业的技术创新能力，通常衡量企业创新能力的指标包括研发投入和专利授权数，本书采用创新产出即专利授权数衡量企业创新能力。专利反映企业创新能力比较客观（Li，2011），因为研发投入只是创新能力形成的初始阶段，存在创新不能取得成功的风险，而专利，特别是授权专利代表了企业的创新能力。当然，专利的获取要经过研究开发、申请、受理、初步审查、公布、实质审查和授权等阶段，向国家知识产权局申请专利，表示研发活动取得成功，但最终是否能够获批获得专利证书还需要若干过程，存在专利申请不能成功的风险，而且专利申请的数量越大，不确定性和风险越大。在专利被授权后，专利申请才成功，被授权的专利才能为企业获取经济效益，当然这也需要过程。授权专利越多，说明企业的创新能力越强，越能够给企业带来核心竞争力。本书采用国家知识产权局授权的专利衡量企业创新能力，包括发明、实用新型和外观设计。因专利发挥作用或者说给企业带来经济利益需要一定时间，所以本书将授权专利取滞后一期（稳健性检验中取滞后两期授权专利）。在稳健性检验中再采用有效专利数进一步衡量企业创新能力。根据 Cheng（2008）、卢闯等（2011）、孙健等（2016）等，控制企业规模（Size）、财务杠杆（Lev）、企业成长性（Growth）、成立年龄（Age）、股权集中度（First）、股权制衡度（Balance）、管理层持股比例（Management）、产权性质（State）以及当年盈余水平（ROA_t）、前一年盈余水平（ROA_{t-1}）和前两年盈余水平（ROA_{t-2}），并控制行业和年度效应。制度环境采用王小鲁等（2017）编制的《中国分省份市场化指数报告（2016）》，市场化指数包括政府干预（Government）、金融发展水平（Finance）、法治水平（Law），采用年均增产率预测 2007 年和 2015 年的各市场化指数。各变量具体定义见表 4-2。

表 4-2　　　　　　　　　　变量定义

变量名称	变量代码	变量定义
盈余波动性	Volatility	ROA 每五年的标准差，ROA = 净利润/平均资产总额
技术创新	Innovation	企业在第 t-1 年被授权的专利数量（发明、实用新型和外观设计），加 1 后取自然对数
当年盈余水平	ROA_t	ROA 在 t 年度的每五年均值
前一年盈余水平	ROA_{t-1}	ROA 在 t-1 年度的每五年均值
前两年盈余水平	ROA_{t-2}	ROA 在 t-2 年度的每五年均值
企业规模	Size	当年资产总额自然对数的每五年均值
财务杠杆	Lev	当年资产负债率每五年均值
企业成长性	Growth	（当期营业收入－上期营业收入）/上期营业收入
股权集中度	First	第一大股东持股数/总股数
股权制衡度	Balance	第二至第十大股东持股比例之和/第一大股东持股比例
管理层持股比例	Management	管理层持股股数/总股数
产权性质	State	终极控制权为国有企业取 1，否则为 0
成立年龄	Age	当年企业成立年龄每五年均值
知识产权保护	Protection	《报告》中"知识产权保护"得分
政府干预	Government	《报告》中"政府与市场的关系"得分
金融发展水平	Finance	《报告》中"金融业的市场化"得分
法治水平	Law	《报告》中"市场中介组织的发育和法律制度环境"得分
行业效应	Industry	行业虚拟变量
年度效应	Year	年度虚拟变量

第四节　技术创新与盈余波动性实证结果与分析

一　主要变量描述性统计

主要变量描述性统计见表 4-3：盈余波动性（Volatility）的均值（中位数）为 0.031（0.023），盈余波动幅度总体上略低于中等水平，即所选样本企业的盈余波动不大，但也表现出一定程度的波动性，其最大值、最小值分别为 0.150、0.002，标准差为 0.028，表明各企业间盈余波动有差异。在多元回归中，对授权专利量取绝对值，但对取绝对值后的专利进行描述性统计意义不大，所以对所选样本的实际专利授权量进行描述性统计，其均值（中位数）为 36.466（8.000），表明企业获取专利数总体上低于中等水平，即我国的专利水平较低，总体上企业的创新能力不强；最大值、最小值分别为 3903、0，标准差为 141.497，表明不同企业间实际的专利授权量差异非常之大。另外，实际成立年龄的均值（中位数）为 16.16（16.000），表明所选样本企业的成立年龄总体上略低于中等成立年龄，即总体上小于 16 年；最大值、最小值分别为 36 年、7 年，标准差为 4.024 年，说明不同企业成立年龄差异较大。其余控制变量的描述性统计具体见表 4-3，不再赘述。

表 4-3　　　　　　　　　　主要变量描述性统计

变量	均值	中位数	最小值	最大值	四分之一分位	四分之三分位	标准差
$Volatility$	0.031	0.023	0.002	0.150	0.013	0.041	0.028
$Innovation$	2.317	2.197	0	8.270	1.386	3.091	1.394
ROA_t	0.044	0.037	-0.068	0.208	0.015	0.068	0.047
ROA_{t-1}	0.046	0.039	-0.062	0.208	0.017	0.070	0.048
ROA_{t-2}	0.048	0.041	-0.068	0.204	0.018	0.073	0.048
$Size$	22.043	21.838	20.034	25.869	21.191	22.660	1.172
Lev	0.492	0.494	0.097	0.875	0.373	0.621	0.173
$Growth$	0.193	0.156	-0.138	1.514	0.073	0.253	0.221
$First$	0.352	0.334	0.091	0.748	0.236	0.447	0.145
$Balance$	0.650	0.469	0.025	3.104	0.196	0.931	0.603
$Management$	0.034	0.000	0	0.447	0	0.003	0.092
$State$	0.608	1	0	1	0	1	0.488
Age	3.211	3.217	2.887	3.583	3.089	3.331	0.156

续表

变量	均值	中位数	最小值	最大值	四分之一分位	四分之三分位	标准差
Protection	31.855	17.510	0.810	87.780	6.850	56.910	27.997
Government	9.682	10.010	-6.200	11.730	9.080	10.630	1.341
Finance	13.010	13.180	5.440	16.890	11.760	14.370	1.713
Law	14.477	10.910	0.050	30.600	7.580	21.030	7.788

二 单变量分析

表4-4列示按照技术创新能力强弱（专利数大于中位数，Innovation=1；否则，Innovation=0）分组后的均值T检验和中位数Z检验（非参数检验），检验结果表明创新能力强（Innovation=1）的企业，盈余波动的均值和中位数均略小，而且分别在1%和5%水平上显著。在控制变量的均值检验和中位数检验中，技术创新能力强的样本组当年盈余水平、前一年盈余水平、前两年盈余水平、企业规模、财务杠杆、企业成长性和股权集中度均显著高于技术创新能力弱的样本组，企业年龄在技术创新能力强的样本中显著低于技术创新能力弱的样本。此外，图4-1报告了技术创新与盈余波动性双因子分析结果，从图中可以看出：随着技术创新能力的增强，盈余波动性逐渐减弱，表明技术创新与盈余波动性呈负相关关系，一定程度上为多元回归结果提供了证据。

表4-4 单变量分析

变量	Innovation=0 均值	Innovation=0 中位数	Innovation=1 均值	Innovation=1 中位数	均值T检验	中位数Z检验
Volatility	0.034	0.023	0.029	0.022	4.54***	2.11**
ROA_t	0.038	0.031	0.051	0.042	-7.93***	-8.79***
ROA_{t-1}	0.040	0.033	0.053	0.046	-8.50***	-9.35***

续表

变量	Innovation = 0 均值	Innovation = 0 中位数	Innovation = 1 均值	Innovation = 1 中位数	均值 T 检验	中位数 Z 检验
ROA_{t-2}	0.041	0.036	0.055	0.048	-9.02***	-9.51***
$Size$	21.753	21.609	22.349	22.109	-15.88***	-15.06***
Lev	0.484	0.484	0.500	0.505	-2.80***	-2.85***
$Growth$	0.188	0.143	0.198	0.170	-1.43***	-4.19***
Age	3.218	3.217	3.204	3.217	2.84***	2.97***
$First$	0.339	0.324	0.365	0.348	-5.43***	-4.79***
$Balance$	0.652	0.456	0.648	0.482	0.22	0.73
$Management$	0.034	0.000	0.035	0.000	-0.28	-1.18

注：**、***分别代表在5%、1%水平下显著。

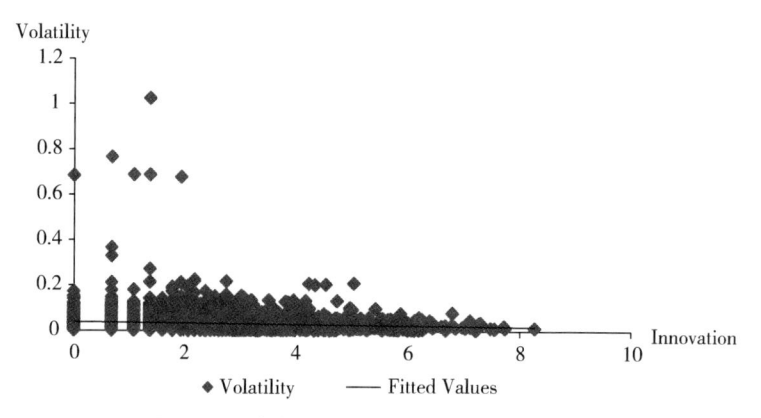

图 4-1 技术创新与盈余波动性双因子分析

三 相关性分析

模型（1）中各变量相关系数见表 4-5：无论是 Spearman 相关系数，还是 Pearson 相关系数，技术创新与盈余波动性均显著负相关，表明企业创新能力越强，则盈余波动性越低。根据 Pearson 相关系数，当年盈余水平、前一年盈余水平和前两年盈余水平均显著降低盈余波动性；企业规模、财务杠杆均显著降低盈余波动性；股权制衡度高，则显著增加了盈余波动性。

表 4-5 相关系数

	Volatility	Innovation	ROA_t	ROA_{t-1}	ROA_{t-2}	Size	Lev	Growth	Agelist	First	Balance	Manage	State
Volatility	1	-0.0501*	-0.00720	0.0173	0.0370*	-0.0795*	-0.0966*	-0.0344*	-0.00290	-0.00160	0.0363*	-0.0112	-0.0172
Innovation	-0.090***	1	0.1568*	0.1636*	0.1691*	0.2946*	0.0660*	0.0955*	-0.0560*	0.1023*	0.000800	0.0119	0.0364*
ROA_t	-0.060***	0.130***	1	0.9445*	0.8543*	0.0897*	-0.4256*	0.3354*	-0.1276*	0.0673*	0.1500*	0.1958*	-0.1584*
ROA_{t-1}	-0.047***	0.135***	0.951***	1	0.9476*	0.1387*	-0.4259*	0.2764*	-0.1277*	0.0645*	0.1354*	0.2124*	-0.1620*
ROA_{t-2}	-0.050***	0.143***	0.865***	0.950***	1	0.1604*	-0.4198*	0.2300*	-0.1482*	0.0684*	0.1253*	0.2383*	-0.1787*
Size	-0.105***	0.370***	0.074***	0.119***	0.147***	1	0.4063*	0.1077*	0.2321*	0.2483*	-0.1484*	-0.1091*	0.2293*
Lev	-0.034**	0.087***	-0.434***	-0.441***	-0.441***	0.391***	1	0.0765*	0.1336*	0.0771*	-0.1129*	-0.1638*	0.1866*
Growth	0.0190	0.042**	0.201***	0.163***	0.121***	0.055***	0.077***	1	-0.1710*	0.0894*	0.0806*	0.0106	-0.0210
Age	0.0270	-0.036**	-0.105***	-0.105***	-0.126***	0.201***	0.133***	-0.105***	1	-0.136**	0.00600	-0.0535*	0.1132*
First	0.00200	0.124***	0.078***	0.078***	0.085***	0.299***	0.074***	0.169***	-0.136***	1	-0.6995*	-0.3089*	0.2899*
Balance	0.047***	-0.0250	0.107***	0.099***	0.095***	-0.099***	-0.108***	0.0140	0.00600	-0.645***	1	0.2921*	-0.2921*
Manage	0.0170	-0.0200	0.099***	0.116***	0.157***	-0.196***	-0.170***	-0.00600	-0.215***	-0.204***	0.295***	1	-0.4829*
State	-0.0070	0.059***	-0.152***	-0.150***	-0.161***	0.248***	0.195***	-0.00600	0.119***	0.284***	-0.276***	-0.443***	1

注：*** 代表在1%水平上显著；** 代表在5%水平上显著；* 代表在10%水平上显著。右上方为Spearman相关系数，左下方为Pearson系数。Manage 省模型（1）中的Managem。

四 实证结果与分析

1. 技术创新、产权性质与盈余波动性

模型（1）回归结果见表4-6，在全样本检验中，技术创新与盈余波动的回归系数为-0.002，且在1%显著性水平上为负，表明企业创新能力越强，盈余波动性越小，即技术创新能够在一定程度上抑制盈余波动性，或者说因为技术创新能够增强企业的核心竞争力，能够使企业稳定持续获利，假说H4-1得到验证；在分组检验中，国有企业分组中，技术创新能力与盈余波动的回归系数为-0.002，且在1%显著性水平上为负，假说H4-2得到验证，这充分说明国有企业更容易获取外部资金支持，研发资金较非国有企业充足，研发能力强，创新产出自然更强，也正是因为国有企业更强的创新能力从而保障了企业持续盈利，进而盈余波动随之降低。在控制变量中，当年盈余水平高能够抑制盈余波动，但前一年营利能力强，会加剧盈余波动；规模大的企业，盈余波动较小；成立时间长、股权集中度大、股权制衡度大的企业，盈余波动加剧。

表4-6　技术创新、产权性质与盈余波动性回归结果

变量	全样本	国有企业	非国有企业
$Innovation$	-0.002***	-0.002**	-0.001
	(-2.74)	(-2.37)	(-1.42)
ROA_t	-0.176**	-0.193**	-0.014
	(-2.47)	(-2.56)	(-0.11)
ROA_{t-1}	0.192**	0.142	-0.061
	(2.30)	(1.61)	(-0.40)
ROA_{t-2}	-0.068	-0.028	0.067
	(-1.17)	(-0.40)	(0.69)

续表

变量	全样本	国有企业	非国有企业
$Size$	-0.002**	-0.001	-0.005**
	(-2.02)	(-1.04)	(-2.32)
Lev	-0.000	0.002	-0.004
	(-0.01)	(0.16)	(-0.21)
$Growth$	0.003	-0.001	0.011**
	(0.84)	(-0.19)	(1.98)
Age	0.020***	0.031***	0.008
	(3.34)	(3.69)	(0.85)
$First$	0.028***	0.024**	0.029**
	(3.32)	(2.19)	(2.04)
$Balance$	0.006***	0.005*	0.006**
	(3.31)	(1.77)	(2.28)
$Management$	0.014	0.118	0.000
	(1.55)	(0.84)	(0.05)
$State$	-0.001		
	(-0.69)		
$Constant$	-0.001	-0.052	0.094**
	(-0.02)	(-1.44)	(2.17)
$Industry, Year$	控制	控制	控制
$Observations$	3656	2223	1433
F	3.67	3.22	3.21
$Adjusted-R^2$	0.071	0.102	0.064

注：*、**、*** 分别代表在10%、5%、1%水平上显著。多元回归进行了White异方差检验和Robust稳健标准差修正，并对多元回归进行了公司层面的聚类（Cluster）处理。

2. 技术创新、公司治理①与盈余波动性

在将公司治理分为强弱后，从表4-7的报告结果来看，公司

---

① 借鉴张学勇和廖理（2010）的方法，将公司治理分为3个维度和12个指标，分别为持股结构与股东权益（第一大股东持股比例、股权制衡、股东会次数、流通股比例、国有股比例）、管理层治理（两职合一、管理层持股）、董事、监事与其他治理形式（董事会规模、独立董事比例、董事会次数、监事会次数、委员会个数），其中股权制衡为第二至第五大股东持股之和除以第一大股东持股比例，委员会个数指审计委员会、薪酬与考核委员会、战略委员会和提名委员会等的总数。对这些指标进行主成分分析，取第一大主成分衡量公司治理水平，再分为公司治理水平高组（公司治理水平大于中位数）和公司治理水平低组（公司治理水平小于中位数）。

治理弱的样本组，技术创新与盈余波动的系数为 -0.002，且在1%显著性水平上为负，即技术创新与盈余波动之间的负相关性强，假说 H4-3 得到验证。这一结果可能说明我国的公司治理机制建设存在很大问题，比如"一股独大"难以发挥中小股东的作用、董事会中过多的管理层更加使得企业追求短期利益、董事会等会议频繁召开可能暴露了企业经营管理方面存在问题。上述种种迹象表明，公司治理机制建设若只是追求数量，或者说只是满足监管层（如证监会等）的硬性规定，那么就难以形成比较合理的治理结构，反而不利于企业的经营管理，比如在研发等长期项目上因过度重视任期内的短期行为而受到影响，不利于培育企业的创新能力。因此，反而出现公司治理水平较低的公司其创新能力更强，进而会计盈余也表现出低波动性。控制变量回归结果见表 4-7。

3. 技术创新、成立年龄[①]与盈余波动性

成立年龄分为大、小两组后，回归结果见表 4-7：在成立年龄较小的样本组，技术创新与盈余波动性的回归系数为 -0.002，而且在1%显著性水平上为负，即说明技术创新与盈余波动之间的负相关性强，本书的假说 H4-4 得到验证。得到上述结论的原因可能是企业成立时间短，企业正处于快速发展期，创新活动相对更加积极，而企业成立时间长反而可能产生某种"惰性"，不利于企业创新活动。因此，在成立年龄较小的样本组，企业的创新能力更强，从而形成更加稳定持续的盈余增长，降低了盈余波动性。控制变量回归结果见表 4-7。

---

① 成立年龄以中位数为界分为两组，大于中位数为成立年龄大的组，小于中位数为成立年龄小的组。

4. 技术创新、知识产权保护①与盈余波动性

将知识产权保护分为强弱两组后的回归结果见表4-7，在知识产权保护较强的分组中，技术创新与盈余波动的系数为-0.002，且在1%显著性水平上为负，即技术创新与盈余波动的负相关性进一步增强，本书的假说H4-5得到验证，其原因就在于在知识产权保护比较强的地区的企业，知识产权受到法律的有效保护，提高了企业创新热情，企业更愿意增加研发投入，创新能力也必然增强，进而形成更加持续稳定的经营业绩，即降低了盈余波动性。控制变量回归结果见表4-7。

表4-7　　技术创新、公司治理等与盈余波动性回归结果

变量	公司治理 强	公司治理 弱	成立年龄 大	成立年龄 小	知识产权保护 强	知识产权保护 弱
Innovation	-0.001	-0.002***	-0.001	-0.002***	-0.002**	-0.001
	(-1.13)	(-3.23)	(-1.50)	(-2.97)	(-2.42)	(-1.02)
ROA_t	-0.188*	-0.095	-0.083	-0.130	-0.152*	-0.089
	(-1.77)	(-1.09)	(-0.89)	(-1.26)	(-1.69)	(-0.86)
ROA_{t-1}	0.102	0.127	0.107	0.047	0.207*	0.037
	(0.79)	(0.99)	(1.35)	(0.28)	(1.92)	(0.35)
ROA_{t-2}	0.008	-0.036	-0.093	0.065	-0.117	0.011
	(0.07)	(-0.47)	(-1.50)	(0.58)	(-1.54)	(0.13)
Size	-0.002	-0.002	-0.003*	-0.001	-0.001	-0.004***
	(-1.44)	(-1.33)	(-1.84)	(-0.98)	(-0.50)	(-3.06)
Lev	-0.001	0.005	0.002	-0.003	-0.024**	0.026*
	(-0.07)	(0.45)	(0.19)	(-0.31)	(-2.08)	(1.94)
Growth	-0.008	0.004	0.001	0.005	0.010**	-0.003
	(-0.83)	(1.15)	(0.12)	(1.01)	(2.02)	(-0.64)

① 根据王小鲁等（2017）编制的《中国分省份市场化指数报告（2016）》中各省份（含直辖市）的知识产权保护指数，以中位数为界，大于中位数的分组为知识产权保护强的组，反之，为知识产权保护弱的组。

续表

变量	公司治理 强	公司治理 弱	成立年龄 大	成立年龄 小	知识产权保护 强	知识产权保护 弱
Age	0.011	0.033***	0.017*	0.017*	0.015*	0.030***
	(1.39)	(3.82)	(1.68)	(1.81)	(1.93)	(3.13)
$First$	0.009	0.032***	0.027**	0.027**	0.019	0.037***
	(0.51)	(2.60)	(2.39)	(2.47)	(1.53)	(3.41)
$Balance$	0.005**	0.009*	0.006**	0.006***	0.008***	0.003
	(2.31)	(1.89)	(2.24)	(2.66)	(3.04)	(1.06)
$Management$	0.011	0.193**	0.018	0.005	−0.003	0.055**
	(1.11)	(2.07)	(0.98)	(0.55)	(−0.34)	(2.29)
$State$	−0.000	−0.001	0.002	−0.004	−0.002	−0.001
	(−0.20)	(−0.18)	(0.62)	(−1.63)	(−0.55)	(−0.22)
$Constant$	0.035	−0.054	0.020	−0.007	−0.001	0.002
	(1.08)	(−1.34)	(0.46)	(−0.20)	(−0.02)	(0.07)
$Industry, Year$	控制	控制	控制	控制	控制	控制
$Observations$	1826	1830	1931	1725	1709	1947
F	2.17	3.25	2.77	2.06	3.77	2.79
$Adjusted-R^2$	0.061	0.100	0.091	0.052	0.091	0.094

注：*、**、*** 分别代表在10%、5%、1%水平上显著。多元回归进行了White异方差检验和Robust稳健标准差修正，并对多元回归进行了公司层面的聚类（Cluster）处理。

5. 技术创新、制度环境①与盈余波动性

将制度环境分为强弱两组后，其回归结果见表4-8：在政府干预弱、金融发展水平高以及法治水平高的分组中，技术创新与会计盈余波动性之间的负相关性更强，而且均在1%水平上显著为负，验证了本章的假说H4-6、假说H4-7和假说H4-8。得出上述实证结果的原因可能在于：(1) 在政府干预比较弱的地区，该地区的企业更能充

---

① 制度环境采用王小鲁等（2017）编制的《中国分省份市场化指数报告（2016）》各省份（含直辖市）的政府干预指数、金融发展水平指数和法治水平指数，分别以三个指数的中位数为界，大于中位数的组，分别为政府干预强、金融发展水平高和法治水平高，反之，分别为政府干预弱、金融发展水平低和法治水平低。

分发挥市场机制的调节和配置资源的作用,更能促进微观企业主体之间的公平竞争和创新活动的开展,更能使企业形成稳定持续的获利能力,进而抑制盈余波动性;(2)在金融发展水平较高的地区,该地区的企业较易获取创新资金,激发企业的创新热情,而且金融发展水平高,金融机构的专业技术水平高,能够抵御不确定性风险,缓解外部融资约束压力,更有利于企业的创新研发活动,形成更强的创新能力,企业持续盈利的能力相应增强,故而盈余波动性得到抑制;(3)在法治水平高的地区,能够保障债权人的契约行为,有利于完善知识产权保护制度,有利于促进金融发展水平以及约束政府行政干预,这些对企业开展创新活动是有利的,所以说,法治水平更高的地区的企业具有更加强大的创新能力,有利于保障企业持续盈利,能够抑制盈余波动性。控制变量回归结果见表4-8。

表4-8　　　　技术创新、制度环境与盈余波动性回归结果

变量	政府干预 强	政府干预 弱	金融发展水平 高	金融发展水平 低	法治水平 高	法治水平 低
$Innovation$	-0.001	-0.002***	-0.003***	-0.001	-0.002***	-0.001
	(-0.88)	(-2.66)	(-3.20)	(-1.23)	(-2.61)	(-1.10)
ROA_t	-0.128	-0.109	-0.068	-0.233***	-0.068	-0.212**
	(-1.35)	(-1.11)	(-0.62)	(-2.68)	(-0.71)	(-2.43)
ROA_{t-1}	0.088	0.141	0.267**	0.063	0.148	0.122
	(0.98)	(0.94)	(2.45)	(0.57)	(1.38)	(1.18)
ROA_{t-2}	-0.017	-0.075	-0.207***	0.087	-0.135*	0.044
	(-0.26)	(-0.72)	(-2.75)	(1.18)	(-1.76)	(0.60)
$Size$	-0.004***	-0.000	-0.002	-0.002	-0.001	-0.004***
	(-3.04)	(-0.03)	(-1.00)	(-1.60)	(-0.78)	(-2.87)
Lev	0.016	-0.020	0.009	-0.008	-0.015	0.016
	(1.45)	(-1.48)	(0.65)	(-0.76)	(-1.18)	(1.40)

续表

变量	政府干预 强	政府干预 弱	金融发展水平 高	金融发展水平 低	法治水平 高	法治水平 低
$Growth$	0.000	0.005	0.001	0.005	0.011**	-0.004
	(0.03)	(1.04)	(0.15)	(0.98)	(2.06)	(-0.72)
Age	0.026***	0.016*	0.022**	0.021***	0.018**	0.027***
	(2.96)	(1.96)	(2.52)	(2.74)	(2.21)	(2.94)
$First$	0.034***	0.019	0.037***	0.021**	0.021*	0.033***
	(3.29)	(1.56)	(2.88)	(2.01)	(1.69)	(3.10)
$Balance$	0.005**	0.007**	0.006**	0.007***	0.009***	0.002
	(2.05)	(2.39)	(2.15)	(2.83)	(3.29)	(0.85)
$Management$	0.035**	0.002	0.013	0.020*	-0.003	0.050**
	(2.07)	(0.19)	(1.08)	(1.79)	(-0.28)	(2.16)
$State$	-0.001	-0.001	-0.003	0.000	-0.002	-0.000
	(-0.42)	(-0.22)	(-1.15)	(0.16)	(-0.71)	(-0.13)
$Constant$	0.010	-0.020	-0.024	-0.001	-0.005	0.006
	(0.31)	(-0.46)	(-0.57)	(-0.02)	(-0.12)	(0.17)
$Industry, Year$	控制	控制	控制	控制	控制	控制
$Observations$	1983	1673	1690	1966	1784	1872
F	2.43	2.43	3.21	2.90	3.20	2.91
$Adjusted-R^2$	0.084	0.078	0.099	0.080	0.097	0.105

注：*、**、*** 分别代表在10%、5%、1%水平上显著。多元回归进行了 White 异方差检验和 Robust 稳健标准差修正，并对多元回归进行了公司层面的聚类（Cluster）处理。

五 内生性检验[①]

盈余波动性小，企业持续盈利，能够保障研发资金的不间断稳定

---

① 考虑到本书研究样本量较少，为了尽量在主回归中保留较多的样本，而在内生性检验中重新进行样本筛选，因在政府补助数据筛选的过程中，有样本缺失值，最终确定817家公司的3365个非平衡面板观测值作为内生性检验的样本。在内生性检验的二阶段回归中，第一阶段的解释变量、因变量和控制变量均取当期值，而且解释变量和控制变量不取五年均值，用当期值，ROA 不再取滞后一期和滞后两期值，只用当期值。

投入，能够增强企业的技术创新能力，因此，技术创新具有内生性。为了消除或减少内生性对本书结论的影响，采用两阶段最小二乘法（2SLS）。选取政府补助（Subsidy）作为技术创新（Innovation）的工具变量。首先，进行第一阶段回归，但控制第二阶段的外生变量，再取第一阶段回归的拟合值作为自变量再进行第二阶段回归，第二阶段回归为模型（1），两阶段回归结果分别见表4-9、表4-10、表4-11和表4-12。在对假说H4-1进行工具变量有效性检验中，虽然Shea's partial R^2 只有0.014，但是F统计量为49.55（大于10），而且F统计量的P值为0.000，说明工具变量是有效的。在第二阶段的全样本回归中，技术创新与盈余波动的系数在1%水平显著为负，表明企业创新能力越强，则盈余波动随之降低，即控制内生性后，假说H4-1依然成立。在分组样本检验的国有企业中，第一阶段进行工具变量有效性检验，Shea's partial R^2 只有0.015，F统计量为32.27（大于10），而且F统计量的P值为0.000，说明工具变量是有效的；在第二阶段回归中，技术创新（Innovation）与盈余波动的系数在5%显著性水平上为负，表明在国有企业中，随着企业创新能力的增强而会计盈余波动得到抑制，即控制内生性后，假说H4-2依然成立。控制变量的回归结果与预期基本一致，毋庸赘述。其余假说涉及的模型工具变量的有效性检验以及第二阶段的回归结果不再赘述（参见表4-10、表4-11和表4-12）。

表4-9　技术创新、产权性质与盈余波动性（内生性）回归结果

变量	全样本 第一阶段	全样本 第二阶段	国有企业 第一阶段	国有企业 第二阶段	非国有企业 第一阶段	非国有企业 第二阶段
Subsidy	0.096***		0.103***		0.085**	
	(3.72)		(3.11)		(2.17)	
Innovation		-0.015***		-0.015**		-0.016
		(-2.92)		(-2.38)		(-1.66)

续表

变量	全样本 第一阶段	全样本 第二阶段	国有企业 第一阶段	国有企业 第二阶段	非国有企业 第一阶段	非国有企业 第二阶段
ROA_t		-0.173**	1.839*	-0.235***		-0.107
		(-2.31)	(1.86)	(-2.72)		(-0.80)
ROA_{t-1}	1.413*	0.254***	1.845*	0.291***	1.388	0.205
	(1.86)	(2.88)	(1.87)	(2.90)	(1.30)	(1.23)
ROA_{t-2}		-0.102		-0.106		-0.085
		(-1.60)		(-1.28)		(-0.80)
$Size$	0.435***	0.005*	0.483***	0.005	0.332***	0.004
	(7.32)	(1.69)	(6.28)	(1.53)	(3.87)	(0.69)
Lev	-0.144	0.000	-0.417	0.004	0.342	-0.007
	(-0.56)	(0.00)	(-1.20)	(0.42)	(0.99)	(-0.37)
$Growth$	-0.047	0.006	-0.003	0.001	-0.123	0.014**
	(-0.57)	(1.46)	(-0.02)	(0.33)	(-1.08)	(2.18)
Age	-0.918***	0.007	-0.860*	0.017	-1.132***	-0.007
	(-2.94)	(0.88)	(-1.89)	(1.64)	(-2.73)	(-0.54)
$First$	-0.114	0.024***	-0.409	0.018	0.347	0.029*
	(-0.28)	(2.69)	(-0.71)	(1.52)	(0.62)	(1.96)
$Balance$	-0.040	0.006***	-0.007	0.005*	-0.041	0.006**
	(-0.46)	(3.06)	(-0.05)	(1.72)	(-0.45)	(2.19)
$Management$	0.452	0.020**	-2.028	0.062	0.407	0.010
	(1.19)	(2.15)	(-0.56)	(0.80)	(1.07)	(1.00)
$State$	-0.018	-0.002				
	(-0.20)	(-0.83)				
$Constant$	-6.006***	-0.078*	-7.248***	-0.122**	-3.174	-0.010
	(-3.97)	(-1.92)	(-3.51)	(-2.34)	(-1.50)	(-0.13)
$Industry, Year$	控制		控制		控制	
$Observations$	3365		2015		1350	
F	10.68	3.48	7.95	3.89	5.83	2.90
$Adjusted-R^2$	0.202	0.067	0.234	0.097	0.145	0.066

注：*、**、***分别代表在10%、5%、1%水平上显著。多元回归进行了White异方差检验和Robust稳健标准差修正，并对多元回归进行了公司层面的聚类（Cluster）处理。

表4-10 技术创新、公司治理、知识产权保护与盈余波动性（内生性）回归结果

变量	公司治理强 第一阶段	公司治理强 第二阶段	公司治理弱 第一阶段	公司治理弱 第二阶段	知识产权保护强 第一阶段	知识产权保护强 第二阶段	知识产权保护弱 第一阶段	知识产权保护弱 第二阶段
$Subsidy$	0.083**		0.102***		0.073*		0.101***	
	(2.34)		(3.04)		(1.86)		(2.72)	
$Innovation$		-0.018**		-0.013**		-0.022***		-0.005
		(-2.36)		(-2.01)		(-2.88)		(-0.84)
ROA_t		-0.187*		-0.166*		-0.202*		-0.143
		(-1.84)		(-1.77)		(-1.97)		(-1.43)
ROA_{t-1}	0.557	0.235**	2.257**	0.282**	0.837	0.370***	2.074**	0.142
	(0.54)	(2.11)	(2.24)	(1.97)	(0.71)	(3.06)	(2.20)	(1.29)
ROA_{t-2}		-0.088		-0.110		-0.191**		-0.017
		(-0.91)		(-1.21)		(-2.39)		(-0.20)
$Size$	0.438***	0.006	0.443***	0.004	0.449***	0.010**	0.455***	-0.002
	(5.17)	(1.56)	(5.79)	(1.04)	(4.33)	(2.42)	(6.22)	(-0.67)
Lev	-0.050	0.001	-0.243	0.000	0.473	-0.016	-0.688**	0.026**
	(-0.14)	(0.08)	(-0.72)	(0.04)	(1.23)	(-1.25)	(-2.04)	(1.99)
$Growth$	-0.032	0.000	-0.081	0.007*	0.042	0.016***	-0.160	-0.003
	(-0.25)	(0.02)	(-0.78)	(1.68)	(0.36)	(3.61)	(-1.38)	(-0.61)
Age	-0.886**	-0.003	-1.050**	0.018*	-0.928**	-0.004	-0.965**	0.024*
	(-2.36)	(-0.27)	(-2.48)	(1.73)	(-2.28)	(-0.37)	(-2.00)	(1.94)
$First$	-0.003	0.012	-0.089	0.027**	-0.010	0.017	-0.378	0.031***
	(-0.00)	(0.75)	(-0.15)	(2.01)	(-0.01)	(1.29)	(-0.71)	(2.73)
$Balance$	-0.038	0.005**	0.034	0.009*	0.037	0.009***	-0.130	0.003
	(-0.39)	(2.48)	(0.17)	(1.65)	(0.30)	(3.27)	(-1.18)	(0.99)
$Management$	0.563	0.024**	0.632	0.118	0.206	0.001	1.156**	0.056**
	(1.32)	(2.28)	(0.48)	(1.49)	(0.41)	(0.16)	(2.27)	(2.41)
$State$	0.063	-0.000	-0.077	-0.003	-0.148	-0.005	0.124	-0.001
	(0.55)	(-0.00)	(-0.59)	(-0.82)	(-1.07)	(-1.40)	(1.05)	(-0.20)
$Constant$	-6.049***	-0.078	-5.829***	-0.099*	-6.231***	-0.141**	-6.055***	-0.012
	(-2.70)	(-1.36)	(-3.20)	(-1.81)	(-2.62)	(-2.17)	(-3.08)	(-0.25)
$Industry, Year$	控制		控制		控制		控制	
$Observations$	1680		1685		1573		1792	
F	5.41	2.79	7.43	3.14	5.65	3.76	6.95	2.87
$Adjusted-R^2$	0.182	0.065	0.216	0.083	0.205	0.097	0.214	0.098

注：*、**、***分别代表在10%、5%、1%水平上显著。多元回归进行了White异方差检验和Robust稳健标准差修正，并对多元回归进行了公司层面的聚类（Cluster）处理。

表4-11 技术创新、成立年龄、政府干预与盈余波动性（内生性）回归结果

变量	成立年龄大 第一阶段	成立年龄大 第二阶段	成立年龄小 第一阶段	成立年龄小 第二阶段	政府干预强 第一阶段	政府干预强 第二阶段	政府干预弱 第一阶段	政府干预弱 第二阶段
Subsidy	0.099***		0.092***		0.095***		0.084**	
	(2.69)		(2.80)		(2.77)		(2.04)	
Innovation		-0.015**		-0.012*		-0.005		-0.026***
		(-2.21)		(-1.95)		(-0.81)		(-3.13)
ROA_t		-0.142		-0.193*		-0.175*		-0.157
		(-1.44)		(-1.68)		(-1.74)		(-1.45)
ROA_{t-1}	1.687*	0.275***	1.264	0.192	1.407	0.161*	1.114	0.322**
	(1.72)	(3.62)	(1.23)	(0.99)	(1.38)	(1.68)	(1.10)	(2.02)
ROA_{t-2}		-0.159**		-0.013		-0.029		-0.155
		(-2.30)		(-0.10)		(-0.41)		(-1.39)
Size	0.438***	0.004	0.425***	0.004	0.484***	-0.002	0.407***	0.012***
	(5.48)	(1.08)	(5.80)	(1.18)	(6.94)	(-0.53)	(3.98)	(2.83)
Lev	-0.180	0.004	-0.022	-0.003	-0.707**	0.016	0.548	-0.005
	(-0.54)	(0.31)	(-0.07)	(-0.33)	(-2.14)	(1.38)	(1.48)	(-0.33)
Growth	-0.085	0.004	-0.011	0.006	-0.065	0.001	-0.028	0.010**
	(-0.65)	(0.73)	(-0.11)	(1.30)	(-0.55)	(0.10)	(-0.25)	(2.44)
Age	-0.033	0.015	-1.114*	0.006	-0.682	0.019*	-1.224***	-0.013
	(-0.05)	(1.36)	(-1.92)	(0.48)	(-1.62)	(1.94)	(-2.83)	(-1.06)
First	0.109	0.025**	-0.510	0.022*	-0.548	0.033***	0.133	0.018
	(0.20)	(2.16)	(-0.96)	(1.91)	(-1.06)	(2.64)	(0.22)	(1.40)
Balance	0.084	0.008***	-0.212**	0.004	-0.048	0.006**	-0.051	0.005*
	(0.72)	(2.86)	(-2.00)	(1.56)	(-0.42)	(2.44)	(-0.47)	(1.73)
Management	0.751	0.031*	0.248	0.005	0.773	0.035**	0.188	0.005
	(1.42)	(1.75)	(0.55)	(0.55)	(1.52)	(2.14)	(0.37)	(0.56)
State	0.100	0.003	-0.143	-0.007**	0.071	-0.001	-0.044	-0.002
	(0.84)	(1.19)	(-1.26)	(-2.39)	(0.59)	(-0.54)	(-0.34)	(-0.56)
Constant	-9.401***	-0.100	-4.760**	-0.052	-7.507***	-0.004	-4.521**	-0.142**
	(-3.32)	(-1.29)	(-2.34)	(-1.18)	(-3.88)	(-0.08)	(-2.11)	(-2.42)
Industry, Year	控制		控制		控制		控制	
Observations	1780		1585		1880		1485	
F	6.60	3.59	6.08	1.89	6.27	2.42	5.85	2.41
$Adjusted-R^2$	0.215	0.092	0.190	0.044	0.218	0.084	0.201	0.086

注：*、**、*** 分别代表在10%、5%、1%水平上显著。多元回归进行了White异方差检验和Robust稳健标准差修正，并对多元回归进行了公司层面的聚类（Cluster）处理。

表4–12 技术创新、金融发展水平、法治水平与盈余波动性（内生性）回归结果

变量	金融发展水平高 第一阶段	金融发展水平高 第二阶段	金融发展水平低 第一阶段	金融发展水平低 第二阶段	法治水平高 第一阶段	法治水平高 第二阶段	法治水平低 第一阶段	法治水平低 第二阶段
$Subsidy$	0.051*		0.119***		0.070*		0.109***	
	(1.37)		(3.51)		(1.84)		(2.87)	
$Innovation$		-0.037***		-0.006		-0.028***		-0.003
		(-3.24)		(-1.20)		(-3.37)		(-0.43)
ROA_t		-0.078		-0.229**		-0.133		-0.211**
		(-0.70)		(-2.39)		(-1.29)		(-2.28)
ROA_{t-1}	2.767***	0.457***	0.627	0.143	0.708	0.350***	2.255**	0.140
	(2.72)	(4.89)	(0.63)	(1.08)	(0.62)	(3.31)	(2.37)	(1.13)
ROA_{t-2}			-0.291***		0.018		-0.232***	0.036
			(-3.48)		(0.21)		(-3.09)	(0.42)
$Size$	0.414***	0.014***	0.457***	0.001	0.462***	0.013***	0.440***	-0.003
	(4.71)	(2.60)	(6.49)	(0.31)	(4.58)	(2.85)	(6.00)	(-0.91)
Lev	0.080	0.014	-0.335	-0.009	0.309	-0.008	-0.590*	0.019
	(0.21)	(0.93)	(-1.08)	(-0.87)	(0.82)	(-0.63)	(-1.75)	(1.64)
$Growth$	-0.114	0.004	-0.008	0.006	0.024	0.017***	-0.152	-0.005
	(-0.81)	(0.63)	(-0.08)	(1.28)	(0.20)	(3.56)	(-1.29)	(-0.89)
Age	-1.073**	-0.016	-0.727*	0.015	-0.998**	-0.008	-0.879*	0.023**
	(-2.58)	(-1.07)	(-1.78)	(1.78)	(-2.49)	(-0.75)	(-1.80)	(1.98)
$First$	0.562	0.054***	-0.807	0.015	0.107	0.020	-0.501	0.031***
	(0.98)	(4.33)	(-1.60)	(1.23)	(0.17)	(1.55)	(-0.93)	(2.62)
$Balance$	-0.021	0.005*	-0.069	0.007***	0.056	0.011***	-0.158	0.002
	(-0.21)	(1.95)	(-0.59)	(2.81)	(0.46)	(3.72)	(-1.43)	(0.89)
$Management$	0.478	0.026**	0.552	0.022*	0.240	0.004	1.173**	0.051**
	(0.95)	(2.10)	(1.08)	(1.82)	(0.48)	(0.41)	(2.23)	(2.20)
$State$	0.034	-0.003	-0.005	0.000	-0.163	-0.006*	0.139	-0.000
	(0.26)	(-1.12)	(-0.04)	(0.09)	(-1.21)	(-1.83)	(1.17)	(-0.12)
$Constant$	-4.819**	-0.188***	-7.068***	-0.035	-6.214***	-0.183***	-6.130***	0.005
	(-2.27)	(-2.69)	(-3.93)	(-0.64)	(-2.68)	(-2.65)	(-3.10)	(0.10)
$Industry, Year$	控制		控制		控制		控制	
$Observations$	1538		1827		1631		1734	
F	6.59	4.01	6.63	2.48	5.87	3.56	6.70	2.81
$Adjusted-R^2$	0.214	0.107	0.202	0.064	0.222	0.096	0.208	0.103

注：*、**、*** 分别代表在10%、5%、1%水平上显著。多元回归进行了White异方差检验和Robust稳健标准差修正，并对多元回归进行了公司层面的聚类（Cluster）处理。

六 稳健性检验

（1）选取创新能力比较强的行业的企业进一步进行多元回归，即仅选取采矿业（B），制造业（C），建筑业（E），信息传输、软件和信息技术服务业（I）四类行业（所选样本中这些行业的授权专利数较多），以增强本书结论的可靠性。这样处理一方面考虑这些行业的企业技术创新能力相对较强，另一方面也考虑技术创新的行业差异。样本筛选过程中，最终确定794家公司的3486个非平衡面板观测值。回归结果见表4-13、表4-14和表4-15。

表4-13 技术创新、产权性质与盈余波动性（行业）回归结果

变量	全样本	国有企业	非国有企业
$Innovation$	-0.002***	-0.002**	-0.001
	(-2.81)	(-2.56)	(-1.33)
ROA_t	-0.176**	-0.230***	-0.040
	(-2.44)	(-2.94)	(-0.31)
ROA_{t-1}	0.159*	0.181**	-0.023
	(1.90)	(2.04)	(-0.15)
ROA_{t-2}	-0.027	-0.020	0.052
	(-0.47)	(-0.28)	(0.53)
$Size$	-0.002*	-0.001	-0.005**
	(-1.76)	(-0.59)	(-2.38)
Lev	-0.000	0.001	-0.006
	(-0.02)	(0.13)	(-0.31)
$Growth$	0.004	-0.000	0.015**
	(0.96)	(-0.10)	(2.03)
Age	0.021***	0.031***	0.009
	(3.33)	(3.58)	(0.93)

续表

变量	全样本	国有企业	非国有企业
$First$	0.024***	0.018	0.029**
	(2.84)	(1.65)	(2.02)
$Balance$	0.006***	0.005	0.006**
	(3.05)	(1.52)	(2.24)
$Management$	0.013	0.120	-0.000
	(1.43)	(0.87)	(-0.02)
$State$	-0.001		
	(-0.60)		
$Constant$	-0.003	-0.060	0.097**
	(-0.11)	(-1.61)	(2.19)
$Industry, Year$	控制	控制	控制
$Observations$	3486	2116	1370
F	3.44	3.44	3.18
$Adjusted-R^2$	0.064	0.099	0.060

注：*、**、***分别代表在10%、5%、1%水平上显著。多元回归进行了White异方差检验和Robust稳健标准差修正，并对多元回归进行了公司层面的聚类（Cluster）处理。

表4-14 技术创新、公司治理等与盈余波动性（行业）回归结果

变量	公司治理		成立年龄		知识产权保护	
	强	弱	大	小	强	弱
$Innovation$	-0.001	-0.002***	-0.002	-0.001**	-0.002**	-0.001
	(-1.02)	(-3.49)	(-1.98)	(-2.13)	(-2.39)	(-1.13)
ROA_t	-0.111	-0.173**	-0.110	-0.140	-0.166*	-0.073
	(-1.04)	(-2.10)	(-1.08)	(-1.45)	(-1.83)	(-0.71)
ROA_{t-1}	0.008	0.216*	0.172**	0.041	0.223**	-0.020
	(0.07)	(1.81)	(2.26)	(0.25)	(2.04)	(-0.19)
ROA_{t-2}	0.024	-0.040	-0.122*	0.074	-0.115	0.061
	(0.25)	(-0.52)	(-1.85)	(0.67)	(-1.48)	(0.76)
$Size$	-0.002	-0.001	-0.003	-0.001	-0.000	-0.004***
	(-1.27)	(-1.03)	(-1.38)	(-1.23)	(-0.23)	(-2.99)

续表

变量	公司治理 强	公司治理 弱	成立年龄 大	成立年龄 小	知识产权保护 强	知识产权保护 弱
Lev	0.001	0.002	0.009	-0.007	-0.026**	0.027**
	(0.05)	(0.16)	(0.61)	(-0.73)	(-2.14)	(1.98)
$Growth$	-0.008	0.005	0.000	0.005	0.009*	-0.002
	(-0.73)	(1.44)	(0.04)	(1.06)	(1.88)	(-0.35)
Age	0.013	0.032***	0.025*	0.020**	0.016**	0.031***
	(1.49)	(3.70)	(1.84)	(1.97)	(2.01)	(3.12)
$First$	0.011	0.026**	0.021	0.027**	0.017	0.032***
	(0.66)	(2.02)	(1.53)	(2.54)	(1.34)	(2.91)
$Balance$	0.005**	0.008	0.006*	0.006***	0.008***	0.003
	(2.29)	(1.47)	(1.73)	(2.74)	(2.89)	(0.91)
$Management$	0.012	0.168*	0.033	0.001	-0.003	0.054**
	(1.19)	(1.80)	(1.17)	(0.06)	(-0.38)	(2.25)
$State$	-0.001	0.000	0.003	-0.004*	-0.002	-0.000
	(-0.39)	(0.04)	(1.01)	(-1.69)	(-0.59)	(-0.18)
$Constant$	0.031	-0.055	-0.014	-0.007	-0.009	0.001
	(0.92)	(-1.34)	(-0.23)	(-0.20)	(-0.22)	(0.03)
$Industry, Year$	控制	控制	控制	控制	控制	控制
$Observations$	1741	1745	1529	1957	1628	1858
F	1.99	3.70	3.58	2.16	3.53	2.73
$Adjusted-R^2$	0.056	0.091	0.088	0.051	0.081	0.088

注：*、**、*** 分别代表在10%、5%、1%水平上显著。多元回归进行了 White 异方差检验和 Robust 稳健标准差修正，并对多元回归进行了公司层面的聚类（Cluster）处理。

表4-15 技术创新、制度环境与盈余波动性（行业）回归结果

变量	政府干预 强	政府干预 弱	金融发展水平 高	金融发展水平 低	法治水平 高	法治水平 低
$Innovation$	-0.001	-0.002**	-0.003***	-0.001	-0.002**	-0.001
	(-1.04)	(-2.51)	(-3.03)	(-1.30)	(-2.50)	(-1.24)
ROA_t	-0.151	-0.124	-0.066	-0.233**	-0.098	-0.174*
	(-1.52)	(-1.25)	(-0.59)	(-2.58)	(-1.00)	(-1.91)

续表

变量	政府干预 强	政府干预 弱	金融发展水平 高	金融发展水平 低	法治水平 高	法治水平 低
ROA_{t-1}	0.087	0.168	0.185*	0.117	0.193*	0.028
	(0.93)	(1.11)	(1.74)	(0.96)	(1.87)	(0.23)
ROA_{t-2}	0.015	−0.086	−0.120	0.041	−0.148*	0.108
	(0.24)	(−0.82)	(−1.52)	(0.50)	(−1.96)	(1.36)
$Size$	−0.004***	0.000	−0.002	−0.002	−0.001	−0.004***
	(−2.80)	(0.08)	(−0.92)	(−1.54)	(−0.52)	(−2.81)
Lev	0.017	−0.021	0.012	−0.008	−0.017	0.017
	(1.42)	(−1.58)	(0.78)	(−0.74)	(−1.33)	(1.52)
$Growth$	0.002	0.004	0.002	0.004	0.011**	−0.003
	(0.40)	(0.78)	(0.40)	(0.73)	(2.04)	(−0.52)
Age	0.026***	0.016**	0.021**	0.021***	0.019**	0.028***
	(2.97)	(1.97)	(2.30)	(2.75)	(2.33)	(2.94)
$First$	0.030***	0.018	0.030**	0.020*	0.019	0.029***
	(2.86)	(1.42)	(2.30)	(1.95)	(1.49)	(2.62)
$Balance$	0.005*	0.007**	0.005*	0.007***	0.009***	0.002
	(1.93)	(2.28)	(1.69)	(2.87)	(3.19)	(0.64)
$Management$	0.033*	0.001	0.011	0.019*	−0.004	0.050**
	(1.96)	(0.15)	(0.92)	(1.68)	(−0.40)	(2.14)
$State$	−0.001	−0.001	−0.004	0.001	−0.003	−0.000
	(−0.48)	(−0.30)	(−1.20)	(0.27)	(−0.79)	(−0.10)
$Constant$	0.006	−0.023	−0.018	−0.000	−0.014	0.004
	(0.19)	(−0.52)	(−0.41)	(−0.00)	(−0.33)	(0.11)
Industry, Year	控制	控制	控制	控制	控制	控制
Observations	1884	1602	1575	1911	1694	1792
F	2.41	2.30	2.75	2.47	3.14	2.83
$Adjusted-R^2$	0.079	0.067	0.079	0.066	0.075	0.100

注：*、**、***分别代表在10%、5%、1%水平上显著。多元回归进行了White异方差检验和Robust稳健标准差修正，并对多元回归进行了公司层面的聚类（Cluster）处理。

（2）为进一步减少技术创新可能存在的内生性，同时考虑专利发挥作用或者说产生经济效益需要一段时间，因此，特选取滞后两期授权专利再次进行多元回归结果。在样本筛选过程中，最终确定773家公司的2978个非平衡面板观测值。回归结果见表4-16、表4-17、表4-18。

表4-16　技术创新、产权性质与会计盈余波动（滞后两期）回归结果

变量	全样本	国有企业	非国有企业
Innovation	-0.001**	-0.001***	-0.000
	(-2.33)	(-2.75)	(-0.64)
ROA_t	-0.146***	-0.115**	-0.116*
	(-3.82)	(-2.56)	(-1.79)
ROA_{t-1}	0.100	-0.051	0.081
	(1.64)	(-0.73)	(0.78)
ROA_{t-2}	-0.005	0.083*	0.027
	(-0.12)	(1.84)	(0.41)
Size	-0.002***	-0.001**	-0.005***
	(-4.02)	(-1.97)	(-3.90)
Lev	-0.000	-0.000	-0.005
	(-0.12)	(-0.06)	(-0.72)
Growth	0.002	-0.003	0.017***
	(0.83)	(-1.18)	(3.39)
Age	0.023***	0.032***	0.011*
	(6.10)	(6.65)	(1.95)
First	0.024***	0.019***	0.028***
	(4.77)	(3.12)	(3.11)
Balance	0.005***	0.003**	0.004***
	(4.09)	(2.06)	(2.65)
Management	0.017***	0.119	0.005
	(2.75)	(1.06)	(0.73)
State	-0.001		
	(-1.18)		
Constant	-0.011	-0.069***	0.105***
	(-0.64)	(-3.26)	(3.30)

续表

变量	全样本	国有企业	非国有企业
$Industry, Year$	控制	控制	控制
$Observations$	2978	1760	1218
F	8.47	9.01	3.80
$Adjusted-R^2$	0.068	0.113	0.061

注：*、**、***分别代表在10%、5%、1%水平上显著。多元回归进行了White异方差检验和Robust稳健标准差修正，并对多元回归进行了公司层面的聚类（Cluster）处理。

表4-17 技术创新、公司治理等与盈余波动性（滞后两期）回归结果

变量	公司治理 强	公司治理 弱	成立年龄 大	成立年龄 小	知识产权保护 强	知识产权保护 弱
$Innovation$	-0.000	-0.002***	-0.001	-0.001*	-0.001**	-0.000
	(-0.53)	(-2.76)	(-1.49)	(-1.85)	(-2.06)	(-0.38)
ROA_t	-0.069	-0.153***	-0.052	-0.072	-0.108*	-0.050
	(-1.27)	(-2.94)	(-1.00)	(-1.29)	(-1.86)	(-1.06)
ROA_{t-1}	-0.074	0.127	-0.217**	0.139*	0.094	-0.079
	(-0.86)	(1.53)	(-2.42)	(1.76)	(0.98)	(-1.11)
ROA_{t-2}	0.073	0.014	0.253***	-0.136***	-0.039	0.085*
	(1.28)	(0.27)	(4.33)	(-2.68)	(-0.64)	(1.81)
$Size$	-0.004***	-0.000	-0.002**	-0.003***	-0.001	-0.004***
	(-4.13)	(-0.61)	(-2.40)	(-3.41)	(-1.53)	(-5.11)
Lev	-0.000	-0.002	-0.004	0.006	-0.027***	0.027***
	(-0.08)	(-0.42)	(-0.72)	(1.06)	(-4.87)	(5.01)
$Growth$	0.002	0.000	0.004	-0.003	0.011***	-0.006*
	(0.52)	(0.05)	(1.35)	(-0.67)	(2.90)	(-1.68)
Age	0.020***	0.026***	0.021***	0.018*	0.018***	0.032***
	(3.81)	(4.99)	(2.76)	(1.87)	(3.59)	(5.96)
$First$	0.038***	0.006	0.019***	0.027***	0.017**	0.030***
	(4.10)	(0.87)	(2.88)	(3.49)	(2.41)	(4.32)
$Balance$	0.006***	-0.005*	0.003**	0.006***	0.006***	0.001
	(4.03)	(-1.70)	(2.00)	(3.34)	(4.02)	(0.86)

续表

变量	公司治理 强	公司治理 弱	成立年龄 大	成立年龄 小	知识产权保护 强	知识产权保护 弱
Management	0.009	0.166***	0.006	0.028**	-0.002	0.059***
	(1.28)	(2.60)	(0.90)	(2.14)	(-0.33)	(5.35)
State	-0.001	0.001	-0.004***	0.002	-0.002	-0.000
	(-0.71)	(0.41)	(-2.69)	(1.34)	(-1.03)	(-0.28)
Constant	0.029	-0.059**	-0.021	0.012	-0.019	0.002
	(1.11)	(-2.53)	(-0.67)	(0.33)	(-0.82)	(0.09)
Industry, Year	控制	控制	控制	控制	控制	控制
Observations	1488	1490	1645	1333	1430	1548
F	4.48	6.12	4.63	6.32	5.86	7.84
Adjusted-R^2	0.064	0.091	0.056	0.104	0.084	0.114

注：*、**、*** 分别代表在10%、5%、1%水平上显著。多元回归进行了White异方差检验和Robust稳健标准差修正，并对多元回归进行了公司层面的聚类（Cluster）处理。

表4-18 技术创新、制度环境与盈余波动性（滞后两期）回归结果

变量	政府干预 强	政府干预 弱	金融发展水平 高	金融发展水平 低	法治水平 高	法治水平 低
Innovation	-0.000	-0.001**	-0.003***	0.000	-0.002**	-0.000
	(-0.45)	(-2.26)	(-4.09)	(0.13)	(-2.47)	(-0.26)
ROA_t	-0.149***	-0.079	-0.034	-0.215***	-0.083	-0.119**
	(-3.07)	(-1.31)	(-0.58)	(-4.36)	(-1.44)	(-2.51)
ROA_{t-1}	0.048	0.123	0.167*	0.026	0.143	-0.076
	(0.64)	(1.24)	(1.84)	(0.33)	(1.55)	(-1.02)
ROA_{t-2}	0.038	-0.077	-0.129**	0.101**	-0.109*	0.145***
	(0.80)	(-1.20)	(-2.25)	(1.98)	(-1.82)	(3.04)
Size	-0.004***	-0.000	-0.001	-0.003***	-0.002**	-0.004***
	(-5.48)	(-0.28)	(-1.14)	(-3.68)	(-2.01)	(-4.60)
Lev	0.016***	-0.021***	0.009	-0.009*	-0.018***	0.017***
	(3.15)	(-3.56)	(1.57)	(-1.83)	(-3.16)	(3.22)
Growth	-0.001	0.005	-0.002	0.004	0.012***	-0.007**
	(-0.22)	(1.20)	(-0.43)	(1.20)	(3.21)	(-2.04)

续表

变量	政府干预 强	政府干预 弱	金融发展水平 高	金融发展水平 低	法治水平 高	法治水平 低
Age	0.024***	0.021***	0.022***	0.024***	0.021***	0.029***
	(4.95)	(3.82)	(3.82)	(4.80)	(3.99)	(5.70)
$First$	0.033***	0.012	0.027***	0.022***	0.018**	0.028***
	(4.95)	(1.55)	(3.53)	(3.17)	(2.41)	(4.17)
$Balance$	0.004***	0.005***	0.003*	0.006***	0.007***	0.001
	(2.90)	(2.77)	(1.76)	(4.04)	(4.36)	(0.41)
$Management$	0.037***	0.002	0.014	0.022***	-0.003	0.053***
	(4.32)	(0.26)	(1.59)	(2.80)	(-0.33)	(5.14)
$State$	-0.001	-0.001	-0.005***	0.002	-0.002	-0.000
	(-0.53)	(-0.54)	(-2.68)	(1.14)	(-1.24)	(-0.20)
$Constant$	0.034	-0.052**	-0.050*	0.015	-0.025	0.008
	(1.40)	(-2.03)	(-1.94)	(0.60)	(-1.02)	(0.36)
$Industry,\ Year$	控制		控制		控制	
$Observations$	1669	1309	1350	1628	1467	1511
F	6.62	4.72	5.81	6.17	5.53	8.61
$Adjusted-R^2$	0.089	0.076	0.094	0.082	0.077	0.128

注：*、**、***分别代表在10%、5%、1%水平上显著。多元回归进行了White异方差检验和Robust稳健标准差修正，并对多元回归进行了公司层面的聚类（Cluster）处理。

（3）衡量技术创新能力高低不能仅仅看申请专利和授权专利的情况，更应该看有效专利情况，因为有效专利更能够反映专利的质量、专利技术的运用情况和市场价值。

（4）采用营业利润与总资产之比、利润总额与总资产之比衡量盈余，并取连续5年的标准差衡量盈余波动性。

经过上述稳健性测试后，本书的研究结论并未改变。稳健性检验（3）和稳健性检验（4）的回归结果不再汇报。

第五节 小结

本章以沪深 A 股 2008—2015 年上市公司作为研究样本，具体研究了技术创新与盈余波动性之间的关系，并考虑了产权性质、公司治理、成立年龄和制度环境对两者之关系的调节作用，研究发现：（1）技术创新能力的增强能够抑制盈余波动性，该结论可通过技术创新产生的"竞争优势理论"加以解释，即创新能够提高企业的核心竞争力，增强企业的市场竞争力，使企业经营业绩稳定；（2）产权性质、公司治理、成立年龄和制度环境等均对技术创新与盈余波动性之间的关系产生调节效应，但是公司治理水平的提高并未正向调节技术创新与盈余波动之间的关系，这可能与我国的公司治理机制建设不完善或未发挥实际治理效应有关；在国有企业中，技术创新与盈余波动性之间的负相关性更加显著；成立年龄小的企业，对技术创新与盈余波动性的负向调节作用更大；同时发现，知识产权保护强、政府干预弱、金融发展水平高和法治水平高均对技术创新与盈余波动性之间的关系产生积极调节作用，使得盈余波动进一步降低。本章回归结果显示，技术创新能力的提高确实能够提高企业的"竞争优势"，能够形成企业的核心竞争力，增强企业稳定获利能力。

第五章 技术创新与盈余持续性

第一节 引言

盈余持续性（Persistenece）是衡量盈余质量的重要指标（Schipper and Vincent，2003）。作为盈余质量的重要属性，盈余持续性影响财务信息使用者（投资人、债权人等）的决策行为（Ball and Brown，1968；Beaver，1968），盈余持续性与经济因素密切相关（Kormendi and Lipe，1987），盈余持续性反映当期盈余持续到下一期的程度（Sloan，1996；Richardson et al.，2001），即当期的盈余能够预测未来盈余。Schipper和Vincent（2003）认为盈余持续性表现为盈余的时间序列特征，Chen（2013）将盈余持续性分为时间序列持续性（盈余的时间序列自相关性）和横截面持续性（盈余持续性随着会计和经济的变化而发生变化，是时间序列持续性不能涵盖的特性）。高盈余持续性能够增强盈余稳定性和可预测性，而且能够提高盈余信息含量（Cheng，1996）。盈余波动性降低了盈余持续性（Dichev and Tang，2008；Clubb and Wu，2014）。应计项目金额、符号共同影响盈余持续性，应计项目高的企业，相较于现金流，应计项目有利于提高盈余持续性，而应计项目低的企业，应计项目降低了盈余持续性（Dechow and Ge，2006）。Sloan（1996）将会计利润分为现金流和应计项目后，发现两者所表现出来的持续性有差异，现金流持续性高于应计项目持续性，但计量方法的不同，导致现金流持续性和应计项目持续性之间的差异大大降低了（Francis and Smith，2005）。肖华和张国清（2013）从公司内部控制角度研究了其对盈余持续性的影响，认为高质量的内部控制对高管行为起到有效监督作用，能够降低代理成本，有利于企业专注主营业务，增强企业持续盈利能力。宋建波等（2012）研究机构投资者与盈余持续性的关系，发现有机构投资者的上市公司其盈余持续性更低，机构投资者持股比例能够显著降低盈余持续性，这种情况可能是机构投资者的短期行为造成的。汪健和曲晓辉（2015）研究发现有关联方交易的公司，盈余持续性低，而且关联交易规模大，其盈余持续性更低，认为造成该情况的原因可能是关联交易中存在盈余管理行为，企业更加具有短期目的性和投机性。围绕盈余持续性，国内外均进行了大量研究，但纵观这些研究成果，多数是从盈余管理、应计项目、公司规模、内部控制、公司治理、盈余波动性等（Sloan，1996；Francis and Smith，2005；Dechow and Ge，2006；Dichev and Tang，2008；Clubb and Wu，2014；宋建波等，2012；肖华和张国清，2013）角度进行研究。

  随着创新驱动发展战略的深入实施及加大研发投入、提升企业自主创新能力的扎实推进，而且在产业转型升级、供给侧结构性改革等战略举措的带动下，企业（特别是高科技企业）已认识到技术进步和内涵式发展的重要性。在当今市场经济竞争异常激烈的情况下，进行转型升级、加大技术创新投入、切实提高企业自主创新能力是企业长期、可持续发展的必然选择。当然技术创新本身具有高风险，可能面临失败的风险，但福特汽车公司前总裁李·艾柯卡（Lee Iacocca）说过"不创新，就死亡"。既然技术创新这么重要，那么技术创新是否真的能够为企业带来持续盈余能力？本章研究产权性质、公司治理、融资约束、盈余波动性和制度环境等因素对技术创新与盈余持续性之关系可能存在的调节作用。

第二节 技术创新与盈余持续性理论分析与研究假说

有关创新的研究近年来一直是学术界的热点话题，研究涉及创新理论、技术创新驱动因素、技术创新的绩效等。技术创新的绩效包括两种声音：技术创新能够提高企业的经济绩效、技术创新有很大风险反而降低了经济绩效，但多数研究认为技术创新对企业的经营业绩产生积极影响（Schumpeter，1934；Arrow，1962；Griliches，1980；Griffith et al.，2004；Mansury and Love，2008；Hsu，2009）。资源基础理论认为技术创新即企业充分利用自身能力和资源并形成"经验积累"和"基础能力"，而且许多研究成果都证实技术创新提升企业的超额回报（Hsu，2009），技术创新能够提高企业总产出（Griffith，2004），技术创新能够提高企业盈利能力（Mansury and Love，2008）。总之，企业通过技术创新进行技术革新，提高自己的核心竞争力，在激烈的市场经济中立于不败之地，而且当前全球经济一体化，科学技术发展日新月异，你不进行或加快技术创新，可能被同行企业追赶或赶超；不加快技术创新，新的技术或创新产品一旦出现，旧的老化的技术或产品将被淘汰，从而丧失市场份额，而且新的技术可能具备更强大的功能，成本可能更小，更容易被客户接受，同时不断的技术创新还能够规避一成不变的技术或产品被淘汰的风险，所以，企业特别是高新技术企业只有不断地进行技术变革，企业才能够长期保持竞争优势，企业才能不断盈利。由此提出本章假说 H5-1：

H5-1：技术创新能力的提高有利于增强盈余持续性。

产权性质是否影响技术创新能力或创新绩效，对于这个问题，学术界形成两种观点：第一，国有企业受政府管制过严，也正是这一天然的属性决定了国有企业缺乏创新能力以及低效率创新。第二，认为国有企业享有融资、税收、土地等方面的资源优势，或者说集中了国家的优质资源，其创新能力更强。认为国有企业创新能力低的理论依据是国有企业存在很严重的委托—代理问题，国有企业负责人看重自己的政绩，而创新通常具有高风险、高投入、周期长等特点，进而国有企业经理人员可能放弃这样的技术创新研发项目，而且国有企业经理人员也可能缺乏创新意识和创新能力；持国有企业创新能力更强的观点的理论基础是国有企业拥有资源优势，虽然创新效率可能不及民营企业，但是在资源规模方面，用于技术创新的投入，民营企业可能处于劣势。根据资源基础理论，国有产权性质的企业，可看做拥有丰富资源的外部控制者，国有产权提供的内部化资源和组织结构能够降低技术创新活动中存在的不确定性风险，而且国有产权企业能够通过自身或者政府的直接干预缓解市场中存在的失灵现象，这样国有企业更有利于进行产品研发和创新活动。曾铖和郭兵（2014）研究发现国有产权企业创新绩效强于非国有企业，并认为任何所有制企业都能通过完善公司治理机制，克服技术创新研发活动中的委托—代理问题而提高创新能力和创新绩效。所以，综上可知，在国有企业中，因其拥有资源优势地位，能够形成更强的创新能力，进而国有产权性质的企业在连续不断地进行技术创新方面优于非国有企业，从而增强了持续盈利能力。为此，提出本章假说 H5-2：

H5-2：相对于非国有企业，在国有企业中，技术创新能力的提高有利于盈余持续性的增加。

公司治理是为了解决由于现代企业的所有权与经营权分离而产生大股东与中小股东之间的冲突，完善的公司治理机制并不仅仅是一种相互之间的制衡关系，更重要的是完善的公司治理机制能够发挥股东、董事会和经理层等之间的决策效率和运行机制的均衡。公司治理的出发点是好的，是有利于企业发展的，但理论和现实往往表现出惊人的差异，即在不完全的合约下，公司治理机制建设也许没有或找不到最优解，就是说公司治理机制并不如我们想象的那么好，事实上治理的有效性已经受到质疑。有许多文献研究公司治理与技术创新之间的关系，但基本上都是分解看公司治理某个方面与技术创新的关系，比如控制权性质、股权激励、股东间的代理冲突等与技术创新之间的关系。

技术创新是周期长、风险大、成本高的研发活动，而且技术创新活动是集体成员通力协作的结晶，公司治理机制建设能否在技术创新中发挥大的作用？这方面的研究主要有两种观点：第一，总体而言，完善公司治理机制有利于企业创新能力的提高；第二，公司治理机制建设未必对技术创新有效。认为公司治理机制建设未必能够促进企业技术创新的观点主要依据的是技术创新需要资金，而资金来源可能是自有资金和外部融资，完善的公司治理机制更有利于企业外部融资，更能促进企业创新活动的开展，但是，建设完善的公司治理机制，也是需要成本的，因此，企业需要分出一部分资金用于公司治理机制建设而减少研发投入，这不利于创新活动的开展，也必然影响到企业的长期盈利。此外，再结合我国的公司治理现状来看，即我国的市场经济仍然属于不够发达和完善的，包括公司治理机制建设在内，还处于建设的起步阶段，而且公司治理水平过高一方面可能只是追求数据的提高，满足监管层的要求；另一方面可能会出现公司治理成本过高而不利于研发资金的投入，进而影响创新能力的提升。因此，在公司治理水平比较弱的企业中，反而出现创新活力更大的情况，从而使技术创新能力不断增强，形成核心竞争力，有利于企业长期盈利。提出本章假说H5-3：

H5-3：相对于公司治理强的企业，在公司治理弱的企业中，技术创新能力的提高能够增强盈余持续性。

融资约束（Financing Constraints）是由信息不对称、委托—代理等问题而造成的企业内外部融资成本存在较大差异,融资约束是资本市场普遍存在的现象,也正是因为融资约束的存在,给企业经营带来一定的风险,即融资约束风险(Whited and Wu,2006)。企业技术创新具有很大的不确定性,创新过程中存在信息不对称,存在潜在的道德风险问题,创新活动面临严重的外部融资约束(Hall,2003)。创新活动是企业一项长期投资战略,资金需求量大,而且要求保持创新资金投资的持续性,这样才不至于因创新活动的中断而引发诸如像创新人员流失等带来的损失,否则会带来巨大的调整成本。通常仅靠企业内部资金积累无法满足企业创新资金需求,因此,需要外部融资,但外部融资受到很多财务限制。融资约束或者说融资约束风险是否影响企业的技术创新?若企业面临的融资约束比较强,融资变得更加困难,特别是那些规模较小的企业,面临更大的不确定性和融资约束,不利于企业开展技术创新,而且 Li(2011)研究发现融资约束使得企业技术创新风险增加,对企业的创新活动产生不利影响,因此,在融资约束相对较弱的企业中,因更加容易获取创新资金支持,而技术创新能力更强,这样对保持企业持续盈利是有益的。由此提出本章假说 H5-4:

H5-4:相对于融资约束较强的企业,在融资约束较弱的企业中,技术创新能力的提高更能够增强盈余持续性。

高质量的盈余信息能够为会计信息使用者(债权人、投资人、管理层等)提供决策参考,维护资本市场的健康发展,高质量的盈余信息更能够预测、反映企业的内在价值,盈余持续性是影响盈余预测能力的重要因素(Dechow and Schrand,2004)。将会计盈余分为经营活动现金流和应计利润后,现金流持续性比应计项目持续性更强(Sloan,1996)。盈余波动越大,则盈余持续性越差(Dichev and Tang,2008;Clubb and Wu,2014),而且盈余波动还降低了盈余预测能力,经济的和会计的因素均可能影响盈余波动与盈余持续性之间的关系（Graham et al., 2005）。

盈余波动反映了盈余各会计期间的离散幅度，盈余波动将向会计信息使用者传递负面信息，影响其决策行为。契约理论认为企业是各利益相关者订立契约的利益共同体，并运用契约协调各利益相关者之间的利益冲突。会计信息是应各契约需要而产生的，高质量的会计信息能够缓解契约冲突，盈余波动将影响契约，比如盈余波动性影响债务契约，盈余波动大则违约的风险增大、信用风险增大，甚至会降低银行放贷的意愿（张瑞君和李小荣，2012）；再比如盈余波动大影响盈余预测能力，甚至降低了企业价值（Brennan and Hughes，1991），进而影响股权契约的订立。盈余波动大可能是因市场竞争力加剧等原因造成的，盈余波动大的企业可能会通过加大研发投入来提高企业的创新能力和核心竞争力，进而保障企业稳定持续盈利。在盈余波动大的情况下，基于契约理论，企业获取银行贷款可能更加困难，可能对研发投入和创新能力的提高带来负面影响，虽然说企业创新能力的提升可能增强盈余持续性，但是盈余波动性也会降低盈余持续性（国内外大量研究也验证了这一点），所以，一方面盈余波动使盈余持续性降低，另一方面盈余波动可能不利于研发，或者说盈余本身的波动造成企业研发投入的不确定性，必然导致企业创新能力的提高具有风险性，从而降低企业技术创新能力与盈余持续性之间的正相关性。由此提出本章研究假说 H5-5：

H5-5：相对于盈余波动小的企业，在盈余波动大的企业中，技术创新与盈余持续性之间的正相关性减弱。

制度经济学（Institutional Economics）研究制度对经济行为和经济发展的影响，并研究经济发展对制度如何产生影响。知识产权保护制度属于制度范畴，我国已颁布商标法、专利法、技术合同法、著作权法等，这些法律法规的颁布对版权和工业产权起到保护作用，而且我国知识产权保护方面的法律法规也在不断完善。对私人财产包括知识产权进行法律保护，个人财产才免于被他人侵占、抄袭、模仿、盗取等，企业才有积极性和动力进行研发投入，而且知识产权保护（IPR）被认为是一项有效的刺激技术创新活动的制度安排，比如授予专利发明人专利权，就从法律上保护了专利权所有人的权益，知识产权在发生侵权行为后能够受到法律保护而得到补偿，这无疑对技术创新活动的开展是有益的。试想：在知识产权保护欠缺的制度环境下，知识产权不能得到有效的保护，必然造成知识产权比如发明专利不具有排他性，很容易被其他人侵权和抄袭，不但使知识产权拥有者增加了事后维护自身权利的交易成本、损害创新收益，而且增加了技术创新投入的风险，进而挫伤技术创新者的积极性。因此，完善的知识产权保护制度能够增强创业者的热情、加大研发投入力度，从而增强企业的创新能力，有利于企业形成持续盈利的能力。由此提出本章研究假说H5-6：

H5-6：相对于知识产权保护弱的地区的企业，在知识产权保护较强的地区的企业，技术创新能力的提高使得盈余持续性增强。

政府干预是国家运用行政手段，对经济总体进行调节与控制，在计划经济环境中，政府干预占主导地位，而在市场经济环境中，以市场自发调节经济运行为主，但适当的政府干预也是必要的。市场是"无形的手"，而政府就是"有形的手"，如何在市场经济中发挥政府的"有形的手"的作用也是新时期政府机构改革的重大议题。

在我国当前市场化程度不太高的情况下，政府进行行政干预对于促进企业创新能力的提升具有重要作用，比如当前我国正处于经济转型升级、供给侧结构性改革的新阶段，国家提出建设创新型国家。这些都充分说明经济发展中发挥技术创新的重要性，政府在此过程中进行积极引导和政策帮扶可以发挥重大作用，比如规划科技园区的建设、解决融资难问题、招商引资等。解维敏等（2009）认为政府研发补助和外部融资是影响企业研发投入的重要因素，由此，政府干预强的企业，其获取政府帮扶的力度也相对较大，比如比较容易地得到政府研发补助，这无疑对企业创新能力的提高是有益的，而技术创新是一项高风险活动，对于那些资金紧张、应对或承受风险能力比较低的企业是不利的，而且创新投入一般资金需求量大、回收期长，若没有强大的资金支持，企业很难坚持下去；若有政府的研发补助资金支持，则对企业的技术创新是有利的。此外，我国当前的知识产权保护制度还不够完善，政府对企业进行创新的资金支持或引导对提高企业技术创新能力是有益的。当然，虽然也存在若政府干预过度，可能造成"挤出效应"以及企业自身能动性难以发挥的情况，从而不利于企业技术创新能力的提高，但就当前中国资本市场而言，市场化程度和知识产权保护制度等不够完善，适当的政府干预是必要的，而且对于提升企业创新能力是有利的，因此，政府干预较强的地区的企业，更加有利于技术创新能力的提高、增强企业持续盈利的能力。由此提出本章假说 H5 – 7：

H5 – 7：相对于政府干预弱的地区的企业，在政府干预较强的地区的企业，技术创新能力的提高使盈余持续性更强。

金融发展有利于实现资本的积聚与集中、有利于提高资源的使用效率、有利于提高社会投资水平，金融发展能够促进经济发展。银行体系的发展能够促进投资、鼓励技术创新（Schumpeter，1962）。Aghion 等（2005）认为金融发展水平较高的国家，其技术创新的成功率更高，并发现金融发展水平低于临界值的国家，其经济增长也较低。金融中介机构的存在能够提高技术研发的效率（Morales，2003）。黎欢和龚六堂（2014）通过 Howitt 和 Aghion（1998）的内生经济增长模型，引入金融发展水平变量，研究金融发展水平对研发投入和经济技术进步的影响，研究发现金融发展水平影响不同类型企业的技术研发投入强度，而且差异显著，金融发展能够促进技术进步而影响经济增长。技术创新是企业的一项长期性活动，不但需要自有资金支持，而且需要外部融资，金融体系的发展有利于解决企业技术创新投入难的问题。金融体系的发展能够缓解信息不对称、有利于提高资源配置效率，从而有利于推动技术创新（Levine，1997）。湛泳和李珊（2016）认为提高金融发展效率、优化金融发展结构和扩大金融发展规模，对企业研发投入和技术创新具有促进作用。国内外大量研究均表明金融发展水平的提高有助于推动企业研发投入和技术创新，而且金融发展体系的完善，各种金融工具和金融机构品种多、融资渠道多、服务周到、信息化水平高，有利于企业研发投入资金来源渠道的多元化，有利于提高企业的技术创新能力。因此，能够增强企业持续盈利的能力。由此提出本章研究假说 H5-8：

H5-8：相对于金融发展水平低的地区的企业，在金融发展水平高的地区的企业，技术创新能力的提高使盈余持续性进一步增强。

依法治国是我国的基本方略，依法治国是发展社会主义市场经济的客观要求，是社会文明进步的标志。法治环境影响个体行为，影响微观主体企业的行为，企业的技术创新具有很大的不确定性和风险性，需要大量的资金而且需经历长期的艰苦研究才能取得成功。技术创新可能存在创新成果被侵占和抄袭的风险，挽回损失往往又需要大量的交易成本，所以，完善的法治环境意义重大。法治环境是影响企业投资行为的重要制度环境之一（Stern，2002），司法改革能够改善投资环境，建设透明而有效的司法体系能够为债权人权益提供一个更好、更快捷的司法保护（Laeven and Majnoni，2005），所以，完善的法治环境，不但有利于加强金融体系建设，而且有利于企业获取创新投入资金，进而对增强企业创新能力是有利的。法治环境水平高，当企业面临知识产权纠纷或需要寻求司法救济时，完善的法治环境能够为技术创新涉及的司法救助提供保障，能够增强企业的技术创新信心，就是说法治环境完善，比如完善的知识产权保护制度通过对专利权的保护赋予专利权所有人进行商业利用的垄断权力，不但能够提高司法公信力和法治信仰，而且有利于激励企业进行技术研发。Brown 等

(2013)研究发现,加强知识产权保护和法治环境建设,能够促进企业的研发投资。苗妙等(2016)研究发现,法治环境的改善有利于企业进行技术投资,认为良好的法治环境能够增强企业的信任和信念,有助于引导企业的技术性投资。改善法治环境、加强法制建设对于建设创新型国家也是一项重大的工程。良好的法治环境对于促进金融发展和知识产权保护制度的建立都是有益的,能够促进企业的技术创新投入;提高企业的技术创新积极性和增强创新能力,进而维持企业持续盈利。由此提出本章假说 H5-9:

H5-9:相对于法治水平较低的地区的企业,在法治水平较高的地区的企业,技术创新能力的提高使盈余持续性增强。

第三节 技术创新与盈余持续性研究设计

一 样本选取与数据来源

选取沪深 A 股 2007—2015 年非金融类上市公司作为研究样本,并剔除 ST 类、数据缺失等样本,最终确定 970 家公司的 4053 个非平衡面板观测值。第一大股东持股比例、第二至第十大股东持股比例和终极控制人性质等变量数据来自 CCER 数据库,政府补助来自 Wind 数据库,其余变量均取自 CSMAR 数据库。多元回归进行了 White 异方差检验和 Robust 稳健性标准差修正,并对多元回归进行了公司层面的聚类(Cluster)处理,且对所有连续变量在 1% 和 99% 分位上进行了 Winsorize 处理。样本[①]行业分布和授权专利行业分布见

[①] 在研究技术创新与盈余持续性时,采用当期授权专利数(这与研究技术创新与盈余波动性和盈余价值相关性采用滞后一期授权专利数有别),原因是在模型设计上需要用到滞后一期 ROA,若采用滞后一期授权专利数,将有许多样本缺失,但考虑到采用滞后一期授权专利数以及稳健性检验中采用滞后两期专利数,回归结果均一致,并未对研究结论产生影响。鉴于此,本章的授权专利数采用当期值。

表5-1。总体来看，授权专利呈现增长趋势，随着创新驱动发展战略的深入实施，企业的技术创新能力在不断增强。授权专利主要集中在制造业（C），信息传输、软件和信息技术服务业（I），建筑业（E）和采矿业（B）等，但制造业（C）居多。

表5-1　　　　　　样本行业分布和授权专利行业分布　　　　单位：件

Panel A 样本行业分布								
行业类型＼年份	2007	2008	2009	2010	2011	2012	2013	2014
农、林、牧、渔业（A）	1	3	4	3	4	5	6	8
采矿业（B）	5	6	7	9	15	18	18	19
制造业（C）	246	321	329	395	483	518	547	669
电力、热力、燃气及水生产和供应业（D）	0	1	2	3	6	9	7	10
建筑业（E）	6	10	12	15	21	20	22	29
批发和零售业（F）	0	0	0	1	1	4	8	6
交通运输、仓储和邮政业（G）	2	2	3	5	4	6	5	6
信息传输、软件和信息技术服务业（I）	11	15	14	17	20	21	23	29
房地产业（K）	2	2	1	2	1	3	3	0
水利、环境和公共设施管理业（N）	0	1	0	2	2	1	1	2
综合（S）	0	1	2	5	3	2	1	1
合计	273	362	374	457	560	607	641	779
农、林、牧、渔业（A）	1	88	48	65	59	73	47	43
采矿业（B）	717	761	1294	2363	3698	909	1003	792

续表

Panel B 授权专利行业分布

行业类型＼年份	2007	2008	2009	2010	2011	2012	2013	2014
制造业（C）	10129	11600	9134	12357	19006	22775	20544	23737
电力、热力、燃气及水生产和供应业（D）	0	2	17	18	16	87	107	715
建筑业（E）	59	121	131	128	438	404	566	812
批发和零售业（F）	0	0	0	13	2	40	58	54
交通运输、仓储和邮政业（G）	1	5	19	26	5	25	40	21
信息传输、软件和信息技术服务业（I）	63	121	133	375	281	266	144	161
房地产业（K）	4	22	2	15	3	22	5	0
水利、环境和公共设施管理业（N）	0	1	0	9	14	17	7	25
综合（S）	0	4	4	9	12	2	6	5
合计	10974	12725	10782	15378	23534	24620	22527	26365

二 模型构建与变量定义

为了验证本章假说 H5-1，构建模型（5-1）：

$$E_{t+1} = \beta_0 + \beta_1 E_t + \beta_2 Innovation + \beta_3 Innovation \times E_t + \beta_4 Size + \beta_5 Lev + \beta_3 Growth + \beta_7 Agelist + \beta_8 Volatility + \beta_9 Loss + \beta_{10} Depr + \beta_{11} Fix + \beta_{12} Intangible + \beta_{13} Board + \beta_{14} Management + \beta_{15} First + \beta_{16} Balance + \beta_{17} State + Industry + Year + \mu \quad (5-1)$$

将样本分为国有企业和非国有企业、公司治理强和公司治理弱、融资约束强和融资约束弱、盈余波动大和盈余波动小、知识产权保护强和知识产权保护弱、政府干预强和政府干预弱、金融发展水平高和金融发展水平低、法治水平高和法治水平低两组进行检验,分别验证本章假说H5-2、假说H5-3、假说H5-4、假说H5-5、假说H5-6、假说H5-7、假说H5-8和假说H5-9。被解释变量 E_{t+1} 为 $t+1$ 期ROA,解释变量中 E_t 为 t 期ROA,Innovation 为技术创新指标。借鉴李卓和宋玉(2007)、肖华和张国清(2013)、李姝等(2017)、Sloan(1996)、Dichev 和 Tang(2008)、Clubb 和 Wu(2014)控制企业规模(Size)、财务杠杆(Lev)、企业成长性(Growth)、上市年龄(Agelist)、盈余波动性(Volatility)、盈亏状况(Loss)、成本结构(Depr)、固定资产投资规模(Fix)、无形资产占比(Intangible)、董事会规模(Board)、管理层持股比例(Management)、股权集中度(First)、股权制衡度(Balance)、产权性质(State),并控制行业效应和年度效应。制度环境采用王小鲁等(2017)编制的《中国分省份市场化指数报告(2016)》,市场化指数包括政府干预(Government)、金融发展水平(Finance)、法治水平(Law),采用年均增产率预测2007年和2015年的各市场化指数。各变量具体定义见表5-2。

表5-2　　　　　　　　　　变量定义

变量名称	变量代码	变量定义
盈余持续性	E_{t+1}	第 $t+1$ 期ROA,其中ROA=净利润/平均资产总额
	E_t	第 t 期ROA
技术创新	$Innovation_t$	第 t 年被授权的专利数量(发明、实用新型和外观设计),加1后取自然对数
交互项	$Innovation_t \times E_t$	企业创新与第 t 期ROA的交互项
企业规模	Size	当年资产总额的自然对数
财务杠杆	Lev	当年负债总额/资产总额
企业成长性	Growth	当年(当期营业收入-上期营业收入)/上期营业收入
企业上市年龄	Agelist	当年度-IPO年度的自然对数

续表

变量名称	变量代码	变量定义
盈余波动性	Volatility	当年 ROA 每五年的标准差，其中 ROA = 净利润/平均资产总额
盈亏状况	Loss	当年亏损取 1，否则取 0
成本结构	Depr	当年固定资产折旧/营业收入
固定资产投资规模	Fix	当年固定资产投资额/总资产
无形资产占比	Intangible	当年无形资产总额/总资产
董事会规模	Board	董事会人数的自然对数
管理层持股比例	Mangement	管理层持股数/总股数
股权集中度	First	第一大股东持股数/总股数
股权制衡度	Balance	第二至第十大股东持股比例之和/第一大股东持股比例
产权性质	State	终极控制权为国有企业取 1，否则为 0
融资约束	Constraint	根据 Hadlock 和 Pierce（2009）构建的 SA 指数得到
知识产权保护	Protection	《报告》中"知识产权保护"得分
政府干预	Government	《报告》中"政府与市场的关系"得分
金融发展水平	Finance	《报告》中"金融业的市场化"得分
法治水平	Law	《报告》中"市场中介组织的发育和法律制度环境"得分
行业效应	Industry	行业虚拟变量
年度效应	Year	年度虚拟变量

第四节 技术创新与盈余持续性实证结果与分析

一 描述性统计

主要变量描述性统计见表 5 - 3：第 t + 1 期 ROA 的均值（中位数）为 0.041（0.032），总体上略低于中等水平，最大值、最小值分别为 0.232、- 0.134，标准差为 0.057，表明不同企业间盈余水平差异大；

第 t 期 ROA 的均值（中位数）为 0.044（0.035），总体上略低于中等水平，最大值、最小值分别为 0.234、-0.129，标准差为 0.056，表明不同企业间盈余水平差异大；在多元回归中对专利取自然对数，但只有通过真实值才能了解专利的实际情况，在未报告的实际专利描述性统计中，专利的均值（中位数）为 36.246（8.000），最大值、最小值分别为 3903、0，标准差为 149.965，表明不同企业间专利的差异非常之大，创新能力差异大。其余控制变量的描述性统计具体见表 5-3，不再赘述。

表 5-3　　　　　　　　　主要变量描述性统计

变量	均值	中位数	最小值	最大值	四分之一分位	四分之三分位	标准差
E_{t+1}	0.041	0.032	-0.134	0.232	0.010	0.065	0.057
E_t	0.044	0.035	-0.129	0.234	0.013	0.070	0.056
$Innovation_t$	2.326	2.197	0	8.270	1.386	3.091	1.383
$Size$	22.120	21.904	19.960	25.984	21.249	22.760	1.211
Lev	0.484	0.490	0.078	0.884	0.348	0.625	0.187
$Growth$	0.155	0.115	-0.405	1.693	-0.010	0.257	0.301
$Agelist$	3.318	3.332	3.045	3.638	3.178	3.434	0.160
$Volatility$	0.031	0.023	0.002	0.151	0.013	0.040	0.027
$Loss$	0.082	0	0	1	0	0	0.275
$Depr$	0.040	0.031	0.004	0.159	0.018	0.054	0.031
Fix	0.069	0.050	0.002	0.347	0.026	0.089	0.064
$Intangible$	0.047	0.037	0	0.251	0.020	0.060	0.043
$Board$	2.190	2.197	1.609	2.708	2.197	2.197	0.190
$Mangement$	0.054	0.000	0	0.571	0	0.009	0.127
$First$	0.356	0.341	0.087	0.743	0.240	0.453	0.145
$Balance$	0.673	0.489	0.027	3.255	0.202	0.965	0.621
$State$	0.570	1	0	1	0	1	0.495
$Protection$	29.929	17.510	0.220	81.010	6.400	53.040	25.970

续表

变量	均值	中位数	最小值	最大值	四分之一分位	四分之三分位	标准差
Government	9.560	9.810	−6.740	11.430	9.060	10.430	1.298
Finance	12.430	12.660	4.180	16.060	11.260	13.770	1.790
Law	13.779	10.910	−0.140	28.580	7.320	19.850	7.328

二 实证结果与分析

1. 技术创新与盈余持续性

技术创新与盈余持续性回归结果见表5-4。在回归中，进一步将会计盈余分为经营活动现金流（CFO）和应计利润（ACC）[①]。在技术创新与盈余持续性检验中，发现 $Innovation \times E_t$ 交互项系数在5%显著水平上为正，表明技术创新能够增强企业的盈余持续性。这可能是因为随着企业技术创新能力的增强，提高了核心竞争力，企业获取更加稳定持久的盈余，即增强了盈余持续性，本章假说5-1得到验证。在将会计盈余分为经营活动现金流（CFO）和应计利润（ACC）之后，发现 $Innovation \times E_t$（这里的 E_t 指 CFO）交互项系数为0.022，并在10%水平上显著为正，而 $Innovation \times E_t$（这里的 E_t 指 ACC）的系数虽然为正但不显著，这进一步表明，企业技术创新能力的提高增强了现金流持续性，而应计盈余持续性并未显著增强，这其中可能的原因是应计盈余存在盈余操控，而且会计人员具有很大的主观判断和会计政策选择的空间，这些可能会取得暂时性的获利而并不能带来持续的盈余增长，而经营活动现金流不存在或很少存在操控的空间，代

---

① 通常认为现金流持续性比应计盈余持续性高（Sloan，1996；Richardson et al.，2005），其原因在于应计盈余存在管理层操控的情况，因委托—代理问题，管理层出于契约动机、管制动机和资本市场动机等而产生盈余管理行为，而盈余管理是通过应计项目实现的，导致应计盈余持续性低于现金流持续性。

表客观、真实的盈余，能够使盈余持续增长，而且在企业技术创新能力强的情况下，形成核心竞争力，给企业带来稳定持续的收入，这更多地为企业创造了源源不断的现金流。此外，技术创新能够增强企业未来盈利能力，即技术创新能够增强未来经营业绩，技术创新不但增强了未来经营活动现金流，而且增强了未来应计利润，因为技术创新（Innovation）与 E、CFO 和 ACC 回归系数分别在 1%、5% 和 1% 水平上显著为正。其他控制变量的回归结果不再赘述，见表 5-4。

表 5-4　　　　　　　技术创新与盈余持续性回归结果

变量	E		CFO		ACC	
E_t	0.759***	0.699***	0.174***	0.128***	0.014	-0.009
	(26.32)	(15.78)	(8.41)	(3.62)	(1.17)	(-0.37)
Innovation	0.002***	0.000	0.002**	0.001	0.002***	0.002***
	(3.32)	(0.52)	(2.55)	(0.66)	(2.59)	(2.63)
Innovation $\times E_t$		0.026**		0.022*		0.011
		(1.97)		(1.89)		(1.29)
Size	-0.002**	-0.002**	0.002*	0.002*	0.003**	0.003**
	(-2.08)	(-2.10)	(1.76)	(1.70)	(2.22)	(2.21)
Lev	-0.022***	-0.022***	-0.099***	-0.099***	-0.114***	-0.114***
	(-4.33)	(-4.39)	(-11.34)	(-11.38)	(-11.65)	(-11.61)
Growth	0.008***	0.007***	0.020***	0.020***	0.027***	0.027***
	(3.41)	(3.42)	(5.77)	(5.72)	(8.26)	(8.28)
Agelist	0.011**	0.011**	0.018**	0.018**	0.028***	0.028***
	(2.07)	(2.06)	(2.12)	(2.07)	(2.84)	(2.87)
Volatility	-0.075**	-0.074**	0.021	0.017	0.024	0.027
	(-2.34)	(-2.32)	(0.43)	(0.34)	(0.44)	(0.50)
Loss	0.053***	0.052***	-0.001	-0.001	-0.006	-0.006*
	(12.89)	(12.64)	(-0.37)	(-0.37)	(-1.63)	(-1.68)
Depr	-0.086***	-0.085***	-0.392***	-0.393***	-0.360***	-0.358***
	(-3.51)	(-3.50)	(-9.46)	(-9.54)	(-8.24)	(-8.16)

续表

变量	E		CFO		ACC	
Fix	-0.036***	-0.036***	-0.028*	-0.028*	0.019	0.018
	(-3.43)	(-3.46)	(-1.80)	(-1.80)	(1.13)	(1.11)
$Intangible$	0.007	0.007	-0.014	-0.013	-0.018	-0.019
	(0.44)	(0.41)	(-0.61)	(-0.54)	(-0.68)	(-0.71)
$Board$	0.010**	0.010**	0.015**	0.015**	0.018**	0.018**
	(2.39)	(2.40)	(2.35)	(2.33)	(2.49)	(2.49)
$Mangement$	-0.007	-0.006	-0.010	-0.009	-0.014	-0.014
	(-1.10)	(-1.01)	(-0.93)	(-0.87)	(-1.22)	(-1.21)
$First$	0.023***	0.024***	0.050***	0.049***	0.069***	0.069***
	(3.19)	(3.34)	(4.16)	(4.16)	(5.20)	(5.24)
$Balance$	0.005***	0.005***	0.013***	0.013***	0.015***	0.015***
	(3.33)	(3.45)	(4.73)	(4.69)	(4.80)	(4.85)
$State$	-0.007***	-0.007***	-0.014***	-0.014***	-0.017***	-0.017***
	(-3.84)	(-3.82)	(-4.85)	(-4.80)	(-5.27)	(-5.28)
$Constant$	-0.019	-0.016	-0.088**	-0.081**	-0.139***	-0.141***
	(-0.88)	(-0.75)	(-2.40)	(-2.23)	(-3.37)	(-3.41)
$Industry,Year$	控制		控制		控制	
$Observations$	4053		4053		4053	
F	100.04	105.20	28.49	29.13	24.04	23.27
$Adjusted-R^2$	0.520	0.521	0.332	0.334	0.254	0.255

注：*、**、***分别代表在10%、5%、1%水平上显著。多元回归进行了White异方差检验和Robust稳健标准差修正，并对多元回归进行了公司层面的聚类（Cluster）处理。

2. 技术创新、产权性质与盈余持续性

在国有企业中，技术创新与盈余持续性之间的系数为0.044，且在1%水平上显著为正，而在非国有企业中，两者间的系数虽然为正，但不显著，其原因可能在于根据资源基础理论，国有企业拥有资源优势地位，还拥有融资、税收等方面的优势，这些均有利于企业研发投入和核心竞争力的形成，故而国有企业中，技术创新与盈余持续性之间的正相关性进一步增大，本章假说H5-2得到验证。控制变量回归结果见表 5-5，不再赘述。

3. 技术创新、公司治理与盈余持续性

在公司治理水平低的企业中，$Innovation \times E_t$ 交互项系数为 0.061，且在 1% 水平上显著为正，但在公司治理水平高的企业中，$Innovation \times E_t$ 的系数为负且不显著，本章假说 H5-3 得到验证，其理由可能因为公司治理水平高有时可能仅仅是一种数量上的提高（满足监管层的需要），并不能代表公司治理机制的完善或者说有利于决策有效性的发挥，而且加强公司治理建设是需要成本的，反而可能导致技术创新投入的减少而影响技术创新能力的提高，进而影响盈余持续性的增强；当然也不排除另外一种原因，即根据"加速化陷阱理论"，当公司治理水平比较高的时候有利于企业技术创新能力的增强，就是说企业加大产品研发在完善的公司治理机制下更加快速，但新产品增加过快或者创新能力过强时，新产品投放市场的速度大大超过了市场的可接受程度，反而造成消费者的观望情绪；同时，过快的创新或者说过快地追求专利产品的数量（本书用专利授权数衡量创新能力）会让企业为了追求专利的数量而缩短技术创新周期，技术创新周期的缩短和粗放式的专利增长可能影响企业长期经营战略和"工匠精神"（追求高品质产品的精神）的形成，这些均不利于经营业绩的提升和盈余的持续增长。控制变量回归结果见表 5-5，不再赘述。

4. 技术创新、融资约束[①]与盈余持续性

在融资约束比较弱的企业中，$Innovation \times E_t$ 交互项系数为 0.026，且在 5% 水平上显著为正，而在融资约束比较强的企业中，$Innovation \times E_t$ 交互项系数虽然为正，但不显著，本章假说 H5-4 得到验证，其原因可能是在融资约束较弱的情况下，有利于外部融资，相对比较容易

---

① 融资约束强弱根据 Hadlock 和 Pierce（2010）构建的 SA 指数求得，SA = -0.737 * Size + 0.043 * Size² - 0.04 * Age，其中 Size 为企业规模，Age 为企业成立年龄。

获得企业创新资金,有利于技术创新活动的开展和技术创新能力的形成,进而更有利于盈余持续性的增强。控制变量回归结果见表5-5,不再赘述。

表5-5　　　技术创新、产权性质等与盈余持续性回归结果

变量	产权性质		公司治理水平		融资约束	
	国企	非国企	高	低	强	弱
E_t	0.648***	0.757***	0.768***	0.595***	0.705***	0.725***
	(12.49)	(11.50)	(12.40)	(9.55)	(9.74)	(14.74)
Innovation	0.000	0.001	0.001	-0.001	0.001	0.000
	(0.14)	(0.80)	(1.29)	(-0.84)	(0.87)	(0.19)
Innovation(E_t)	0.044***	0.002	-0.005	0.061***	0.008	0.026**
	(3.05)	(0.09)	(-0.27)	(3.71)	(0.30)	(2.03)
Size	-0.002**	-0.001	-0.001	-0.002**	0.002	-0.001
	(-2.40)	(-0.67)	(-0.62)	(-2.17)	(0.80)	(-1.27)
Lev	-0.021***	-0.026**	-0.025***	-0.022***	-0.025***	-0.024***
	(-3.78)	(-2.40)	(-3.28)	(-3.26)	(-3.11)	(-3.62)
Growth	0.004	0.013***	0.012***	0.004	0.015***	0.002
	(1.47)	(3.33)	(2.80)	(1.62)	(3.53)	(1.10)
Agelist	0.011*	0.022**	0.010	0.017**	0.011	0.012**
	(1.89)	(2.02)	(1.20)	(2.31)	(1.15)	(2.35)
Volatility	-0.063	-0.124**	-0.124***	-0.013	-0.055	-0.112***
	(-1.47)	(-2.31)	(-2.76)	(-0.24)	(-1.16)	(-2.79)
Loss	0.048***	0.059***	0.053***	0.050***	0.062***	0.036***
	(10.27)	(7.46)	(9.02)	(9.13)	(10.23)	(7.39)
Depr	-0.091***	-0.065	-0.111***	-0.041	-0.071*	-0.072***
	(-2.95)	(-1.47)	(-2.82)	(-1.38)	(-1.66)	(-2.78)
Fix	-0.033**	-0.039**	-0.040**	-0.036**	-0.059***	-0.022**
	(-2.54)	(-2.11)	(-2.57)	(-2.45)	(-2.77)	(-2.08)
Intangible	0.006	-0.001	-0.026	0.034	0.028	-0.027
	(0.31)	(-0.02)	(-1.10)	(1.35)	(0.99)	(-1.42)

续表

变量	产权性质 国企	产权性质 非国企	公司治理水平 高	公司治理水平 低	融资约束 强	融资约束 弱
Board	0.008*	0.015*	0.017***	0.004	0.016**	0.004
	(1.86)	(1.95)	(2.93)	(0.71)	(2.13)	(0.92)
Mangement	0.014	-0.002	-0.005	-0.015	-0.004	-0.013
	(0.11)	(-0.25)	(-0.63)	(-1.14)	(-0.43)	(-1.57)
First	0.018**	0.045***	0.053***	0.035***	0.049***	0.011
	(2.15)	(3.34)	(3.89)	(2.64)	(3.35)	(1.47)
Balance	0.008***	0.006**	0.004***	0.017***	0.008***	0.004**
	(3.47)	(2.64)	(2.86)	(4.18)	(3.00)	(2.10)
State		-0.006**	-0.009***	-0.006**	-0.007***	
		(-2.56)	(-3.06)	(-2.07)	(-3.71)	
Constant	-0.013	-0.078*	-0.052	-0.013	-0.123*	-0.009
	(-0.48)	(-1.69)	(-1.59)	(-0.44)	(-1.95)	(-0.36)
Industry, Year	控制	控制	控制	控制	控制	控制
Observations	2310	1743	2024	2029	2029	2024
F	66.27	52.13	63.59	62.61	31.45	113.05
Adjusted-R^2	0.509	0.516	0.529	0.515	0.409	0.657

注：*、**、***分别代表在10%、5%、1%水平上显著。多元回归进行了White异方差检验和Robust稳健标准差修正，并对多元回归进行了公司层面的聚类（Cluster）处理。

5. 技术创新、盈余波动性[①]与盈余持续性

在技术创新、盈余波动性与盈余持续性回归检验中，交互项 $Volatility \times Innovation \times E_t$ 的系数为 -0.017，且在1%水平上显著为负，这说明在盈余波动比较大的公司中，技术创新与盈余持续性之间的正相关性（交互项 $Innovation \times E_t$ 的系数显著为正）降低了，造成这一结果的原因可能是盈余波动的增大降低了盈余持续性，而且盈余波动的

[①] 盈余波动性（Volatility）在多元回归处理中按照如下思路分析：①检验盈余波动性对盈余持续性的影响时取连续变量；②检验盈余波动性对技术创新与盈余持续性之间的调节作用时，取哑变量。盈余波动性大于中位数为高盈余波动，取1；反之，为低盈余波动，取0，这样做是为了便于区分高盈余波动和低盈余波动。

增大也给企业的技术创新活动带来不确定性,比如盈余波动大融资难,进而造成研发投入具有不确定性,不利于创新能力的提高,进而会影响到企业持续盈利的能力,本章的假说 H5-5 得到验证。在将会计盈余进一步分为 CFO 和 ACC 后,发现交互项 $Volatility \times Innovation \times E_t$(这里的 E_t 系 CFO)的系数为 0.010,且在 10% 水平上显著为正,表明盈余波动大的公司,技术创新有利于经营活动现金流持续性的增强,其原因可能是当盈余波动比较大的时候,企业为了降低盈余波动或者为了使企业持续盈利,会加大研发投入,提高企业的创新能力。这样随着创新能力的增强,企业经营活动现金流的持续性也会增强;发现交互项 $Volatility \times Innovation \times E_t$(这里的 E_t 系 ACC)的系数为 -0.021,且在 1% 水平上显著为负,即盈余波动性大的企业,技术创新与盈余持续性之间的正相关性减弱了,但减弱的是应计盈余,其理由是盈余波动性大的企业,可能会增加研发投入而维持盈余的持续稳定,但是研发投入中存在机会主义的盈余管理动机,即降低了应计盈余持续性。由上述回归结果可知:盈余波动大的企业,技术创新与盈余持续性之间的正相关性降低了,但应计盈余持续性降低了,现金流持续性反而增强了。

此外,研究还发现盈余波动使盈余持续性降低,交互项 $Volatility \times E_t$ 的系数显著为负,该结果与现有国内外研究成果是一致的,但盈余波动性降低的是应计盈余,交互项 $Volatility \times E_t$(这里的 E_t 系 ACC)系数显著为负,而使现金流持续性增强,交互项 $Volatility \times E_t$(这里的 E_t 系 CFO)的系数显著为正,即盈余波动性虽然降低了盈余持续性,但降低的是应计盈余持续性,而现金流持续性反而提高了,造成该结果的理由与前述分析是一致的,即可以从研发投入或技术创新活动的角度进行诠释。控制变量回归结果见表 5-6,不再赘述。

表 5-6　　技术创新、盈余波动性与盈余持续性回归结果

变量	E_t		CFO		ACC	
E_t	0.764***	0.701***	0.105***	0.688***	0.037***	0.798***
	(28.24)	(15.92)	(3.78)	(22.16)	(2.68)	(26.55)
Volatility	-0.093***	-0.003**	-0.104*	-0.006***	0.005	-0.005***
	(-2.99)	(-2.01)	(-1.78)	(-3.70)	(0.09)	(-3.63)
Volatility × E_t	-0.018***		2.648***		-0.042***	
	(-19.75)		(3.79)		(-6.75)	
CFO (or ACC)				0.045***		-0.100***
				(3.11)		(-4.73)
Innovation		-0.000		0.001		0.002***
		(-0.10)		(1.01)		(3.13)
Innovation × E_t		0.039***		0.012**		0.024***
		(2.98)		(2.06)		(2.84)
Volatility × Innovation × E_t		-0.017***		0.010*		-0.021***
		(-8.57)		(1.82)		(-3.09)
Size	-0.000	-0.001	0.003**	-0.001*	0.005***	-0.001
	(-0.38)	(-0.94)	(2.37)	(-1.88)	(3.44)	(-1.63)
Lev	-0.025***	-0.025***	-0.096***	-0.024***	-0.115***	-0.025***
	(-4.30)	(-4.23)	(-11.35)	(-4.65)	(-11.95)	(-4.75)
Growth	0.008***	0.008***	0.020***	0.006***	0.026***	0.010***
	(3.37)	(3.52)	(5.68)	(2.61)	(7.94)	(4.47)
Agelist	0.007	0.007	0.017**	0.007	0.025***	0.009*
	(1.47)	(1.38)	(2.02)	(1.38)	(2.60)	(1.73)
Loss	0.053***	0.051***	0.001	0.050***	-0.005	0.052***
	(12.90)	(12.60)	(0.26)	(12.50)	(-1.29)	(12.70)
Depr	-0.111***	-0.107***	-0.389***	-0.123***	-0.373***	-0.118***
	(-4.07)	(-3.77)	(-9.39)	(-4.92)	(-8.65)	(-4.83)
Fix	-0.036***	-0.035***	-0.028*	-0.050***	0.019	-0.042***
	(-3.44)	(-3.29)	(-1.77)	(-4.79)	(1.14)	(-3.98)
Intangible	0.011	0.010	-0.016	0.006	-0.016	0.001
	(0.73)	(0.68)	(-0.69)	(0.41)	(-0.61)	(0.04)

续表

变量	E_t		CFO		ACC	
$Board$	0.010**	0.011**	0.015**	0.009**	0.018**	0.009**
	(2.38)	(2.54)	(2.31)	(2.29)	(2.48)	(2.28)
$Mangement$	-0.006	-0.005	-0.008	-0.004	-0.013	-0.005
	(-1.02)	(-0.83)	(-0.77)	(-0.66)	(-1.15)	(-0.84)
$First$	0.019***	0.018***	0.051***	0.019**	0.066***	0.022***
	(2.87)	(2.75)	(4.29)	(2.56)	(5.15)	(3.03)
$Balance$	0.005***	0.004***	0.012***	0.005***	0.015***	0.005***
	(3.27)	(3.00)	(4.78)	(3.14)	(4.80)	(3.29)
$State$	-0.006***	-0.006***	-0.014***	-0.006***	-0.017***	-0.007***
	(-3.70)	(-3.62)	(-4.86)	(-3.57)	(-5.21)	(-3.74)
$Constant$	-0.028	-0.018	-0.091**	-0.002	-0.154***	-0.017
	(-1.35)	(-0.87)	(-2.53)	(-0.08)	(-3.77)	(-0.82)
$Industry, Year$	控制		控制		控制	
$Observations$	4053		4053		4053	
F	112.44	108.78	27.24	116.38	22.13	90.40
$Adjusted-R^2$	0.531	0.535	0.339	0.534	0.255	0.529

注：*、**、*** 分别代表在10%、5%、1%水平上显著。多元回归进行了White异方差检验和Robust稳健标准差修正，并对多元回归进行了公司层面的聚类（Cluster）处理。

6. 技术创新、制度环境与盈余持续性

将知识产权保护分为强弱两组（回归结果见表5-7）：在知识产权保护比较弱的公司中，交互项 $Innovation \times E_t$ 的系数为0.059，且在1%水平上显著为正，而在知识产权保护比较强的公司中，交互项 $Innovation \times E_t$ 的系数为负且不显著，本章的假说H5-6未得到验证，造成这种情况的原因可能是虽然知识产权保护有利于创新，再根据竞争优势理论，有利于盈余的持续增长，但是根据加速化陷阱理论，知识产权保护过强，企业的技术创新过好，反而对业绩增长不利，也就是说企业可能出现过度追求短期效益或者缩短创新周期，造成专利粗放式增长，专利的价值也具有很大的不确定性，其中可能隐含不重要的创新，并不能代表企业真实的创新能力，所以在知识产权保护过强的企业中，盈利能力并未持续增长，而在知识产权较弱的企业中，盈利能力却能持续增长。控制变量回归结果见表5-7，不再赘述。

将政府干预分为强弱两组（回归结果见表5-7）：在政府干预强的样本中，交互项 $Innovation \times E_t$ 的系数为0.040，且在5%水平上显著为正，而在政府干预能力弱的样本中，交互项 $Innovation \times E_t$ 的系数为负且不显著，本章假说H5-7得到验证，这说明在当前中国市场化程度不高的情况下，政府进行资金支持以及政策引导对于增强企业的技术创新能力具有重大推动作用，能够维持企业持续的盈利能力。控制变量回归结果见表5-7，不再赘述。

将金融发展水平分为高低两组（回归结果见表5-7）：在金融发展水平低的样本中，交互项 $Innovation \times E_t$ 的系数为0.045，且在5%水平上显著为正，而在金融发展水平高的样本中，交互项 $Innovation \times E_t$ 的系数为正，但不显著，本章的假说H5-8未得到验证，其原因可通过加速化陷阱理论加以解释，即较高的金融环境虽然能够促进技术创新，但当金融发展水平过高时，可能引发专利的过快增长，出现粗放式增长的现象，反而不利于企业业绩提升和稳定增长。控制变量回归结果见表5-7，不再赘述。

将法治水平分为高低两组（回归结果见表5-7）：在法治水平低的样本中，交互项 $Innovation \times E_t$ 的系数为0.052，且在1%水平上显著，而在法治水平高的样本中，交互项 $Innovation \times E_t$ 的系数为正，但不显著，本章假说H5-9未得到验证，出现该情况的原因同样可以根据加速化陷阱理论进行解释，即法治水平过高会造成企业的专利粗放式快速增长，过度重视专利数量，追求短期效益而不够重视企业长期技术创新，所以不利于业绩持续增长，而在法治水平低的地区，企业持续盈利的能力反而增强了。控制变量回归结果见表5-7，不再赘述。

表 5-7 技术创新、制度环境与盈余持续性回归结果

变量	知识产权保护 强	知识产权保护 弱	政府干预 强	政府干预 弱	金融发展水平 高	金融发展水平 低	法治水平 高	法治水平 低
E_t	0.798***	0.620***	0.675***	0.784***	0.707***	0.682***	0.746***	0.637***
	(13.89)	(11.04)	(10.58)	(12.97)	(11.26)	(10.64)	(11.33)	(11.27)
Innovation	0.002*	-0.001	-0.000	0.002	0.002	-0.001	0.001	-0.000
	(1.84)	(-0.64)	(-0.34)	(1.51)	(1.60)	(-1.02)	(1.17)	(-0.44)
Innovation $\times E_t$	-0.016	0.059***	0.040**	-0.008	0.010	0.045**	0.000	0.052***
	(-0.84)	(3.56)	(2.20)	(-0.41)	(0.50)	(2.49)	(0.01)	(3.14)
Size	-0.001	-0.002*	-0.002	-0.001	-0.003**	-0.000	-0.002*	-0.002
	(-1.08)	(-1.86)	(-1.47)	(-0.71)	(-2.24)	(-0.41)	(-1.76)	(-1.44)
Lev	-0.013*	-0.029***	-0.029***	-0.013*	-0.014*	-0.029***	-0.011	-0.032***
	(-1.91)	(-4.08)	(-4.28)	(-1.68)	(-1.90)	(-4.26)	(-1.54)	(-4.58)
Growth	0.012***	0.004	0.004*	0.010***	0.008**	0.007**	0.010***	0.005*
	(3.38)	(1.53)	(1.68)	(2.69)	(2.12)	(2.46)	(2.83)	(1.79)
Agelist	0.008	0.011	0.006	0.007	0.009	0.013**	0.008	0.011
	(1.01)	(1.60)	(0.92)	(0.94)	(1.21)	(1.98)	(1.05)	(1.56)
Volatility	-0.071	-0.066	-0.082**	-0.049	-0.064	-0.069	-0.026	-0.094**
	(-1.62)	(-1.49)	(-1.99)	(-1.11)	(-1.33)	(-1.57)	(-0.53)	(-2.09)
Loss	0.049***	0.053***	0.057***	0.047***	0.045***	0.058***	0.048***	0.055***
	(7.52)	(10.21)	(9.83)	(8.12)	(7.18)	(10.95)	(7.51)	(10.42)
Depr	-0.029	-0.121***	-0.142***	-0.008	-0.046	-0.103***	-0.033	-0.125***
	(-0.84)	(-3.67)	(-4.39)	(-0.21)	(-1.10)	(-3.49)	(-0.93)	(-3.89)
Fix	-0.056***	-0.020	-0.012	-0.066***	-0.034*	-0.037***	-0.054***	-0.021
	(-3.24)	(-1.54)	(-0.92)	(-3.78)	(-1.96)	(-2.82)	(-3.10)	(-1.60)
Intangible	-0.017	0.025	0.024	-0.015	-0.012	0.020	-0.016	0.023
	(-0.59)	(1.32)	(1.28)	(-0.47)	(-0.44)	(0.94)	(-0.51)	(1.06)
Board	0.002	0.017***	0.013**	0.006	0.014**	0.008*	0.004	0.016***
	(0.28)	(3.13)	(2.32)	(1.07)	(2.10)	(1.65)	(0.63)	(2.87)
Mangement	0.000	-0.020**	-0.018**	0.002	-0.016*	0.005	-0.002	-0.016*
	(0.02)	(-2.08)	(-1.99)	(0.30)	(-1.90)	(0.60)	(-0.29)	(-1.69)

续表

变量	知识产权保护 强	知识产权保护 弱	政府干预 强	政府干预 弱	金融发展水平 高	金融发展水平 低	法治水平 高	法治水平 低
$First$	0.025**	0.024***	0.017*	0.029***	0.024**	0.022**	0.026**	0.022**
	(2.26)	(2.62)	(1.81)	(2.78)	(2.26)	(2.35)	(2.37)	(2.41)
$Balance$	0.004*	0.006***	0.006***	0.004*	0.006**	0.004**	0.005**	0.006***
	(1.84)	(3.13)	(3.23)	(1.72)	(2.50)	(2.25)	(2.00)	(2.91)
$State$	-0.005*	-0.008***	-0.008***	-0.004	-0.008***	-0.006***	-0.005*	-0.008***
	(-1.75)	(-3.33)	(-2.99)	(-1.64)	(-3.16)	(-2.76)	(-1.87)	(-3.25)
$Constant$	-0.003	-0.018	-0.002	-0.021	0.005**	-0.041	0.008	-0.024
	(-0.08)	(-0.67)	(-0.07)	(-0.61)	(2.14)	(-1.50)	(0.23)	(-0.96)
$Industry, Year$	控制	控制	控制	控制	控制	控制	控制	控制
$Observations$	1844	2209	2151	1902	1823	2230	1896	2157
F	48.67	74.17	72.18	47.09	47.38	87.44	46.12	79.37
Adjusted-R^2	0.517	0.529	0.542	0.500	0.503	0.534	0.490	0.543

注：*、**、*** 分别代表在10%、5%、1%水平上显著。多元回归进行了White异方差检验和Robust稳健标准差修正，并对多元回归进行了公司层面的聚类（Cluster）处理。

三 内生性检验

技术创新影响盈余持续性，可能存在内生性或自选择偏差，因为盈余持续性强的公司可能本身技术创新能力就强，所以可能存在自选择偏差。为了避免或减少自选择偏差可能对回归结果造成的影响，采用Heckman二阶段回归法，具体如下：（1）建立以技术创新（设置为哑变量）为因变量的回归模型 [见模型 (5-2)]，进行Probit回归，计算出Inverse Mills Ratio (IMR)；（2）控制IMR后，再对模型 (5-1) 进行OLS回归，回归结果见表5-8、表5-9、表5-10和表5-11，我们发现控制内生性后本章的结论未改变。

$$Inno\_dummy = \gamma_0 + \gamma_1 Subsidy + \gamma_2 Size + \gamma_3 Lev + \gamma_4 Growth + \gamma_5 Agelist +$$

$$\gamma_6 Volatility + \gamma_7 Loss + \gamma_8 Depr + \gamma_9 Fix + \gamma_{10} Intangible + \gamma_{11} Board + \gamma_{12} Man\text{-}agement + \gamma_{13} First + \gamma_{14} Balance + \gamma_{15} State + Industry + Year + \mu \quad (2)$$

其中，Inno_dummy 为技术创新的虚拟变量，当 Innovation 大于中位数时，其值取 1，否则，取 0。Subsidy 为政府补助的自然对数，其余变量定义同模型（5-1）。另外，内生性检验的样本筛选过程中有部分样本因存在缺失值，最终确定 964 家公司的 3899 个非平衡面板观测值。

表 5-8　　　　技术创新与盈余持续性（内生性）回归结果

变量	E		CFO		ACC	
E_t	0.783***	0.707***	0.248***	0.248***	0.042***	0.033
	(31.62)	(15.68)	(15.63)	(8.95)	(3.02)	(1.24)
Innovation	0.002***	-0.000	0.002**	0.002**	0.002**	0.002**
	(3.24)	(-0.00)	(2.21)	(2.17)	(2.31)	(2.32)
Innovation×E_t	0.034**		-0.000		0.004	
	(2.54)		(-0.01)		(0.42)	
Size	-0.002	-0.002	-0.001	-0.001	-0.001	-0.001
	(-0.98)	(-0.89)	(-0.23)	(-0.23)	(-0.25)	(-0.24)
Lev	-0.020***	-0.021***	-0.093***	-0.093***	-0.112***	-0.113***
	(-3.93)	(-4.01)	(-11.56)	(-11.58)	(-11.65)	(-11.66)
Growth	0.008***	0.008***	0.023***	0.023***	0.028***	0.028***
	(3.19)	(3.16)	(6.21)	(6.07)	(7.73)	(7.75)
Agelist	0.011*	0.010	0.020**	0.020**	0.032***	0.032***
	(1.68)	(1.61)	(2.12)	(2.12)	(2.96)	(2.96)
Volatility	-0.075**	-0.077**	0.034	0.034	0.048	0.048
	(-2.02)	(-2.06)	(0.59)	(0.59)	(0.77)	(0.78)
Loss	0.053***	0.052***	0.002	0.002	-0.004	-0.004
	(13.28)	(12.96)	(0.63)	(0.64)	(-0.98)	(-0.99)
Depr	-0.074*	-0.076**	-0.381***	-0.381***	-0.310***	-0.310***
	(-1.93)	(-2.00)	(-6.72)	(-6.72)	(-4.89)	(-4.89)
Fix	-0.037***	-0.037***	-0.023	-0.023	0.027	0.027
	(-3.34)	(-3.41)	(-1.46)	(-1.46)	(1.50)	(1.50)

续表

变量	E		CFO		ACC	
$Intangible$	0.020	0.019	-0.010	-0.010	0.002	0.002
	(1.35)	(1.27)	(-0.45)	(-0.45)	(0.08)	(0.07)
$Board$	0.011**	0.011**	0.018***	0.018***	0.023***	0.023***
	(2.58)	(2.54)	(2.81)	(2.81)	(3.11)	(3.11)
$Mangement$	-0.008	-0.007	-0.011	-0.011	-0.019*	-0.019*
	(-1.26)	(-1.14)	(-1.05)	(-1.05)	(-1.65)	(-1.65)
$First$	0.018***	0.020***	0.040***	0.040***	0.057***	0.057***
	(2.69)	(2.92)	(3.58)	(3.58)	(4.39)	(4.40)
$Balance$	0.004***	0.004***	0.010***	0.010***	0.013***	0.013***
	(2.82)	(3.01)	(4.13)	(4.13)	(4.07)	(4.09)
$State$	-0.006***	-0.006***	-0.012***	-0.012***	-0.016***	-0.016***
	(-3.63)	(-3.62)	(-4.51)	(-4.51)	(-5.10)	(-5.09)
IMR	0.004	0.003	0.012	0.012	0.020	0.019
	(0.40)	(0.29)	(0.95)	(0.95)	(1.34)	(1.33)
$Constant$	-0.005	-0.005	-0.039	-0.039	-0.081	-0.082
	(-0.15)	(-0.13)	(-0.71)	(-0.71)	(-1.29)	(-1.29)
$Industry, Year$	控制		控制		控制	
$Observations$	3899		3899		3899	
F	109.29	121.97	33.96	33.06	23.82	22.88
$Adjusted-R^2$	0.543	0.544	0.368	0.368	0.267	0.267

注：*、**、*** 分别代表在10%、5%、1%水平上显著。多元回归进行了White异方差检验和Robust稳健标准差修正，并对多元回归进行了公司层面的聚类（Cluster）处理。

表5-9　技术创新、产权性质等与盈余持续性（内生性）回归结果

变量	产权性质		公司治理水平		融资约束	
	国企	非国企	高	低	强	弱
E_t	0.625***	0.780***	0.765***	0.623***	0.727***	0.728***
	(11.42)	(11.99)	(12.29)	(10.76)	(10.42)	(14.02)
$Innovation$	-0.000	0.001	0.001	-0.001	0.001	0.000
	(-0.08)	(0.50)	(0.88)	(-1.29)	(0.48)	(0.12)

续表

变量	产权性质 国企	产权性质 非国企	公司治理水平 高	公司治理水平 低	融资约束 强	融资约束 弱
$Innovation \times E_t$	0.053***	0.011	-0.001	0.067***	0.020	0.027**
	(3.52)	(0.53)	(-0.05)	(4.25)	(0.79)	(2.06)
$Size$	-0.001	-0.004	-0.001	-0.002	0.003	-0.004
	(-0.27)	(-1.00)	(-0.44)	(-0.67)	(0.76)	(-1.28)
Lev	-0.020***	-0.027**	-0.024***	-0.020***	-0.022***	-0.018*
	(-2.66)	(-2.57)	(-3.00)	(-2.65)	(-2.97)	(-1.89)
$Growth$	0.003	0.015***	0.013***	0.004	0.015***	0.003
	(1.24)	(3.29)	(2.82)	(1.28)	(3.59)	(1.21)
$Agelist$	0.008	0.027**	0.013	0.011	0.009	0.014**
	(1.16)	(2.12)	(1.27)	(1.61)	(0.69)	(2.02)
$Volatility$	-0.062	-0.133**	-0.123**	-0.038	-0.084	-0.095**
	(-1.14)	(-2.37)	(-2.51)	(-0.61)	(-1.17)	(-2.15)
$Loss$	0.048***	0.059***	0.053***	0.050***	0.064***	0.037***
	(10.02)	(8.13)	(9.14)	(9.37)	(9.53)	(7.58)
$Depr$	-0.111*	-0.032	-0.094*	-0.058	-0.064	-0.045
	(-1.72)	(-0.63)	(-1.76)	(-1.07)	(-0.98)	(-1.08)
Fix	-0.034**	-0.046***	-0.040**	-0.037**	-0.070***	-0.014
	(-2.05)	(-2.63)	(-2.43)	(-2.49)	(-2.94)	(-1.14)
$Intangible$	0.016	0.030	-0.012	0.047*	0.044	-0.016
	(0.77)	(0.98)	(-0.50)	(1.91)	(1.52)	(-0.86)
$Board$	0.009*	0.015**	0.017***	0.006	0.014*	0.006
	(1.86)	(2.08)	(2.73)	(0.82)	(1.72)	(1.56)
$Mangement$	0.085	-0.005	-0.006	-0.008	-0.003	-0.013
	(0.58)	(-0.66)	(-0.83)	(-0.56)	(-0.39)	(-1.54)
$First$	0.020**	0.030***	0.050***	0.021*	0.042***	0.009
	(2.23)	(2.74)	(3.52)	(1.77)	(3.33)	(1.12)
$Balance$	0.008***	0.004*	0.004***	0.012***	0.007***	0.003
	(3.28)	(1.92)	(2.88)	(2.85)	(3.11)	(1.13)
$State$		-0.006***	-0.007***	-0.005**	-0.007***	
		(-2.76)	(-2.91)	(-1.99)	(-3.57)	

续表

变量	产权性质		公司治理水平		融资约束	
	国企	非国企	高	低	强	弱
IMR	-0.005	0.012	0.004	0.001	-0.003	0.011
	(-0.34)	(0.86)	(0.34)	(0.06)	(-0.15)	(0.92)
$Constant$	-0.024	-0.038	-0.050	0.005	-0.135**	0.028
	(-0.41)	(-0.72)	(-1.17)	(0.11)	(-2.26)	(0.67)
$Industry, Year$	控制		控制		控制	
$Observations$	2199	1700	1948	1951	1940	1959
F	63.48	70.59	58.27	97.58	39.98	108.10
$Adjusted-R^2$	0.515	0.566	0.531	0.563	0.452	0.662

注：*、**、*** 分别代表在10%、5%、1%水平上显著。多元回归进行了White异方差检验和Robust稳健标准差修正，并对多元回归进行了公司层面的聚类（Cluster）处理。

表5-10 技术创新、盈余波动性与盈余持续性（内生性）回归结果

变量	E		CFO		ACC	
E_t	0.806***	0.720***	0.223***	0.706***	0.013	0.824***
	(32.63)	(16.42)	(10.19)	(27.37)	(0.63)	(33.94)
$Volatility$	-0.049	-0.035	-0.004	-0.068*	0.040	-0.085**
	(-1.19)	(-0.92)	(-0.06)	(-1.83)	(0.67)	(-2.38)
$Volatility \times E_t$	V-0.200**		0.762		-0.767*	
	(-2.11)		(1.25)		(1.41)	
$CFO (or ACC)$			0.099***		-0.088***	
			(5.31)		(-4.57)	
$Innovation$		-0.001		0.002***		0.001***
		(-0.77)		(2.69)		(2.97)
$Innovation \times E_t$		0.069***		-0.001		0.018***
		(4.32)		(-0.10)		(2.74)
$Volatility \times Innovation \times E_t$		-0.050***		-0.001		-0.021***
		(-3.89)		(-0.15)		(-3.74)
$Size$	-0.002	0.000	-0.002	-0.003	-0.001	-0.001
	(-0.89)	(0.03)	(-0.42)	(-0.93)	(-0.30)	(-0.38)
Lev	-0.018***	-0.021***	-0.091***	-0.020***	-0.110***	-0.022***
	(-3.28)	(-3.97)	(-10.56)	(-3.69)	(-10.99)	(-4.09)

续表

变量	E		CFO		ACC	
$Growth$	0.008***	0.008***	0.023***	0.008***	0.028***	0.010***
	(3.17)	(3.21)	(6.27)	(3.05)	(7.92)	(3.95)
$Agelist$	0.011	0.006	0.022**	0.009	0.033***	0.008
	(1.63)	(0.94)	(2.15)	(1.28)	(2.85)	(1.12)
$Loss$	0.053***	0.051***	0.002	0.051***	-0.003	0.052***
	(13.28)	(12.75)	(0.66)	(12.75)	(-0.85)	(12.94)
$Depr$	-0.068	-0.101**	-0.364***	-0.113***	-0.305***	-0.118***
	(-1.60)	(-2.53)	(-5.69)	(-2.72)	(-4.41)	(-2.85)
Fix	-0.039***	-0.041***	-0.020	-0.049***	0.029	-0.045***
	(-3.42)	(-3.69)	(-1.26)	(-4.33)	(1.60)	(-3.98)
$Intangible$	0.020	0.019	-0.015	0.014	-0.007	0.013
	(1.31)	(1.30)	(-0.67)	(0.97)	(-0.25)	(0.91)
$Board$	0.010**	0.011**	0.017***	0.010**	0.022***	0.010**
	(2.41)	(2.53)	(2.74)	(2.48)	(2.94)	(2.33)
$Mangement$	-0.009	-0.003	-0.012	-0.006	-0.021*	-0.006
	(-1.40)	(-0.42)	(-1.15)	(-0.96)	(-1.76)	(-0.92)
$First$	0.018***	0.019***	0.042***	0.016**	0.058***	0.018***
	(2.77)	(2.87)	(3.79)	(2.42)	(4.65)	(2.78)
$Balance$	0.004***	0.004***	0.011***	0.004***	0.013***	0.004***
	(3.04)	(2.78)	(4.28)	(2.93)	(4.28)	(3.05)
$State$	-0.006***	-0.006***	-0.013***	-0.006***	-0.017***	-0.006***
	(-3.66)	(-3.67)	(-4.70)	(-3.41)	(-5.33)	(-3.66)
IMR	0.007	-0.005	0.019	0.003	0.025	-0.002
	(0.68)	(-0.56)	(1.30)	(0.34)	(1.58)	(-0.17)
$Constant$	-0.005	-0.037	-0.026	0.007	-0.073	-0.019
	(-0.14)	(-1.03)	(-0.44)	(0.18)	(-1.10)	(-0.52)
$Industry, Year$	控制		控制		控制	
$Observations$	3899		3899		3899	
F	128.79	134.32	33.79	121.69	23.06	109.58
$Adjusted-R^2$	0.549	0.552	0.368	0.556	0.265	0.551

注：*、**、*** 分别代表在10%、5%、1%水平上显著。多元回归进行了White异方差检验和Robust稳健标准差修正，并对多元回归进行了公司层面的聚类（Cluster）处理。

表 5-11 技术创新、知识产权保护、制度环境与盈余持续性（内生性）回归结果

变量	知识产权保护 强	知识产权保护 弱	政府干预 强	政府干预 弱	金融发展水平 高	金融发展水平 低	法治水平 高	法治水平 低
E_t	0.811***	0.608***	0.664***	0.811***	0.735***	0.681***	0.789***	0.625***
	(14.96)	(10.24)	(9.69)	(14.11)	(12.36)	(10.30)	(13.17)	(10.50)
$Innovation$	0.001	-0.001	-0.000	0.001	0.001	-0.001	0.001	-0.000
	(1.23)	(-0.60)	(-0.37)	(1.16)	(1.06)	(-0.74)	(0.76)	(-0.41)
$Innovation \times E_t$	-0.001	0.061***	0.042**	0.003	0.018	0.046**	0.008	0.054***
	(-0.06)	(3.59)	(2.20)	(0.17)	(0.94)	(2.47)	(0.44)	(3.21)
$Size$	-0.001	-0.002	-0.002	-0.001	-0.006**	0.003	-0.004	-0.001
	(-0.51)	(-0.43)	(-0.41)	(-0.22)	(-2.14)	(0.73)	(-1.33)	(-0.19)
Lev	-0.008	-0.032***	-0.029**	-0.008	-0.010	-0.030***	-0.006	-0.036***
	(-1.10)	(-3.22)	(-2.53)	(-0.99)	(-1.33)	(-4.12)	(-0.87)	(-3.77)
$Growth$	0.012***	0.003	0.005	0.011***	0.010**	0.005	0.010***	0.004
	(3.45)	(0.86)	(1.15)	(2.75)	(2.52)	(1.28)	(2.68)	(1.00)
$Agelist$	0.008	0.009	0.005	0.005	0.017*	0.007	0.014	0.008
	(0.70)	(1.14)	(0.55)	(0.55)	(1.82)	(0.84)	(1.20)	(1.07)
$Volatility$	-0.095*	-0.066	-0.082*	-0.076	-0.050	-0.076	-0.041	-0.095*
	(-1.72)	(-1.39)	(-1.74)	(-1.35)	(-0.80)	(-1.64)	(-0.66)	(-1.96)
$Loss$	0.047***	0.054***	0.057***	0.046***	0.047***	0.058***	0.048***	0.056***
	(7.67)	(10.29)	(9.76)	(8.74)	(8.07)	(10.53)	(7.74)	(10.43)
$Depr$	-0.009	-0.142**	-0.147**	0.003	0.024	-0.137***	0.005	-0.152**
	(-0.21)	(-2.29)	(-2.04)	(0.06)	(0.38)	(-2.83)	(0.12)	(-2.50)
Fix	-0.064***	-0.017	-0.009	-0.077***	-0.033*	-0.039***	-0.059***	-0.017
	(-3.52)	(-1.21)	(-0.63)	(-4.39)	(-1.80)	(-2.79)	(-3.28)	(-1.26)
$Intangible$	0.019	0.028	0.028	0.014	0.012	0.017	0.028	0.028
	(0.70)	(1.48)	(1.43)	(0.55)	(0.51)	(0.77)	(0.89)	(1.38)
$Board$	0.001	0.020***	0.016**	0.006	0.017**	0.008	0.004	0.018***
	(0.25)	(3.28)	(2.43)	(0.95)	(2.51)	(1.52)	(0.65)	(3.07)
$Mangement$	-0.001	-0.020*	-0.021**	0.003	-0.017**	0.006	-0.003	-0.015
	(-0.09)	(-1.86)	(-1.98)	(0.35)	(-2.00)	(0.59)	(-0.41)	(-1.43)

续表

变量	知识产权保护		政府干预		金融发展水平		法治水平	
	强	弱	强	弱	高	低	高	低
$First$	0.019*	0.023**	0.015	0.025**	0.009	0.017*	0.017	0.021**
	(1.86)	(2.50)	(1.55)	(2.55)	(0.69)	(1.71)	(1.61)	(2.20)
$Balance$	0.003*	0.006***	0.006***	0.003	0.004	0.004**	0.004	0.005***
	(1.68)	(2.83)	(2.87)	(1.50)	(1.64)	(2.18)	(1.60)	(2.62)
$State$	-0.003	-0.008***	-0.008***	-0.003	-0.007***	-0.006***	-0.004	-0.008***
	(-1.29)	(-3.46)	(-2.95)	(-1.20)	(-3.02)	(-2.72)	(-1.50)	(-3.31)
IMR	0.000	-0.001	0.003	-0.003	0.016	-0.012	0.008	-0.002
	(0.03)	(-0.08)	(0.18)	(-0.29)	(1.42)	(-0.92)	(0.61)	(-0.18)
$Constant$	0.004	-0.023	0.008	-0.017	0.037	-0.078	0.025	-0.035
	(0.10)	(-0.38)	(0.11)	(-0.40)	(0.87)	(-1.37)	(0.67)	(-0.60)
$Industry, Year$	控制		控制		控制		控制	
$Observations$	1765	2134	2060	1839	1765	2134	1816	2083
F	68.28	67.24	67.45	64.13	61.34	91.31	64.79	72.90
$Adjusted\text{-}R^2$	0.575	0.523	0.536	0.554	0.552	0.534	0.554	0.537

注：*、**、***分别代表在10%、5%、1%水平上显著。多元回归进行了White异方差检验和Robust稳健标准差修正，并对多元回归进行了公司层面的聚类（Cluster）处理。

四 稳健性检验

（1）选取创新能力比较强的行业的企业进一步进行多元回归分析，即仅选取采矿业（B），制造业（C），建筑业（E）及信息传输、软件和信息技术服务业（I）四类行业（所选样本中这些行业的授权专利数较多），以增强本章结论的可靠性。这样处理，一方面是因为这些行业的企业技术创新能力相对较强，另一方面也考虑技术创新的行业差异。样本筛选过程中，最终确定930家公司的3890个非平衡面板观测值。回归结果见表5-12、表5-13、表5-14和表5-15。

表 5-12　　　　技术创新与盈余持续性（行业）回归结果

变量	E		CFO		ACC	
E_t	0.758***	0.701***	0.250***	0.254***	0.036**	0.042*
	(25.03)	(14.99)	(15.86)	(8.98)	(2.56)	(1.83)
Innovation	0.002***	0.001	0.002**	0.002**	0.003***	0.002***
	(3.68)	(0.91)	(2.43)	(2.46)	(2.66)	(2.62)
Innovation×E_t		0.025**		0.001*		-0.002
		(1.78)		(-0.15)		(-0.34)
Size	-0.002**	-0.002**	0.002	0.002	0.003**	0.003**
	(-2.47)	(-2.46)	(1.09)	(1.09)	(2.01)	(2.03)
Lev	-0.022***	-0.022***	-0.092***	-0.092***	-0.113***	-0.113***
	(-4.17)	(-4.22)	(-11.03)	(-11.04)	(-11.23)	(-11.24)
Growth	0.008***	0.008***	0.022***	0.022***	0.027***	0.027***
	(3.38)	(3.39)	(6.37)	(6.29)	(7.96)	(7.95)
Agelist	0.012**	0.012**	0.019**	0.019**	0.029***	0.029***
	(2.27)	(2.25)	(2.15)	(2.16)	(2.84)	(2.83)
Volatility	-0.064**	-0.063*	0.038	0.038	0.033	0.031
	(-1.97)	(-1.94)	(0.78)	(0.78)	(0.61)	(0.59)
Loss	0.052***	0.052***	0.001	0.001	-0.006	-0.006
	(12.45)	(12.15)	(0.22)	(0.22)	(-1.53)	(-1.49)
Depr	-0.085***	-0.085***	-0.416***	-0.416***	-0.361***	-0.362***
	(-3.20)	(-3.19)	(-9.87)	(-9.87)	(-7.60)	(-7.65)
Fix	-0.035***	-0.035***	-0.025	-0.025	0.022	0.022
	(-3.23)	(-3.26)	(-1.64)	(-1.64)	(1.27)	(1.27)
Intangible	-0.002	-0.002	-0.036	-0.036	-0.031	-0.031
	(-0.11)	(-0.13)	(-1.47)	(-1.48)	(-1.05)	(-1.04)
Board	0.010**	0.010**	0.013**	0.013**	0.018**	0.018**
	(2.39)	(2.38)	(2.00)	(2.00)	(2.34)	(2.33)
Mangement	-0.007	-0.006	-0.008	-0.008	-0.014	-0.014
	(-1.10)	(-1.02)	(-0.80)	(-0.80)	(-1.23)	(-1.22)
First	0.024***	0.025***	0.048***	0.048***	0.068***	0.067***
	(3.21)	(3.34)	(4.05)	(4.05)	(4.99)	(4.99)

续表

变量	E		CFO		ACC	
Balance	0.005***	0.005***	0.012***	0.012***	0.015***	0.015***
	(3.32)	(3.41)	(4.74)	(4.75)	(4.61)	(4.62)
State	-0.007***	-0.007***	-0.013***	-0.013***	-0.017***	-0.017***
	(-3.85)	(-3.82)	(-4.49)	(-4.50)	(-5.28)	(-5.26)
Constant	-0.016	-0.013	-0.069*	-0.070*	-0.139***	-0.139***
	(-0.70)	(-0.59)	(-1.92)	(-1.93)	(-3.28)	(-3.27)
Industry, Year	控制		控制		控制	
Observations	3890		3890		3890	
F	96	101.52	34.58	33.57	23.14	22.40
Adjusted-R^2	0.517	0.517	0.361	0.361	0.258	0.257

注：*、**、*** 分别代表在10%、5%、1%水平上显著。多元回归进行了White异方差检验和Robust稳健标准差修正，并对多元回归进行了公司层面的聚类（Cluster）处理。

表5-13 技术创新、产权性质等与盈余持续性（行业）回归结果

变量	产权性质		公司治理水平		融资约束	
	国企	非国企	高	低	强	弱
E_t	0.635***	0.769***	0.782***	0.581***	0.718***	0.707***
	(11.97)	(11.13)	(12.73)	(8.73)	(9.70)	(14.01)
Innovation	0.000	0.002	0.002*	-0.001	0.002	0.000
	(0.18)	(1.23)	(1.73)	(-0.81)	(1.20)	(0.25)
Innovation×E_t	0.046***	-0.005	-0.011	0.063***	0.002	0.029**
	(3.16)	(-0.21)	(-0.59)	(3.66)	(0.06)	(2.20)
Size	-0.002**	-0.001	-0.001	-0.003**	0.002	-0.001
	(-2.58)	(-0.76)	(-0.69)	(-2.31)	(0.61)	(-1.54)
Lev	-0.020***	-0.028**	-0.026***	-0.021***	-0.024***	-0.024***
	(-3.55)	(-2.47)	(-3.33)	(-2.96)	(-2.95)	(-3.51)
Growth	0.004	0.013***	0.011***	0.004	0.015***	0.002
	(1.31)	(3.17)	(2.66)	(1.52)	(3.47)	(1.00)
Agelist	0.011*	0.024**	0.012	0.017**	0.013	0.012**
	(1.91)	(2.17)	(1.37)	(2.22)	(1.31)	(2.32)

续表

变量	产权性质		公司治理水平		融资约束	
	国企	非国企	高	低	强	弱
Volatility	-0.052	-0.116**	-0.122***	0.007	-0.044	-0.107**
	(-1.23)	(-2.15)	(-2.66)	(0.12)	(-0.94)	(-2.57)
Loss	0.047***	0.058***	0.051***	0.050***	0.062***	0.036***
	(10.05)	(7.06)	(8.44)	(9.08)	(9.88)	(7.23)
Depr	-0.111***	-0.048	-0.102**	-0.065*	-0.059	-0.093***
	(-3.34)	(-1.03)	(-2.47)	(-1.81)	(-1.32)	(-2.98)
Fix	-0.029**	-0.039**	-0.044***	-0.032**	-0.062***	-0.018
	(-2.16)	(-2.11)	(-2.77)	(-2.02)	(-2.90)	(-1.61)
Intangible	0.001	-0.021	-0.045	0.031	0.021	-0.035
	(0.04)	(-0.61)	(-1.59)	(1.07)	(0.70)	(-1.48)
Board	0.008*	0.016**	0.018***	0.004	0.017**	0.004
	(1.79)	(2.11)	(2.96)	(0.65)	(2.17)	(1.06)
Mangement	0.021	-0.001	-0.005	-0.015	-0.003	-0.016*
	(0.16)	(-0.20)	(-0.70)	(-1.00)	(-0.32)	(-1.90)
First	0.018**	0.049***	0.052***	0.035**	0.052***	0.010
	(2.09)	(3.54)	(3.73)	(2.51)	(3.48)	(1.32)
Balance	0.008***	0.006***	0.005***	0.017***	0.009***	0.004*
	(3.37)	(2.85)	(2.91)	(3.87)	(3.10)	(1.96)
State			-0.006***	-0.009***	-0.006**	-0.008***
			(-2.70)	(-2.91)	(-1.97)	(-3.85)
Constant	-0.008	-0.085*	-0.055	-0.006	-0.122*	-0.003
	(-0.29)	(-1.77)	(-1.63)	(-0.20)	(-1.92)	(-0.10)
Industry, Year	控制		控制		控制	
Observations	2215	1675	1944	1946	1975	1915
F	65.01	52.05	63.30	58.04	29.99	111.31
Adjusted-R^2	0.508	0.516	0.533	0.509	0.406	0.655

注：*、**、*** 分别代表在10%、5%、1%水平上显著。多元回归进行了 White 异方差检验和 Robust 稳健标准差修正，并对多元回归进行了公司层面的聚类（Cluster）处理。

表 5-14 技术创新、盈余波动性与盈余持续性（行业）回归结果

变量	E		CFO		ACC	
E_t	0.763***	0.706***	0.227***	0.673***	0.015*	0.798***
	(27.07)	(15.29)	(10.05)	(20.70)	(0.68)	(26.70)
Volatility	−0.083***	−0.062*	−0.000	−0.053	0.028	−0.059*
	(−2.62)	(−1.92)	(−0.01)	(−1.55)	(0.51)	(−1.70)
Volatility × E_t	−0.019***		0.729		−0.531*	
	(−19.78)		(1.18)		(0.95)	
CFO (or ACC)				0.110***		−0.108***
				(5.60)		(−4.50)
Innovation		0.000		0.002***		0.002***
		(0.21)		(3.01)		(3.18)
Innovation × E_t		0.038***		−0.002		0.025***
		(2.79)		(−0.30)		(3.00)
Volatility × Innovation × E_t		−0.017***		0.001		−0.018***
		(−8.46)		(0.24)		(−2.99)
Size	−0.000	−0.001	0.003**	−0.002***	0.005***	−0.002**
	(−0.62)	(−1.46)	(1.98)	(−2.67)	(3.09)	(−2.18)
Lev	−0.025***	−0.025***	−0.092***	−0.022***	−0.113***	−0.024***
	(−4.16)	(−4.09)	(−11.03)	(−4.24)	(−11.38)	(−4.44)
Growth	0.008***	0.008***	0.022***	0.007***	0.026***	0.010***
	(3.32)	(3.52)	(6.20)	(3.15)	(7.85)	(4.36)
Agelist	0.008	0.009*	0.017**	0.010*	0.026**	0.012**
	(1.61)	(1.79)	(1.97)	(1.89)	(2.58)	(2.07)
Loss	0.052***	0.051***	0.001	0.049***	−0.005	0.051***
	(12.42)	(12.13)	(0.32)	(11.92)	(−1.39)	(12.13)
Depr	−0.113***	−0.103***	−0.424***	−0.131***	−0.380***	−0.116***
	(−3.84)	(−3.42)	(−10.19)	(−4.91)	(−8.02)	(−4.18)
Fix	−0.036***	−0.035***	−0.027*	−0.048***	0.019	−0.041***
	(−3.33)	(−3.20)	(−1.75)	(−4.48)	(1.11)	(−3.76)
Intangible	0.003	0.004	−0.037	−0.007	−0.033	−0.009
	(0.20)	(0.27)	(−1.49)	(−0.39)	(−1.12)	(−0.54)

续表

变量	E		CFO		ACC	
$Board$	0.010**	0.011**	0.012*	0.009**	0.017**	0.010**
	(2.37)	(2.52)	(1.93)	(2.16)	(2.24)	(2.25)
$Mangement$	-0.006	-0.005	-0.007	-0.005	-0.013	-0.006
	(-1.01)	(-0.87)	(-0.71)	(-0.84)	(-1.15)	(-0.99)
$First$	0.020***	0.019***	0.048***	0.021***	0.067***	0.024***
	(2.86)	(2.88)	(4.03)	(2.76)	(4.91)	(2.95)
$Balance$	0.005***	0.005***	0.012***	0.005***	0.015***	0.005***
	(3.26)	(3.13)	(4.79)	(3.34)	(4.68)	(3.33)
$State$	-0.006***	-0.006***	-0.013***	-0.006***	-0.017***	-0.007***
	(-3.70)	(-3.65)	(-4.50)	(-3.45)	(-5.22)	(-3.66)
$Constant$	-0.028	-0.016	-0.080**	0.000	-0.154***	-0.015
	(-1.28)	(-0.76)	(-2.25)	(0.00)	(-3.64)	(-0.65)
$Industry, Year$	控制		控制		控制	
$Observations$	3890		3890		3890	
F	105.82	101.48	32.33	109.93	21.24	94.42
$Adjusted-R^2$	0.527	0.532	0.360	0.532	0.255	0.525

注：*、**、*** 分别代表在 10%、5%、1% 水平上显著。多元回归进行了 White 异方差检验和 Robust 稳健标准差修正，并对多元回归进行了公司层面的聚类（Cluster）处理。

表 5-15 技术创新、知识产权保护、制度环境与盈余持续性（行业）回归结果

变量	知识产权保护		政府干预		金融发展水平		法治水平	
	强	弱	强	弱	高	低	高	低
E_t	0.781***	0.622***	0.674***	0.768***	0.696***	0.688***	0.742***	0.641***
	(12.90)	(10.66)	(10.32)	(12.29)	(10.66)	(10.36)	(11.01)	(10.92)
$Innovation$	0.002*	-0.000	0.000	0.002	0.002*	-0.001	0.002	0.000
	(1.78)	(-0.24)	(0.11)	(1.44)	(1.66)	(-0.54)	(1.23)	(0.01)
$Innovation \times E_t$	-0.013	0.057***	0.038**	-0.005	0.012	0.041**	0.001	0.050***
	(-0.68)	(3.41)	(2.07)	(-0.26)	(0.58)	(2.22)	(0.03)	(2.94)
$Size$	-0.001	-0.003**	-0.002*	-0.001	-0.003**	-0.001	-0.002*	-0.002*
	(-1.00)	(-2.15)	(-1.85)	(-0.75)	(-2.37)	(-0.75)	(-1.71)	(-1.75)

续表

变量	知识产权保护 强	知识产权保护 弱	政府干预 强	政府干预 弱	金融发展水平 高	金融发展水平 低	法治水平 高	法治水平 低
Lev	-0.014**	-0.029***	-0.030***	-0.014*	-0.015*	-0.029***	-0.011	-0.032***
	(-2.06)	(-3.90)	(-4.20)	(-1.75)	(-1.88)	(-4.15)	(-1.61)	(-4.39)
$Growth$	0.012***	0.004	0.005	0.011***	0.008**	0.007**	0.010***	0.005*
	(3.34)	(1.42)	(1.63)	(2.68)	(2.06)	(2.42)	(2.75)	(1.74)
$Agelist$	0.009	0.012	0.007	0.008	0.010	0.015**	0.009	0.012
	(1.10)	(1.64)	(0.99)	(1.11)	(1.32)	(2.14)	(1.14)	(1.62)
$Volatility$	-0.065	-0.054	-0.070*	-0.046	-0.055	-0.059	-0.024	-0.081*
	(-1.43)	(-1.21)	(-1.72)	(-1.02)	(-1.16)	(-1.32)	(-0.47)	(-1.82)
$Loss$	0.049***	0.053***	0.055***	0.047***	0.044***	0.057***	0.047***	0.054***
	(7.33)	(9.85)	(9.41)	(7.98)	(6.94)	(10.45)	(7.35)	(10.03)
$Depr$	-0.039	-0.112***	-0.156***	-0.008	-0.051	-0.108***	-0.044	-0.115***
	(-0.96)	(-3.21)	(-4.61)	(-0.20)	(-1.19)	(-3.41)	(-1.06)	(-3.38)
Fix	-0.054***	-0.021	-0.008	-0.065***	-0.032*	-0.037***	-0.052***	-0.022*
	(-2.98)	(-1.56)	(-0.63)	(-3.62)	(-1.77)	(-2.76)	(-2.84)	(-1.66)
$Intangible$	-0.022	0.015	0.016	-0.020	-0.019	0.013	-0.021	0.013
	(-0.66)	(0.68)	(0.77)	(-0.57)	(-0.64)	(0.52)	(-0.61)	(0.54)
$Board$	0.001	0.018***	0.013**	0.007	0.014**	0.008	0.003	0.016***
	(0.23)	(3.13)	(2.31)	(1.07)	(2.04)	(1.63)	(0.55)	(2.88)
$Mangement$	-0.001	-0.020**	-0.020**	0.002	-0.017*	0.006	-0.003	-0.016*
	(-0.09)	(-2.04)	(-2.06)	(0.22)	(-1.94)	(0.63)	(-0.40)	(-1.66)
$First$	0.025**	0.025***	0.018*	0.030***	0.025**	0.021**	0.025**	0.024**
	(2.15)	(2.71)	(1.85)	(2.71)	(2.28)	(2.28)	(2.25)	(2.52)
$Balance$	0.004*	0.006***	0.006***	0.004*	0.006**	0.004**	0.005**	0.006***
	(1.82)	(3.21)	(3.20)	(1.75)	(2.48)	(2.18)	(1.97)	(3.01)
$State$	-0.005*	-0.008***	-0.008***	-0.005*	-0.009***	-0.006***	-0.006**	-0.008***
	(-1.87)	(-3.30)	(-3.09)	(-1.77)	(-3.28)	(-2.71)	(-1.98)	(-3.22)
$Constant$	-0.004	-0.014	0.006	-0.023	-0.000	-0.038	0.009	-0.022
	(-0.11)	(-0.53)	(0.21)	(-0.66)	(-0.01)	(-1.35)	(0.24)	(-0.83)
Industry, Year	控制	控制	控制	控制	控制	控制	控制	控制

续表

变量	知识产权保护		政府干预		金融发展水平		法治水平	
	强	弱	强	弱	高	低	高	低
Observations	1771	2119	2054	1836	1764	2126	1823	2067
F	45.59	72.34	71.28	44.45	46.00	84.70	45.07	77.81
Adjusted-R^2	0.510	0.527	0.542	0.492	0.497	0.535	0.490	0.542

注：*、**、*** 分别代表在10%、5%、1%水平上显著。多元回归进行了White异方差检验和Robust稳健标准差修正，并对多元回归进行了公司层面的聚类（Cluster）处理。

（2）为了避免或减弱遗漏变量对回归结果的影响，采用企业固定效应模型再次进行多元回归，以消除不可观测因素可能存在的影响。固定效应回归结果见表5-16、表5-17和表5-18。

表5-16　　技术创新与盈余持续性（固定效应）回归结果

变量	E		CFO		ACC	
E_t	0.281***	0.227***	0.068***	0.052***	0.004	-0.044***
	(11.88)	(6.51)	(8.25)	(3.75)	(0.35)	(-2.80)
Innovation	0.001	-0.001	0.000	-0.000	0.000	0.000
	(0.59)	(-0.62)	(0.42)	(-0.08)	(0.38)	(0.48)
Innovation × E_t		0.025**		0.008		0.019***
		(2.10)		(1.36)		(3.92)
Size	-0.024***	-0.024***	-0.025***	-0.025***	-0.025***	-0.026***
	(-9.58)	(-9.62)	(-9.90)	(-9.77)	(-9.59)	(-9.88)
Lev	0.040***	0.040***	0.015	0.015*	0.016*	0.016*
	(4.38)	(4.39)	(1.64)	(1.67)	(1.69)	(1.75)
Growth	0.016***	0.015***	0.018***	0.018***	0.022***	0.022***
	(6.17)	(6.11)	(7.21)	(7.15)	(8.63)	(8.81)
Agelist	0.058	0.065	0.054	0.053	0.064	0.075
	(0.96)	(1.09)	(0.88)	(0.87)	(1.04)	(1.23)
Volatility	0.105***	0.105***	0.117***	0.116***	0.108***	0.111***
	(2.76)	(2.76)	(3.05)	(3.01)	(2.77)	(2.85)

续表

变量	E		CFO		ACC	
Loss	0.037***	0.036***	0.020***	0.020***	0.018***	0.018***
	(12.24)	(12.10)	(7.52)	(7.53)	(6.91)	(6.69)
Depr	-0.043	-0.046	-0.224***	-0.221***	-0.176***	-0.161***
	(-0.74)	(-0.78)	(-3.87)	(-3.82)	(-2.99)	(-2.73)
Fix	-0.010	-0.011	-0.014	-0.013	0.000	0.000
	(-0.77)	(-0.80)	(-0.99)	(-0.96)	(0.01)	(0.03)
Intangible	-0.049*	-0.050*	-0.053*	-0.053*	-0.065**	-0.070**
	(-1.78)	(-1.82)	(-1.88)	(-1.88)	(-2.30)	(-2.49)
Board	0.015**	0.015**	0.016**	0.016**	0.015**	0.015**
	(2.04)	(2.05)	(2.15)	(2.17)	(2.05)	(2.06)
Mangement	-0.057**	-0.057**	-0.045*	-0.046**	-0.051**	-0.050**
	(-2.52)	(-2.53)	(-1.96)	(-2.02)	(-2.19)	(-2.17)
First	0.073***	0.075***	0.079***	0.080***	0.097***	0.101***
	(4.16)	(4.24)	(4.44)	(4.47)	(5.39)	(5.62)
Balance	0.014***	0.014***	0.016***	0.016***	0.017***	0.017***
	(4.99)	(5.00)	(5.57)	(5.58)	(5.69)	(5.74)
State	-0.006	-0.006	-0.009	-0.009	-0.010	-0.011*
	(-0.98)	(-1.06)	(-1.50)	(-1.50)	(-1.61)	(-1.77)
Constant	0.282	0.261	0.344	0.343	0.298	0.274
	(1.35)	(1.25)	(1.63)	(1.62)	(1.40)	(1.28)
Industry, Year	控制		控制		控制	
Observations	4053		4053		4053	
F	25.75	24.89	22.12	21.29	18.75	18.70
Adjusted-R^2	0.162	0.163	0.143	0.143	0.124	0.128

注：*、**、*** 分别代表在10%、5%、1%水平上显著。多元回归进行了White异方差检验和Robust稳健标准差修正，并对多元回归进行了公司层面的聚类（Cluster）处理。

表5-17 技术创新、产权性质等与盈余持续性（固定效应）回归结果

变量	产权性质		公司治理水平		融资约束	
	国企	非国企	高	低	强	弱
E_t	0.238***	0.243***	0.263***	0.158***	0.102*	0.358***
	(5.03)	(4.35)	(4.88)	(3.07)	(1.86)	(7.81)

续表

变量	产权性质 国企	产权性质 非国企	公司治理水平 高	公司治理水平 低	融资约束 强	融资约束 弱
$Innovation$	-0.001	0.001	0.001	-0.002	0.001	-0.000
	(-0.81)	(0.55)	(0.39)	(-1.34)	(0.42)	(-0.29)
$Innovation \times E_t$	0.048***	-0.019	0.003	0.053***	0.001	0.018
	(3.16)	(-0.95)	(0.18)	(3.11)	(0.02)	(1.32)
$Size$	-0.025***	-0.027***	-0.027***	-0.030***	-0.037***	-0.022***
	(-8.26)	(-5.40)	(-5.92)	(-8.61)	(-6.11)	(-6.34)
Lev	0.051***	0.036**	0.059***	0.055***	0.073***	0.050***
	(4.26)	(2.38)	(4.14)	(3.84)	(4.83)	(4.05)
$Growth$	0.014***	0.014***	0.018***	0.010***	0.020***	0.007***
	(4.93)	(2.90)	(3.80)	(3.58)	(4.07)	(2.69)
$Agelist$	0.061	-0.019	0.045	0.032	0.267**	-0.017
	(0.75)	(-0.17)	(0.45)	(0.32)	(2.41)	(-0.23)
$Volatility$	0.080*	0.158**	0.128**	0.180***	0.052	0.102**
	(1.67)	(2.38)	(2.08)	(3.14)	(0.81)	(2.11)
$Loss$	0.037***	0.038***	0.036***	0.035***	0.037***	0.027***
	(9.94)	(7.09)	(8.03)	(8.31)	(7.40)	(7.67)
$Depr$	0.008	-0.145	0.011	-0.048	-0.241**	0.031
	(0.12)	(-1.34)	(0.12)	(-0.64)	(-2.22)	(0.46)
Fix	-0.012	-0.016	0.013	-0.019	-0.046*	-0.001
	(-0.73)	(-0.66)	(0.57)	(-0.99)	(-1.68)	(-0.05)
$Intangible$	-0.015	-0.091*	-0.138***	-0.017	-0.020	-0.114***
	(-0.44)	(-1.80)	(-2.59)	(-0.50)	(-0.45)	(-3.36)
$Board$	0.002	0.031**	0.024**	0.013	0.006	0.015*
	(0.26)	(2.34)	(2.27)	(1.04)	(0.45)	(1.69)
$Mangement$	-0.230	-0.050**	-0.065**	-0.051	-0.032	-0.033
	(-0.69)	(-2.06)	(-2.41)	(-0.63)	(-1.12)	(-0.60)
$First$	0.038*	0.132***	0.099**	0.057**	0.101***	0.043**
	(1.69)	(4.19)	(2.35)	(2.03)	(2.85)	(2.07)
$Balance$	0.014***	0.014***	0.013***	0.037***	0.017***	0.011***
	(3.35)	(3.24)	(3.71)	(4.62)	(3.40)	(2.93)

续表

变量	产权性质		公司治理水平		融资约束	
	国企	非国企	高	低	强	弱
$State$			-0.004	0.016	-0.005	-0.012
			(-0.51)	(1.09)	(-0.57)	(-1.15)
$Constant$	0.318	0.559	0.353	0.487	-0.151	0.497*
	(1.12)	(1.45)	(1.04)	(1.40)	(-0.41)	(1.92)
$Industry$, $Year$	控制		控制		控制	
$Observations$	2310	1743	2024	2029	2029	2024
F	19.02	9.36	10.70	13.42	8.08	23.19
$Adjusted-R^2$	0.194	0.154	0.157	0.184	0.122	0.273

注：*、**、***分别代表在10%、5%、1%水平上显著。多元回归进行了White异方差检验和Robust稳健标准差修正，并对多元回归进行了公司层面的聚类（Cluster）处理。

表5-18 技术创新、知识产权保护、制度环境与盈余持续性（固定效应）回归结果

变量	知识产权保护		政府干预		金融发展水平		法治水平	
	强	弱	强	弱	高	低	高	低
E_t	0.283***	0.219***	0.215***	0.319***	0.238***	0.132***	0.215***	0.260***
	(5.12)	(4.60)	(4.48)	(5.74)	(4.33)	(2.68)	(3.99)	(5.35)
$Innovation$	0.002	-0.002	-0.000	0.001	0.002	-0.003*	0.002	-0.002
	(1.25)	(-1.32)	(-0.19)	(0.40)	(1.14)	(-1.82)	(0.97)	(-1.24)
$Innovation \times E_t$	-0.016	0.049***	0.042***	-0.024	-0.005	0.061***	0.001	0.041**
	(-0.89)	(2.97)	(2.64)	(-1.27)	(-0.26)	(3.64)	(0.05)	(2.48)
$Size$	-0.025***	-0.024***	-0.025***	-0.026***	-0.033***	-0.025***	-0.030***	-0.021***
	(-6.47)	(-6.82)	(-6.89)	(-6.72)	(-7.75)	(-6.43)	(-7.38)	(-5.91)
Lev	0.058***	0.038***	0.041***	0.057***	0.079***	0.025*	0.068***	0.028**
	(4.05)	(3.01)	(3.11)	(4.11)	(5.42)	(1.79)	(4.71)	(2.21)
$Growth$	0.020***	0.010***	0.014***	0.016***	0.010**	0.015***	0.018***	0.011***
	(5.11)	(3.12)	(4.31)	(3.98)	(2.27)	(4.54)	(4.60)	(3.51)
$Agelist$	0.016	0.099	0.090	0.038	-0.003	0.065	0.008	0.087
	(0.18)	(1.03)	(0.88)	(0.42)	(-0.03)	(0.62)	(0.09)	(0.91)
$Volatility$	0.039	0.199***	0.216***	0.062	0.179***	0.101	0.107*	0.161***
	(0.70)	(3.70)	(3.90)	(1.11)	(3.31)	(1.64)	(1.91)	(2.99)

续表

变量	知识产权保护 强	知识产权保护 弱	政府干预 强	政府干预 弱	金融发展水平 高	金融发展水平 低	法治水平 高	法治水平 低
Loss	0.030***	0.042***	0.044***	0.027***	0.027***	0.042***	0.028***	0.045***
	(6.36)	(10.65)	(10.68)	(5.84)	(5.66)	(9.81)	(5.69)	(11.36)
Depr	0.021	−0.108	−0.059	−0.014	−0.100	−0.042	0.009	−0.103
	(0.25)	(−1.32)	(−0.76)	(−0.15)	(−0.97)	(−0.54)	(0.10)	(−1.27)
Fix	−0.038*	0.002	0.013	−0.057**	−0.026	0.017	−0.031	−0.001
	(−1.71)	(0.14)	(0.77)	(−2.54)	(−1.12)	(0.92)	(−1.35)	(−0.03)
Intangible	−0.098**	−0.012	−0.013	−0.119**	0.012	−0.066	−0.081*	−0.028
	(−2.07)	(−0.34)	(−0.38)	(−2.45)	(0.27)	(−1.59)	(−1.67)	(−0.84)
Board	0.034***	0.004	0.005	0.035***	0.044***	0.007	0.035***	0.004
	(2.82)	(0.46)	(0.47)	(2.92)	(3.69)	(0.62)	(2.82)	(0.38)
Mangement	−0.013	−0.081***	−0.086**	−0.039	−0.154***	−0.053	−0.018	−0.079***
	(−0.30)	(−2.60)	(−2.49)	(−0.97)	(−3.77)	(−1.60)	(−0.38)	(−2.58)
First	0.110***	0.055**	0.060**	0.093***	0.110***	0.061**	0.120***	0.047**
	(3.71)	(2.37)	(2.48)	(3.23)	(3.62)	(2.43)	(3.93)	(2.06)
Balance	0.017***	0.013***	0.016***	0.013***	0.017***	0.017***	0.019***	0.011***
	(3.77)	(3.25)	(3.96)	(2.90)	(3.12)	(4.29)	(3.97)	(2.74)
State	−0.026**	0.007	0.006	−0.018*	−0.025**	0.000	−0.027**	0.007
	(−2.48)	(0.88)	(0.71)	(−1.89)	(−2.03)	(0.00)	(−2.53)	(0.89)
Constant	0.407	0.148	0.191	0.356	0.619*	0.302	0.520	0.128
	(1.27)	(0.44)	(0.53)	(1.14)	(1.84)	(0.84)	(1.58)	(0.39)
Industry, Year	控制		控制		控制		控制	
Observations	1844	2209	2151	1902	1823	2230	1896	2157
F	10.65	16.96	16.52	10.59	10.77	13.88	10.35	17.30
Adjusted-R^2	0.159	0.203	0.205	0.157	0.170	0.181	0.153	0.212

注：*、**、*** 分别代表在 10%、5%、1% 水平上显著。多元回归进行了 White 异方差检验和 Robust 稳健标准差修正，并对多元回归进行了公司层面的聚类（Cluster）处理。

（3）为进一步减少技术创新可能存在的内生性，同时考虑到专利技术发挥作用或者说产生经济效益需要一段时间，因此，特选取滞后两期授权专利再次进行多元回归分析。在样本筛选过程中，最终确定894家公司的2903个非平衡面板观测值。回归结果见表5-19、表5-20、表5-21和表5-22。

表5-19　　　　技术创新与盈余持续性（滞后两期）回归结果

变量	E		CFO		ACC	
E_t	0.813***	0.733***	0.210***	0.113**	0.031*	-0.025
	(33.02)	(15.86)	(8.14)	(2.47)	(1.94)	(-0.67)
Innovation	0.001*	-0.001	0.001*	-0.002	0.002	0.002*
	(1.76)	(-0.62)	(1.37)	(-1.44)	(1.58)	(1.72)
Innovation×E_t		0.032**		0.049***		0.024*
		(2.17)		(3.01)		(1.67)
Size	-0.001*	-0.001*	0.003**	0.003**	0.004***	0.004***
	(-1.72)	(-1.67)	(2.01)	(2.01)	(2.82)	(2.83)
Lev	-0.018***	-0.019***	-0.101***	-0.099***	-0.120***	-0.120***
	(-3.23)	(-3.35)	(-11.10)	(-11.29)	(-11.53)	(-11.55)
Growth	0.008***	0.007***	0.019***	0.019***	0.026***	0.026***
	(3.10)	(3.02)	(4.66)	(4.60)	(6.64)	(6.72)
Agelist	0.015***	0.015***	0.024***	0.022***	0.036***	0.036***
	(2.93)	(2.91)	(2.78)	(2.62)	(3.58)	(3.65)
Volatility	-0.099***	-0.099***	-0.037	-0.048	-0.038	-0.032
	(-2.72)	(-2.72)	(-0.71)	(-0.91)	(-0.65)	(-0.56)
Loss	0.051***	0.051***	-0.001	-0.000	-0.007*	-0.007*
	(11.73)	(11.56)	(-0.21)	(-0.10)	(-1.65)	(-1.68)
Depr	-0.044	-0.044	-0.402***	-0.404***	-0.372***	-0.369***
	(-1.40)	(-1.39)	(-9.08)	(-9.22)	(-7.48)	(-7.43)
Fix	-0.038***	-0.038***	-0.032*	-0.032*	0.016	0.016
	(-3.04)	(-3.09)	(-1.69)	(-1.77)	(0.73)	(0.78)
Intangible	0.003	0.003	-0.015	-0.012	-0.011	-0.013
	(0.19)	(0.22)	(-0.58)	(-0.49)	(-0.39)	(-0.44)
Board	0.006	0.006	0.016**	0.015**	0.019**	0.019**
	(1.48)	(1.45)	(2.38)	(2.29)	(2.47)	(2.46)

续表

变量	E		CFO		ACC	
$Mangement$	-0.001	-0.001	-0.000	0.001	-0.005	-0.005
	(-0.22)	(-0.16)	(-0.00)	(0.14)	(-0.48)	(-0.49)
$First$	0.019**	0.019***	0.041***	0.038***	0.064***	0.065***
	(2.49)	(2.58)	(3.30)	(3.11)	(4.55)	(4.66)
$Balance$	0.003**	0.004**	0.010***	0.009***	0.012***	0.013***
	(2.46)	(2.57)	(3.85)	(3.72)	(4.03)	(4.14)
$State$	-0.007***	-0.007***	-0.014***	-0.014***	-0.019***	-0.019***
	(-3.88)	(-3.85)	(-4.81)	(-4.72)	(-5.44)	(-5.46)
$Constant$	-0.028	-0.025	-0.108***	-0.092***	-0.177***	-0.181***
	(-1.40)	(-1.26)	(-2.94)	(-2.64)	(-4.32)	(-4.42)
$Industry, Year$	控制		控制		控制	
$Observations$	2903		2903		2903	
F	139.92	135.69	32.11	38.55	25.52	24.71
$Adjusted-R^2$	0.591	0.592	0.380	0.389	0.278	0.280

注：*、**、***分别代表在10%、5%、1%水平上显著。多元回归进行了White异方差检验和Robust稳健标准差修正，并对多元回归进行了公司层面的聚类（Cluster）处理。

表5-20　技术创新、产权性质等与盈余持续性（滞后两期）回归结果

变量	产权性质		公司治理水平		融资约束	
	国企	非国企	高	低	强	弱
E_t	0.728***	0.757***	0.766***	0.691***	0.790***	0.722***
	(14.57)	(11.07)	(11.95)	(12.91)	(12.37)	(12.97)
$Innovation$	-0.000	-0.001	0.001	-0.001	0.000	-0.001
	(-0.25)	(-0.48)	(0.63)	(-1.08)	(0.02)	(-0.84)
$Innovation \times E_t$	0.038**	0.020	0.003	0.055***	-0.005	0.044***
	(2.30)	(0.88)	(0.17)	(2.94)	(-0.20)	(3.02)
$Size$	-0.001	-0.003	-0.001	-0.002	-0.000	-0.000
	(-1.35)	(-1.13)	(-0.73)	(-1.59)	(-0.11)	(-0.04)
Lev	-0.018***	-0.018	-0.025***	-0.015**	-0.017**	-0.022***
	(-3.42)	(-1.48)	(-2.89)	(-2.13)	(-1.99)	(-3.12)
$Growth$	0.003	0.011**	0.008***	0.004	0.013***	0.003
	(1.13)	(2.48)	(2.72)	(0.94)	(2.64)	(1.19)

续表

变量	产权性质 国企	产权性质 非国企	公司治理水平 高	公司治理水平 低	融资约束 强	融资约束 弱
Agelist	0.011**	0.032***	0.014*	0.021***	0.021**	0.010**
	(2.04)	(2.79)	(1.84)	(2.95)	(2.17)	(1.99)
Volatility	-0.099**	-0.105	-0.128***	-0.059	-0.130**	-0.097**
	(-2.32)	(-1.64)	(-2.64)	(-1.14)	(-2.44)	(-2.32)
Loss	0.044***	0.063***	0.048***	0.051***	0.061***	0.036***
	(8.84)	(7.41)	(8.09)	(8.32)	(9.56)	(6.32)
Depr	-0.065**	-0.021	-0.073	-0.017	-0.023	-0.043
	(-2.24)	(-0.35)	(-1.55)	(-0.41)	(-0.42)	(-1.46)
Fix	-0.031**	-0.043**	-0.051***	-0.019	-0.065***	-0.016
	(-2.14)	(-2.05)	(-3.08)	(-1.03)	(-2.80)	(-1.23)
Intangible	-0.008	0.030	-0.017	0.024	0.030	-0.022
	(-0.41)	(0.97)	(-0.78)	(1.04)	(1.07)	(-1.03)
Board	0.001	0.015**	0.012**	-0.002	0.006	0.005
	(0.16)	(2.04)	(2.36)	(-0.32)	(0.91)	(1.22)
Mangement	0.028	0.004	-0.001	0.013	0.006	-0.017**
	(0.52)	(0.66)	(-0.13)	(0.29)	(0.81)	(-2.07)
First	0.006	0.045***	0.028**	0.024**	0.039***	0.007
	(0.77)	(3.33)	(2.29)	(2.09)	(2.67)	(0.98)
Balance	0.003	0.006***	0.003**	0.016***	0.005**	0.003
	(1.55)	(2.83)	(2.02)	(3.45)	(2.26)	(1.59)
State			-0.007***	-0.008***	-0.007**	-0.007***
			(-2.80)	(-3.13)	(-2.46)	(-3.42)
Constant	-0.013	-0.084**	-0.045	-0.030	-0.077	-0.030
	(-0.55)	(-2.01)	(-1.56)	(-1.03)	(-1.38)	(-1.19)
Industry, Year	控制	控制	控制	控制	控制	控制
Observations	1558	1345	1451	1452	1445	1458
F	87.62	70.05	67.29	88.45	37.10	159.07
Adjusted-R^2	0.604	0.567	0.587	0.600	0.475	0.724

注：*、**、***分别代表在10%、5%、1%水平上显著。多元回归进行了White异方差检验和Robust稳健标准差修正，并对多元回归进行了公司层面的聚类（Cluster）处理。

表 5-21　　技术创新、盈余波动性与盈余持续性（滞后两期）回归结果

变量	E		CFO		ACC	
E_t	0.815***	0.738***	0.150***	0.739***	-0.004	0.850***
	(34.03)	(16.22)	(3.59)	(27.41)	(-0.17)	(35.06)
$Volatility$	-0.112***	-0.077**	-0.150**	-0.098**	-0.034	-0.095***
	(-3.30)	(-2.24)	(-2.04)	(-2.56)	(-0.59)	(-2.60)
$Volatility \times E_t$	-0.014***		2.172**		1.009	
	(-15.67)		(2.15)		(1.47)	
CFO（or ACC）				0.048***		-0.106***
				(2.71)		(-4.57)
$Innovation$		-0.001		-0.000		0.001
		(-1.18)		(-0.07)		(1.50)
$Innovation \times E_t$		0.049***		0.015**		0.024***
		(3.53)		(2.30)		(2.67)
$Volatility \times Innovation \times E_t$		-0.024***		0.000		-0.019***
		(-7.60)		(0.12)		(-2.82)
$Size$	-0.001	-0.001	0.003**	-0.002*	0.005***	-0.001*
	(-0.88)	(-1.23)	(2.38)	(-1.85)	(3.46)	(-1.68)
Lev	-0.021***	-0.020***	-0.100***	-0.019***	-0.120***	-0.020***
	(-4.14)	(-4.08)	(-11.42)	(-3.39)	(-11.61)	(-3.48)
$Growth$	0.008***	0.008***	0.019***	0.006**	0.026***	0.011***
	(3.26)	(3.31)	(4.65)	(2.45)	(6.65)	(4.19)
$Agelist$	0.013***	0.013***	0.024***	0.012**	0.034***	0.015***
	(2.67)	(2.69)	(2.77)	(2.40)	(3.41)	(2.92)
$Loss$	0.051***	0.049***	0.001	0.049***	-0.005	0.050***
	(11.71)	(11.43)	(0.33)	(11.33)	(-1.31)	(11.66)
$Depr$	-0.063**	-0.058**	-0.399***	-0.080**	-0.385***	-0.073**
	(-2.22)	(-2.05)	(-9.02)	(-2.56)	(-7.74)	(-2.30)
Fix	-0.038***	-0.038***	-0.032*	-0.051***	0.015	-0.045***
	(-3.05)	(-3.09)	(-1.72)	(-4.12)	(0.71)	(-3.58)
$Intangible$	0.007	0.008	-0.016	0.002	-0.011	-0.004
	(0.49)	(0.54)	(-0.61)	(0.11)	(-0.40)	(-0.28)

续表

变量	E		CFO		ACC	
$Board$	0.006	0.007*	0.015**	0.006	0.018**	0.006
	(1.53)	(1.67)	(2.40)	(1.44)	(2.39)	(1.43)
$Mangement$	-0.001	0.000	0.001	0.001	-0.005	0.000
	(-0.17)	(0.05)	(0.14)	(0.11)	(-0.46)	(0.05)
$First$	0.015**	0.014**	0.041***	0.013*	0.063***	0.018**
	(2.24)	(2.21)	(3.34)	(1.81)	(4.49)	(2.43)
$Balance$	0.003**	0.003**	0.009***	0.003**	0.012***	0.003**
	(2.25)	(2.14)	(3.81)	(2.29)	(4.03)	(2.53)
$State$	-0.006***	-0.006***	-0.014***	-0.006***	-0.019***	-0.007***
	(-3.79)	(-3.66)	(-4.88)	(-3.50)	(-5.45)	(-3.80)
$Constant$	-0.033*	-0.028	-0.107***	-0.011	-0.184***	-0.027
	(-1.69)	(-1.43)	(-3.01)	(-0.53)	(-4.46)	(-1.37)
$Industry, Year$	控制		控制		控制	
$Observations$	2903		2903		2903	
F	157.28	148.17	30.70	160.46	23.68	141.60
$Adjusted-R^2$	0.600	0.605	0.384	0.603	0.278	0.601

注：*、**、***分别代表在10%、5%、1%水平上显著。多元回归进行了White异方差检验和Robust稳健标准差修正，并对多元回归进行了公司层面的聚类（Cluster）处理。

表5-22 技术创新、制度环境与盈余持续性（滞后两期）回归结果

变量	知识产权保护		政府干预		金融发展水平		法治水平	
	强	弱	强	弱	高	低	高	低
E_t	0.773***	0.691***	0.719***	0.761***	0.759***	0.697***	0.791***	0.675***
	(11.49)	(12.25)	(10.60)	(12.30)	(12.71)	(10.88)	(11.63)	(12.20)
$Innovation$	-0.000	-0.001	-0.001	-0.001	-0.001	-0.000	0.000	-0.002
	(-0.04)	(-0.82)	(-0.50)	(-0.53)	(-0.72)	(-0.05)	(0.30)	(-1.41)
$Innovation \times E_t$	0.017	0.047**	0.034*	0.026	0.028	0.041*	0.012	0.052***
	(0.86)	(2.31)	(1.60)	(1.40)	(1.55)	(1.90)	(0.61)	(2.96)
$Size$	-0.002	-0.001	-0.001	-0.001	-0.000	-0.003**	-0.002*	-0.001
	(-1.33)	(-1.04)	(-1.03)	(-0.86)	(-0.24)	(-2.07)	(-1.88)	(-0.57)

续表

变量	知识产权保护 强	知识产权保护 弱	政府干预 强	政府干预 弱	金融发展水平 高	金融发展水平 低	法治水平 高	法治水平 低
Lev	-0.008	-0.027***	-0.027***	-0.010	-0.022***	-0.012	-0.005	-0.029***
	(-0.90)	(-3.79)	(-3.77)	(-1.18)	(-3.12)	(-1.39)	(-0.60)	(-4.01)
Growth	-0.012***	0.003	0.005	0.010**	0.006*	0.010**	0.011***	0.003
	(2.89)	(0.93)	(1.56)	(2.36)	(1.80)	(2.58)	(2.72)	(0.94)
Agelist	-0.014*	0.013*	0.008	0.015*	0.015**	0.018**	0.014*	0.013*
	(1.71)	(1.94)	(1.18)	(1.90)	(2.28)	(2.04)	(1.80)	(1.91)
Volatility	-0.043	-0.140***	-0.136***	-0.046	-0.115**	-0.076	-0.021	-0.169***
	(-0.73)	(-2.88)	(-2.90)	(-0.77)	(-2.28)	(-1.37)	(-0.34)	(-3.38)
Loss	-0.048***	0.053***	0.054***	0.048***	0.055***	0.045***	0.048***	0.054***
	(7.27)	(9.26)	(9.17)	(7.58)	(9.72)	(6.64)	(7.68)	(8.92)
Depr	-0.039	-0.119***	-0.142***	0.056	-0.108***	0.057	0.042	-0.128***
	(0.76)	(-3.08)	(-3.62)	(1.09)	(-3.13)	(0.95)	(0.83)	(-3.33)
Fix	-0.086***	-0.001	0.007	-0.091***	-0.027	-0.054***	-0.085***	-0.001
	(-4.31)	(-0.09)	(0.40)	(-4.65)	(-1.63)	(-2.82)	(-4.29)	(-0.05)
Intangible	-0.012	0.010	0.006	0.010	0.001	-0.002	0.013	0.009
	(0.47)	(0.47)	(0.29)	(0.39)	(0.06)	(-0.07)	(0.47)	(0.39)
Board	-0.000	0.011**	0.007	0.005	0.001	0.013*	0.002	0.009*
	(0.01)	(1.98)	(1.29)	(0.79)	(0.23)	(1.77)	(0.27)	(1.73)
Mangement	0.001	-0.007	-0.011	0.006	0.013	-0.014*	-0.001	-0.003
	(0.18)	(-0.75)	(-1.13)	(0.75)	(1.55)	(-1.69)	(-0.17)	(-0.31)
First	-0.019*	0.018*	0.009	0.028**	0.016*	0.022*	0.019*	0.017*
	(1.69)	(1.85)	(0.94)	(2.54)	(1.72)	(1.93)	(1.75)	(1.74)
Balance	-0.004**	0.003	0.002	0.005**	0.002	0.006**	0.004*	0.003
	(1.98)	(1.47)	(1.28)	(2.05)	(0.90)	(2.48)	(1.96)	(1.36)
State	-0.003	-0.008***	-0.009***	-0.003	-0.007***	-0.007**	-0.003	-0.008***
	(-1.23)	(-3.46)	(-3.35)	(-1.35)	(-3.03)	(-2.59)	(-1.25)	(-3.49)
Constant	-0.006	-0.029	-0.001	-0.036	-0.035	-0.020	0.003	-0.034
	(-0.22)	(-1.07)	(-0.04)	(-1.17)	(-1.32)	(-0.68)	(0.11)	(-1.26)
Industry, Year	控制	控制	控制	控制	控制	控制	控制	控制

续表

变量	知识产权保护		政府干预		金融发展水平		法治水平	
	强	弱	强	弱	高	低	高	低
$Observations$	1337	1566	1523	1380	1580	1323	1370	1533
F	71.08	82.38	81.67	72.52	107.19	58.32	70.20	90.03
$Adjusted\text{-}R^2$	0.584	0.595	0.598	0.582	0.614	0.566	0.568	0.614

注：*、**、*** 分别代表在10%、5%、1%水平上显著。多元回归进行了White异方差检验和Robust稳健标准差修正，并对多元回归进行了公司层面的聚类（Cluster）处理。

（4）衡量技术创新能力高低，不能仅看申请专利和授权专利的情况，而更应该看有效专利的情况，因为有效专利更能够反映专利的质量、专利技术的运用情况和市场价值，因此，采用有效专利数衡量技术创新。

（5）采用营业利润与总资产之比、利润总额与总资产之比衡量盈余，即将ROA指标中的净利润换成营业利润和利润总额进行研究。

经过上述稳健性测试，本章结论并未改变。稳健性检验（4）和稳健性检验（5）的回归结果不再汇报。

第五节 小结

本章选取沪深A股2007—2015年上市公司作为研究样本，构建理论与假说、建立实证模型，研究了技术创新与盈余持续性之间的关系，并且考虑产权性质、公司治理水平、融资约束、盈余波动性和制度环境等对两者之关系的调节作用。研究发现：（1）技术创新使企业持续盈利能力增强，这充分表明技术创新能够产生"竞争优势"、能够为企业带来核心竞争力，让企业持续盈利；（2）产权性质、公司治理水平、融资约束、盈余波动性和制度环境等均对技术创新与盈余持续性之关系产生调节作用。在国有企业中，企业创新与盈余持续性之间的正向关系更加明显；但是较高的公司治理水平，并未发挥对技创新与盈余持续性之关系的正向调节作用；融资约束弱的企业，技术创新与盈余持续性之间的正相关性更加明显；盈余波动性较大的企业，技术创新与盈余持续性之间的正相关性被削弱；但是发现产权保护强、政府干预弱、金融发展水平高和法治水平高的地区的企业，技术创新与盈余持续性之间的正相关性并未显著增强，反而在产权保护弱、政府干预强、金融发展水平低和法治水平低的地区的企业，两者之间的正相关性显著增强，产生该结果的原因可能与创新的加速化陷阱理论有关，即制度环境越好的地区的企业，技术创新活动越活跃，但往往会出现"问题专利""垃圾专利"等情况。本章的结论表明，既存在竞争优势现象，也存在加速化陷阱现象，这两种现象在中国资本市场中均存在。

第六章 技术创新与盈余价值相关性

第一节 引言

Ball 和 Brown（1968）发现股票市场价值能够对会计盈余做出市场反应，即会计盈余具有价值相关性。此后，国内外有关盈余价值相关性的文献越来越多。价值相关性主要是研究市场价值与各种财务指标的关系，研究财务数据对价值评估的有用性（Ramakrishnan and Thomas，1998），会计信息能够对企业价值进行估值或对价值评估有益（Holthausen and Watts，2001）。Beaver（1968）巧妙地设计当前会计信息（Current Accounting Information）与当前股票价格（Current Stock Price）的关系模型，解决了内涵价值无法观察、难以计量的难题，为价值相关性的实证研究提供了可能。IASB 和 FASB 对确定会计目标的理论基础由受托责任观转为决策有用观，财务信息更加强调对利益相关者的有用性，而在财务信息中，会计盈余是核心内容，因此，盈余价值相关性的研究日益受到重视。中国资本市场中，会计盈余信息具有信息含量，会计盈余信息对股票收益的解释能力显著，而且这种解释能力不断增强（孙爱军、陈小悦，2002）。中国资本市场上披露的预测盈余信息的价值相关性不显著，但预测误差具有价值相关性（徐经长等，2003），关联交易是资本市场监管部门和投资者关注的重要信息，关联销售比重与盈余价值相关性呈现倒 U 型非线性关系（洪剑峭、方军雄，2005）；公允价值具有增量信息，能够提高盈余价值相关性的解释力（Barth，1994；邓传洲，2005）；公司治理质量能够显著提高盈余价值相关性（陈俊、陈汉文，2007）；审计任期降低了盈余价值性关系，认为审计任期越长，审计独立性受到影响，进而会计盈余的可信度降低（江伟、李斌，2007）。廖义刚、徐影（2013）研究发现投资机会降低了会计盈余价值相关性，但高质量审计师能够抑制两者之间的负相关性。高息委托贷款带来的盈余主要是暂时性盈余和价格无关性盈余，降低了盈余价值相关性（余琰、李怡宗，2016）。

国内外学术界均从不同角度研究了盈余价值相关性，都在探讨哪些因素能够提高盈余价值相关性，哪些因素减弱了盈余价值相关性。盈余价值相关性研究依据的理论基础包括委托—代理理论、机会主义动机等（Myers and Majluf，1984；Smith and Watts，1992），而且有很多文献从非财务信息、财务战略、经济增加值、EVA、合并财务报表、资本结构、内部控制、公司治理、无形资产和商誉、公允价值、IPO 预测盈余等多个角度研究了盈余价值相关性，但鲜有成果研究技术进步可能具有的盈余价值相关性。本章即是基于技术创新产生的"竞争优势理论"，研究技术创新是否具有盈余价值相关性，也就是说技术创新既然能够提高企业的核心竞争力，能够增强企业的持续盈利能力，那么是否能够为盈余价值相关性提供增量信息？同时，技术创新也可能存在加速化陷阱现象，比如专利数量多未必一定表示创新能力强，因为"问题专利"和"垃圾专利"可能大量存在，那么，其对会计盈余价值相关性是否带来负面影响？当然，还可以从另外角度考虑，即技术创新存在很大风险，也存在信息不对称（投资者未必知晓技术创新的真实情况），那么，这些因素的存在，究竟给投资者带来正面还是负面的影响？本章在研究技术创新对盈余价值相关性影响的基础之上，还研究产权性质、盈余波动性、盈余持续性和制度环境等因素对技术创新与盈余价值相关性之关系的调节作用。

第二节　技术创新与盈余价值相关性理论分析与研究假说

　　财务会计目标由受托责任观转为决策有用观，相关性成为会计信息质量的重要特征之一。会计信息能够反映公司的价值，说明会计信息具有价值相关性，甚至 Wallman（1996）认为相关性是首要的会计信息质量特征。会计信息价值相关性，表现为会计信息对股价的影响，基于信息观，股票的价值体现在其具有投资者所期望的属性，比如对股利的要求权（Beaver，1997），但信息观只是说会计盈余信息是否影响股价，而计量观会进一步弄清楚会计盈余信息是如何对股价产生影响的。会计信息使用者获得的会计信息质量越高，进行投资决策时，就越愿意使用，尤其是会计盈余信息，这样盈余价值相关性就会更强。会计盈余是反映企业经营成果的综合指标，经营风险是影响盈余价值相关性的重要因素。会计目标的决策有用观更加强调决策有用性，这也在一定程度上表明能够增强会计盈余对股价或市场收益的解释力，提高了盈余价值相关性。从财务学的角度来说，企业的经营风险与其经营业绩相关，若企业收入保持稳定，则可以预期经营风险比较低。经营风险的降低能够增强当前盈余对未来盈余的预测能力，相应地提高会计盈余对股票价格的解释力，即增强了盈余价值相关性。企业创新能力的提高，形成企业的核心竞争力，增强企业的竞争优势，但这种竞争优势能否向资本市场传递盈余信息的正面信号，增强信息使用者对盈余信息的信任？此外，技术创新能否降低经营风险，能否提高盈余价值相关性？

　　技术创新是经济增长的根本动力（Schumpeter，1912），技术创新有利于企业提高竞争优势，可以增强企业的盈利能力（波特，1997；Mansury and Love，2008）。专利（技术创新能力的衡量指标之一）能够使企业占据技术领先地位，建立品牌地位；能够增强顾客对产品的忠诚度，增强与供应商的谈判能力，有利于企业获取或保持市场位势（Reitzig，2004）。企业通过技术创新信息向股市传递"高成长"信号，增强投资者信心，而且技术创新还能增强债权人对企业盈利的信心，有利于企业外部融资，从而有利于企业提高经营业绩。技术创新是企业获取持续竞争优势的必要条件，通过技术创新，能够保证企业持续发展，即技术创新有利于提高盈余持续性，而盈余持续性的提高关系到盈余质量，高质量的盈余能够增强盈余的决策有用性；同时，技术创新能力的增强有利于企业形成竞争优势，有利于经营业绩的稳定，有利于降低企业的经营风险。可见，技术创新有利于提高盈余价值相关性。对于国有企业，其拥有资源优势地位，具有融资和获取政府补助等方面的优势，更加有利于开展创新活动，从而能够形成更强的创新能力，这样更有利于企业形成竞争优势，为企业持续稳定获利提供保障；同时，国有企业能够形成更强的竞争位势，增强投资者的信心，而且使经营风险进一步降低，即更有利于增强价值相关性。由此提出本章研究假说 H6-1 和假说 H6-2：

H6-1：技术创新能力的增强能够提高盈余价值相关性。

H6-2：相对于非国有企业，在国有企业中，技术创新能力更加能够提高盈余价值相关性。

盈余波动反映了各期会计盈余的离散程度，即盈余的离散程度大，则波动大。盈余波动与盈余稳定是相对应的，较大的盈余波动不利于决策参考。盈余波动影响契约的订立，盈余波动大的企业，银行放贷意愿降低（张瑞君、李小荣，2012）。盈余波动大导致盈余难以预测，还会影响股价的波动，使企业价值降低，而且盈余的波动也向投资者传递企业经营业绩不确定的信息，甚至投资者因此放弃了投资。可见，盈余波动性影响契约行为和投资决策行为。那么,盈余波动是否影响企业的研发投入和创新能力?Comin 和 Philippon（2005）认为盈余波动大,是因为产品和服务市场竞争的加剧,企业将通过改制、增加研发投入等方式来改变不利的市场竞争局面。也就是说,当盈余波动增大时,企业管理层可能会通过增加研发投入来提高企业核心竞争力,这样盈余波动大的公司,将增加研发投入,进而使企业创新能力增强。根据竞争优势理论,企业创新能力强,比如专利技术先进或者拥有较多的专利使得企业具有其他企业难以模仿、难以替代的技术资源,从而有助于企业形成核心竞争力,更加有利于降低企业的经营风险,更加能够为投资者提供有用的决策信息,进而能够增强技术创新的价值相关性。因盈余波动大,企业增加研发投入,以增强企业的核心竞争力,使盈余持续稳定增长,而且为了使盈余持续增长,会进一步增加研发投入,导致技术创新产出增加,故而更加能够增强技术创新的价值相关性。由此提出本章假说 H6-3 和假说 H6-4:

H6-3:相对于盈余波动小的企业,盈余波动大的企业,技术创新的价值相关性更高。

H6-4:相对于持续盈利能力弱的企业,在盈余持续性更强的企业中,技术创新的价值相关性更高。

当前我国经济增长已从要素驱动、投资驱动转向创新驱动,创新驱动发展战略已经成为国家的基本国策。知识产权保护制度是促进技术进步的制度安排,研究知识产权保护制度对正处于转型时期的中国知识产权战略至关重要,而对于知识产权保护制度在我国经济发展中所起的作用,主要有两种观点,一种观点是过度保护论,认为我国的经济和技术发展水平低,过度的知识产权保护在短期内对经济发展的冲击大,应该根据中国的国情,循序渐进地达到知识产权保护的国际标准（李正声,2007）。另一种观点是保护不足论,认为我国的知识产权保护强度距离技术创新所需水平还有很大的差距,郑成思（2004）

认为知识产权保护环境差对进出口均造成不利影响；许春明和单晓光（2008）认为我国知识产权保护方面的执行力度不足，使得知识产权保护效果大打折扣。董雪兵等（2012）研发发现短期内较弱的知识产权保护有利于经济增长，较强的知识产权保护阻碍经济增长，但从长远来看，较强的知识产权保护制度能够促进经济增长。毋庸置疑，加强知识产权保护在经济发展中具有重要作用，特别在创新驱动发展的背景下尤其如此。Ang（2010）认为知识产权保护制度能够使企业获得长期的市场竞争优势，激发市场竞争者提高创新效率。企业的研发活动靠从企业外部进行融资（Ang et al.，2014），而企业若取得更多的资金，则必须加强知识产权保护建设（Kanwar and Evenson，2009）。保护知识产权是依照现行法律法规，制止和打击侵犯知识产权的行为。阻止和打击假冒伪劣产品，阻止和打击对商标权、专利权、著作权和版权等的侵权行为，阻止和打击抄袭和挪用知识产权的非法行为，能够保护商标权、专利权、著作权和版权等所有者的合法权益。国家通过对知识产权的保护，一定程度上抑制了"问题专利""垃圾专利"的出现，这样有利于维护和构建创新和营商环境，而且实行严格的知识产权保护制度已经上升为中国的基本国策。所以，从长期看，建立完善的知识产权保护制度是国内外市场竞争的客观需要，强化知识产权保护建设，不但能够维护和提高国家声誉，而且能够激发企业励精图治研发精品，防止粗制滥造，这样对于提高企业的创新热情、提高专利产权质量是有益的，必然能够帮助企业形成核心竞争能力、能够促进企业长期持续盈利，进而提高企业的经营业绩，进一步提高盈余价值相关性。由此提出本章假说 H6-5：

H6-5：相对于知识产权保护弱的地区的企业，在知识产权保护强的地区的企业，更有利于提高技术创新的盈余价值相关性。

过去一段时间，我国经济发展长期依靠要素投入驱动，产生产能过剩、经济结构失衡等深层次问题。在此背景下，中央提出转变经济增长方式，创新驱动发展战略成为基本国策。实施创新驱动发展战略，应构建以企业为主体、市场为导向、产学研相结合的技术创新体系，政府要搭建平台、创造环境、提供相关政策支持。中国经济市场化改革是要充分发挥市场配置资源的决定性作用，政府在市场经济中主要发挥公共服务、监督管理的职能。政府可通过货币政策、财政补贴和市场准入机制等多种形式进行市场干预，有些干预是必需的，比如为了激发企业自主创新创业热情，减税降费以减轻企业负担，但显然不是说政府干预越大或越多越好，因为市场经济本该是市场在资源配置中起着决定性作用，政府若各方面均过度干预，必然影响市场主体的积极性。政府通过向企业提供研发资金补助、税收减免等措施无疑能够增强企业创新能力，但若过度干预，比如盲目制订产业发展计划，必然会限制企业自主研发活动的开展。2018年5月，李克强总理在国务院全体会议上强调，放宽市场准入首先是要放权，即政府不该管的放给市场，减少市场准入中的诸多限制，政府管得多、限制得多，必然影响创业创新，企业自主创新能力难以充分施展。政府干预弱或适当干预，充分相信市场的调节作用，相信企业自身的自主研发能动性，放手让企业根据市场竞争机制制定研发战略，则有利于企业积极主动洞察市场、调节战略，更有利于提高企业的创新能力。创新能力的增强，必然利于企业持续获利，降低经营风险，从而进一步提高盈余价值相关性。因此，在政府干预较弱地区的企业，创新能力的增强能够提高盈余价值相关性。由此提出本章假说 H6-6：

H6-6：相较于政府干预强的地区的企业，在政府干预弱的地区的企业，更有利于增强技术创新的盈余价值相关性。

国家逐步深化经济体制改革，让市场在资源配置中发挥决定性作用。党的十八届三中全会提出全面深化金融业改革，加快完善金融市场体系。习近平总书记指出，金融是国家重要的核心竞争力，金融制度是经济社会发展中重要的基础性制度，金融要为实体经济服务，满足经济社会发展和人民群众需要。建设完善的货币市场、股票市场、债券市场、票据市场、保险市场和外汇市场等金融市场体系，能够提高资源配置效率、激发企业家精神、促进产业转型升级以及促进技术进步。技术创新活动具有风险大、周期长等特点，但企业可能面临持续不断的资金投入需求和获取研发资金难的问题，而完善的金融市场能够有效降低研发投入对内部资金的依赖，缓解融资约束，有利于获取银行贷款，从而能够促进技术创新（孙晓华等，2015）。金融发展水平能够降低企业与金融机构之间的信息不对称，降低企业的融资成本，帮助企业获取期限更长、数量更多的创新资金（Wurgler，2000）。高质量金融发展水平有利于降低债权人较高的监督成本，提高债务人较低的欺诈成本，更加有利于企业获得外部资金，增强企业的技术创新能力（钟腾、汪昌云，2017）。完善的金融市场有利于配置资源，有利于评估创新项目，有利于克服企业存在的逆向选择和道德风险，降低外部融资成本，从而有利于促进技术创新（Hall and Lerner，2010）。金融市场中金融中介的出现能够缓解信息不对称，促使委托人和代理人的目标趋于一致，能够对企业的创新活动产生积极影响。由此提出本章假说 H6 -7：

H6 -7：相较于金融发展水平弱的地区的企业，在金融发展水平强的地区的企业，更有利于增强技术创新的盈余价值相关性。

"法者，治之端也。"依法治国，建设社会主义法治国家，是人民当家作主的根本保证。法治是国家治理体系和治理能力的重要依托。党的十八大报告中指出："依法治国是党领导人民治理国家的基本方略，法治是治国理政的基本方式。"2014 年 10 月召开的党的十八届四中全会首次专题讨论依法治国，突出法制建设的重大意义。法律制度能够维护社会经济秩序、保障私人产权、维护契约、保护投资者合法权益，法律制度能够保护创新创业成果、提高市场参与者的履约水平，推动技术创新。健全的法制能够保障债权人的合法权益，企业更易从银行获取外部资金用于研发投入，推动技术进步、增强企业的核心竞争力。健全的法律制度有利于打击知识产权侵权行为，保护知识产权所有者的合法权益，激发知识产权创造者的创业热情，推动技术创新。完善的法律制度能够对企业构成威慑力和约束力，法律实施和执行环节效率高、诉讼成本低，则能够减少创新创业活动中的粗制滥造和弄虚作假，这样更加有利于培养"工匠精神"，有利于增强企业的核心竞争力和长期稳定发展，更有利于企业追求长远目标，利于技术进步。完善的法律制度能够有效保障投资者权益，减轻代理问题、降低融资约束，促进资本市场发展，提高企业外部资本对创新活动的支持力度（韩美妮和王福胜，2016）。因此，在法治水平高的地区的企业，创新能力的增强能够提高盈余价值相关性。由此提出假说H6-8：

H6-8：相较于法治水平弱的地区的企业，在法治水平高的地区的企业，更有利于增强技术创新的盈余价值相关性。

第三节 技术创新与盈余价值相关性研究设计

一 样本选取与数据来源

选取沪深A股2007—2015年非金融类上市公司作为研究样本，并剔除ST类、数据缺失等样本。变量数据来自CCER数据库、Wind数据库和CSMAR数据库。多元回归进行了White异方差检验和Robust稳健标准差修正，对多元回归进行了公司层面的聚类（Cluster）处理，且对所有连续变量在1%和99%分位上进行了Winsorize处理。样本行业分布和授权专利行业分布见表6-1。总体来看，授权专利呈现增长趋势，随着创新驱动发展战略的深入实施，企业的技术创新能力在不断增强。授权专利主要集中在制造业（C），信息传输、软件和信息技术服务业（I），建筑业（E）和采矿业（B）等行业，但制造业（C）居多。

表 6-1　　　　　　　样本行业和授权专利行业分布　　　　　单位：件

Panel A 样本行业分布

行业类型＼年份	2008	2009	2010	2011	2012	2013	2014	2015
农、林、牧、渔业（A）	2	3	4	3	4	6	6	7
采矿业（B）	5	6	8	15	13	18	17	21
制造业（C）	288	311	381	452	502	516	609	644
电力、热力、燃气及水生产和供应（D）	0	1	2	2	8	9	9	9
建筑业（E）	8	9	15	19	19	24	27	27
批发和零售业（F）	0	0	1	2	4	6	6	6
交通运输、仓储和邮政业（G）	2	2	3	5	4	5	6	6
信息传输、软件和信息技术服务业（I）	12	13	17	17	20	18	24	26
房地产业（K）	2	2	2	2	5	2	3	1
水利、环境和公共设施管理业（N）	0	1	1	2	1	1	1	1
综合（S）	1	1	2	1	2	3	2	2
合计	320	349	436	520	582	608	710	750

Panel B 授权专利行业分布

行业类型＼年份	2007	2008	2009	2010	2011	2012	2013	2014
农、林、牧、渔业（A）	21	88	33	65	59	76	47	38
采矿业（B）	713	739	1288	2808	698	909	964	3368
制造业（C）	10450	7126	10085	13601	19492	22307	23212	21577
电力、热力、燃气及水生产和供应（D）	0	2	17	15	19	102	130	146

续表

Panel B 授权专利行业分布

行业类型＼年份	2007	2008	2009	2010	2011	2012	2013	2014
建筑业（E）	69	120	139	145	413	474	626	842
批发和零售业（F）	0	0	2	19	17	39	52	428
交通运输、仓储和邮政业（G）	1	5	19	26	3	10	52	8
信息传输、软件和信息技术服务业（I）	69	89	222	377	295	270	173	121
房地产业（K）	4	22	19	15	30	11	5	0
水利、环境和公共设施管理业（N）	0	1	9	9	13	17	7	14
综合（S）	2	4	9	4	3	13	11	6
合计	11329	8196	11842	17084	21042	24228	25279	26548

二 模型设计与变量定义

为了验证本章研究假说 H6-1，基于 Easton 和 Harris（1991）提出的报酬模型，构建本章模型（6-1）

$$RET_t = \gamma_0 + \gamma_1 EPS_t/P_{t-1} + \gamma_2 Innovation_{t-1} + \gamma_3 Innovation_{t-1} \times EPS_t/P_{t-1} + \gamma_4 Size + \gamma_5 Lev + \gamma_6 TobinQ + \gamma_7 NAPS + \gamma_8 Persistence + \gamma_9 Agelist + \gamma_{10} ROA + \gamma_{11} Volatility + \gamma_{12} EM + \gamma_{13} Floatingstock + \gamma_{14} Board + \gamma_{15} Position + \gamma_{16} Mangement + \gamma_{17} First + \gamma_{18} Balance + \gamma_{19} State + Industry + Year + \delta \quad (6-1)$$

将样本分为国有企业和非国有企业、盈余波动大和盈余波动小、持续盈利能力强和持续盈利能力弱、知识产权保护强和知识产权保护弱、政府干预强和政府干预弱、金融发展水平高和金融发展水平低、法治水平高和法治水平低两组进行检验，分别验证本章研究假说 H6-2、假说 H6-3、假说 H6-4、假说 H6-5、假说 H6-6、假说 H6-7 和假说 H6-8。

被解释变量 RET 为市场回报率，解释变量 Innovation 衡量企业的技术创新能力，EPS 为每股收益，并经上年末股票收盘价平减。借鉴陈俊和陈汉文（2007）、罗进辉等（2012）、方红星和段敏（2014）、王福胜等（2014）、余琰和李怡宗（2016）、Banker 等（2009）、Cahan 等（2009）、Gunny（2010）、Krishnan 等（2013），控制企业规模（Size）、财务杠杆（Lev）、托宾 Q 值（TobinQ）、每股净资产（NAPS）、盈余增长持续性（Persistence）、企业上市年龄（Agelist）、经营业绩（ROA）、盈余波动性（Volatility）、盈余管理（EM）、流通股比例（Floatingstock）、董事会规模（Board）、两职合一（Position）、管理层持股（Mangement）、股权集中度（First）、股权制衡度（Balance）、产权性质（State），并控制行业和年度效应。制度环境采用王小鲁等（2017）编制的《中国分省份市场化指数报告（2016）》，市场化指数包括政府干预（Government）、金融发展水平（Finance）、法治水平（Law），采用年均增产率预测2007年和2015年的各市场化指数。各变量具体定义见表6-2。

表6-2　　　　　　　　　　变量定义

变量名称	变量代码	变量定义
市场回报率	RET	（当期最后一个交易日收盘价/当年第一个交易日收盘价）-1
会计盈余水平	EPS_t/P_{t-1}	当年每股收益/上年股票收盘价
技术创新	$Innovation_{t-1}$	企业在第 t-1 年被授权的专利数量（发明、实用新型和外观设计），加1后取自然对数
交互项	$Innovation_{t-1} \times EPS_t/P_{t-1}$	企业创新与会计盈余水平的交互项
企业规模	Size	当年资产总额的自然对数
财务杠杆	Lev	当年负债总额/资产总额
托宾 Q 值	TobinQ	当年公司的市场价值/资产重置成本
每股净资产	NAPS	当年每股净资产 = 股东权益/总股数
盈余增长持续性	Persistence	（当年营业利润-上年营业利润）/上年营业利润

续表

变量名称	变量代码	变量定义
企业上市年龄	Agelist	当年度 – IPO 年度的自然对数
经营业绩	ROA	当年净利润/总资产
盈余波动性	Volatility	ROA 每五年的标准差，其中 ROA = 净利润/平均资产总额
盈余管理	EM	由修正 Jones 模型得到
流通股比例	Floatingstock	当年流通股股数/总股数
董事会规模	Board	董事会人数的自然对数
两职合一	Position	董事长与总经理由一人兼任取 1，否则取 0
管理层持股	Mangement	管理层持股数/总股数
股权集中度	First	第一大股东持股数/总股数
股权制衡度	Balance	第二至第十大股东持股比例之和/第一大股东持股比例
产权性质	State	终极控制权为国有企业取 1，否则为 0
知识产权保护	Protection	《报告》中"知识产权保护"得分
政府干预	Government	《报告》中"政府与市场的关系"得分
金融发展水平	Finance	《报告》中"金融业的市场化"得分
法治水平	Law	《报告》中"市场中介组织的发育和法律制度环境"得分
行业效应	Industry	行业虚拟变量
年度效应	Year	年度虚拟变量

第四节 技术创新与盈余价值相关性实证结果与分析

一 描述性统计

本章主要变量及控制变量均进行了描述性统计分析，市场回报率（RET）、会计盈余水平（EPS_t/P_{t-1}）和技术创新（$Innovation_{t-1}$）等变量对其均值、中位数、最大值、最小值、四分之一分位数、四分之三分位数及标准差进行了描述性统计分析。基于描述性统计分析：

(1) 不同公司间的市场回报率差异较大;(2) 不同企业间会计盈余水平差别较大;(3) 对所选样本的实际专利授权量进行描述性统计分析发现,企业获取专利数总体上低于中等水平,而且不同企业间实际的专利授权量差异非常之大,比如样本企业的专利授权量最多的达3000多件,而有的企业未获得专利授权。对控制变量也做了描述性统计分析。

二 实证结果与分析

1. 技术创新、产权性质与盈余价值相关性

模型 (6-1) 回归结果见表6-3,在全样本检验中,$Innovation \times EPS_t/P_{t-1}$的系数为-0.328,且在1%显著性水平上为负,表明技术创新降低了每股盈余对股价的解释力,即降低了盈余价值相关性,假说H6-1未得到验证,可能的原因阐述如下:技术创新是一项风险高、周期长、投入大的经济活动,给企业未来盈余带来波动、而且未来盈余也具有很大的不确定性;本书的创新能力采用创新产出即授予专利数量来衡量,但是根据加速化陷阱理论,过多的专利未必是好事:专利过多,过多追求专利数量,可能存在粗制滥造,出现"问题专利"和"垃圾专利"等情况;或者企业可能缩短创新周期,不在产品的品质上精益求精,或者不注重培养"工匠精神",导致专利虽然很多,但是真正的创新能力却明显不足,即并不能说明创新能力就一定很强。过度的研发投入、过多的专利数量,不但不能提升企业的竞争优势,反而对企业造成负面影响(布朗,1999),布朗还认为缩短创新周期追求专利数量,会浪费大量资源,造成专利质量不高,影响创新效果;而且过多或过快的创新产品出现,可能超出了消费者的接受能力,因为市场吸收接连不断的新产品的能力毕竟有限,进而引发抵制、观望等市场情绪;这样企业为了保持业绩的增长,反而还会加大研发投入,专利产出继续增加(质量未必高),陷入了恶性循环。另外,专利的

价值究竟有多大，具有不确定性，因为专利中可能含有不重要的创新，并不能代表企业真正的创新水平，而且有相当多的专利实际上并不能创造价值，Toivanen（2002）也证实专利负面影响企业价值。再加上我国市场经济水平还有待提升，知识产权保护力度不足，专利中含有的技术创新能力低，虽然国家提出创新战略、掀起了"大众创业、万众创新"的热潮，但国民创新意识不足，普遍存在急功近利思想，缺乏专利战略意识，而且自主研发能力低下，与国外先进技术差距较大，这样可能存在加速化陷阱现象。综上可知，过度技术创新反而降低了盈余价值相关性。

在分组检验的国有企业分组中，$Innovation \times EPS_t/P_{t-1}$ 的系数为 -0.322，且在5%显著性水平上为负，假说H6-2未得到验证，这充分说明我国资本市场中存在加速化陷阱现象，在国有企业中表现得更为严重，可能存在国有企业拥有资源优势，更容易获取研发投入资金（易获取外部融资以及政府补助等），但同时专利技术粗制滥造的情况也更为严重，更加降低了技术创新与会计盈余之间的价值相关性。其余变量的回归结果见表6-3，不再赘述。

表6-3 技术创新、产权性质与盈余价值相关性回归结果

变量	全样本	国有企业	非国有企业
EPS_t/P_{t-1}	6.635***	5.367***	8.366***
	(12.89)	(8.59)	(9.10)
$Innovation$	0.015**	0.012*	0.008
	(2.55)	(1.66)	(0.87)
$Innovation \times EPS_t/P_{t-1}$	-0.328***	-0.322**	-0.166
	(-3.26)	(-2.57)	(-0.83)
$Size$	-0.078***	-0.038***	-0.137***
	(-10.04)	(-4.27)	(-8.86)

续表

变量	全样本	国有企业	非国有企业
Lev	0.442***	0.367***	0.545***
	(8.86)	(5.77)	(6.98)
$TobinQ$	0.153***	0.165***	0.153***
	(16.52)	(10.94)	(12.27)
$NAPS$	0.018***	0.004	0.038***
	(4.82)	(0.82)	(5.68)
$Persistence$	-0.003	-0.006***	0.007
	(-1.29)	(-2.94)	(1.54)
$Agelist$	0.210***	0.115*	0.216**
	(4.36)	(1.94)	(2.54)
ROA	-3.064***	-2.311***	-3.827***
	(-12.33)	(-7.27)	(-9.94)
$Volatility$	-0.018**	-0.023***	0.197
	(-2.34)	(-3.79)	(1.00)
EM	0.262***	0.317**	0.281***
	(3.73)	(2.21)	(3.32)
$Floatingstock$	-0.113***	-0.132**	-0.095
	(-2.67)	(-2.42)	(-1.53)
$Board$	0.014	-0.010	0.019
	(0.42)	(-0.21)	(0.37)
$Position$	-0.030**	-0.030	-0.013
	(-2.02)	(-1.30)	(-0.70)
$Mangement$	-0.193***	-2.490**	-0.182***
	(-3.24)	(-1.97)	(-2.68)
$First$	0.141**	0.109	0.028
	(2.18)	(1.43)	(0.25)
$Balance$	0.041***	0.029	0.031
	(2.90)	(1.36)	(1.54)
$State$	-0.006		
	(-0.39)		

续表

变量	全样本	国有企业	非国有企业
$Constant$	0.771***	0.302	1.966***
	(3.67)	(1.09)	(5.02)
$Industry, Year$	控制	控制	控制
F	292.08	201.65	135.26
$Adjusted-R^2$	0.636	0.673	0.622

注：*、**、***分别代表在10%、5%、1%水平上显著。多元回归进行了White异方差检验和Robust稳健标准差修正，并对多元回归进行了公司层面的聚类（Cluster）处理。

2. 技术创新、盈余波动性、盈余持续性[①]与盈余价值相关性

将样本按照盈余波动性大小和盈余持续性高低分组后，回归结果见表6-4：在盈余波动大的企业中，$Innovation \times EPS_t/P_{t-1}$的系数为-0.469，且在1%显著性水平上为负，假说H6-3未得到验证，这说明当盈余波动比较大的时候，企业管理层可能会通过增加研发投入，提高企业的核心竞争力、获取持续稳定的盈余，但随着研发投入的增加，企业可能为了追求短期利益，而放弃长期创新战略规划；同时，也可能存在专利产品的粗放式增长，加剧了可能存在的加速化陷阱现象，从而使得技术创新的价值相关性进一步降低；在持续盈利能力较强的企业中，$Innovation \times EPS_t/P_{t-1}$的系数为-0.524，且在1%显著性水平上为负，假说H6-4未得到验证，其原因可能是在企业持续盈利的情况下，用于研发的资金更加充足，从而更容易出现加速化陷阱现象，降低了技术创新的盈余价值相关性。其余变量对市场回报的影响见表6-4，不再赘述。

---

① 选取衡量盈利能力（总资产净利润率、销售净利润率）、运营能力（存货周转率、应收账款周转率）、偿债能力（资产负债率、速动比率）、发展能力（总资产增长率、净利润增长率）和现金流量能力（现金比率）共9个指标，对这9个指标进行主成分分析，以第一大主成分的中位数为界，大于中位数为盈余持续性强，小于中位数为盈余持续性弱。

表6-4 技术创新、盈余波动性、盈余持续性与盈余价值相关性回归结果

变量	盈余波动性 大	盈余波动性 小	盈余持续性 强	盈余持续性 弱
EPS_t/P_{t-1}	5.661***	7.914***	9.530***	3.873***
	(8.95)	(9.99)	(12.30)	(5.92)
$Innovation$	0.016**	0.015	0.032***	0.005
	(2.07)	(1.60)	(3.15)	(0.74)
$Innovation \times EPS_t/P_{t-1}$	-0.469***	-0.153	-0.524***	-0.162
	(-3.36)	(-0.94)	(-3.20)	(-1.11)
$Size$	-0.080***	-0.082***	-0.101***	-0.056***
	(-7.07)	(-6.95)	(-7.95)	(-5.33)
Lev	0.524***	0.298***	0.254***	0.431***
	(7.69)	(4.35)	(3.42)	(7.43)
$TobinQ$	0.132***	0.190***	0.200***	0.118***
	(11.09)	(13.84)	(14.22)	(11.10)
$NAPS$	0.020***	0.017***	0.018***	0.012**
	(4.11)	(3.01)	(3.70)	(2.41)
$Persistence$	-0.003*	0.013**	0.017***	-0.006***
	(-1.85)	(1.99)	(4.18)	(-3.09)
$Agelist$	0.293***	0.115*	0.154**	0.195***
	(4.27)	(1.71)	(2.07)	(3.40)
ROA	-2.132***	-5.344***	-4.804***	-1.742***
	(-7.61)	(-13.05)	(-13.42)	(-4.74)
$Volatility$	-0.015**	0.668	-0.005	-0.021*
	(-2.00)	(0.45)	(-0.67)	(-1.75)
EM	0.186*	0.327***	0.211**	0.119
	(1.82)	(3.42)	(2.07)	(0.79)
$Floatingstock$	-0.061	-0.161***	-0.113*	-0.074
	(-1.02)	(-2.72)	(-1.71)	(-1.44)
$Board$	0.046	0.008	0.053	-0.001
	(0.85)	(0.18)	(1.02)	(-0.03)

续表

变量	盈余波动性		盈余持续性	
	大	小	强	弱
$Position$	-0.030	-0.037*	-0.035*	-0.020
	(-1.37)	(-1.71)	(-1.66)	(-0.94)
$Mangement$	-0.100	-0.313***	-0.210**	-0.136
	(-1.22)	(-3.30)	(-2.32)	(-1.57)
$First$	0.183*	0.106	0.142	0.110
	(1.94)	(1.16)	(1.40)	(1.34)
$Balance$	0.054**	0.034*	0.030	0.041**
	(2.56)	(1.66)	(1.43)	(1.98)
$State$	-0.013	-0.018	-0.032	0.028
	(-0.58)	(-0.87)	(-1.37)	(1.41)
$Constant$	0.366	1.298***	1.369***	0.369
	(1.15)	(4.43)	(3.88)	(1.37)
$Industry,Year$	控制	控制	控制	控制
F	131.93	180.79	152.47	181.69
$Adjusted-R^2$	0.626	0.655	0.658	0.654

注：*、**、***分别代表在10%、5%、1%水平上显著。多元回归进行了White异方差检验和Robust稳健标准差修正，并对多元回归进行了公司层面的聚类（Cluster）处理。

3. 技术创新、制度环境与盈余价值相关性

考虑制度环境对技术创新与会计盈余价值相关性之间的调节作用，回归结果见表 6-5：在知识产权保护较强的样本中，$System$[①]$\times Innovation \times EPS_t/P_{t-1}$ 的系数为 0.470，且在 1% 显著性水平上为正，说明在知识产权保护程度比较强的地区的企业，技术创新能力的提高，能够提高会计盈余价值相关性，从而验证了假说 H6-5，原因可能在于较强的知识产权保护制度，能够一定程度上减少"问题专利""垃圾专利"，真正增强企业的创新能力，增强盈余价值相关性。在政府干预

---

① System 为哑变量，当知识产权保护强、政府干预弱、金融发展水平高和法治水平高时，取 1，否则为 0。

较弱的地区的企业，$System \times Innovation \times EPS_t/P_{t-1}$ 的系数为 0.509，且在 1% 显著性水平上为正，说明政府干预弱的企业，企业创新能力的提高，能够增强会计盈余价值相关性，假说 H6-6 得到验证，原因可能在于政府干预弱，企业更能够发挥自身能动性，根据市场需求和竞争者的实际情况，制定创新战略，实现企业长期发展，更加有利于企业避免或减少加速化陷阱现象的发生。在金融发展水平较高地区的企业，$System \times Innovation \times EPS_t/P_{t-1}$ 的系数为 0.249，且在 5% 水平上显著为正，说明金融发展水平高的地区的企业，创新能力的增强有利于提高会计盈余价值相关性，假说 H6-7 得到验证，可能的原因是一方面较高的金融发展水平有利于企业进行外部融资，确保创新资金的充裕，而且金融中介能够降低信息获取成本，减少创新成本，这样企业可能更加追求高品质的技术创新成果；另一方面健全的金融制度能够为企业技术创新提供长效的激励机制，企业更愿意制定长期创新战略，更能够保证创新成果的质量，真正实现创新能力的提高。在法治水平较高的地区的企业，$System \times Innovation \times EPS_t/P_{t-1}$ 的系数为 0.450，且在 1% 水平上显著为正，假说 H6-8 得到验证，表明拥有较高的法治水平的企业，创新能力的提高更加有利于增加会计盈余价值相关性，可能的原因是完善的法律法规对企业具有威慑力和约束力，减少创新活动中弄虚作假、粗制滥造等情况的发生，提高企业实际的创新能力，增强会计盈余价值相关性。控制变量回归结果见表 6-5，不再赘述。

表 6-5　技术创新、制度环境与盈余价值相关性回归结果

变量	知识产权保护	政府干预	金融发展水平	法治水平
EPS_t/P_{t-1}	6.579***	6.544***	6.685***	6.575***
	(11.41)	(11.31)	(11.27)	(11.36)

续表

变量	知识产权保护	政府干预	金融发展水平	法治水平
$Innovation$	0.010*	0.009	0.012*	0.010*
	(1.65)	(1.46)	(1.89)	(1.68)
$Innovation \times EPS_t/P_{t-1}$	-0.397***	-0.373***	-0.352***	-0.395***
	(-3.52)	(-3.24)	(-3.02)	(-3.49)
$System \times Innovation \times EPS_t/P_{t-1}$	0.470***	0.509***	0.249**	0.450***
	(4.09)	(4.58)	(2.37)	(3.94)
$Size$	-0.081***	-0.077***	-0.079***	-0.081***
	(-9.60)	(-9.13)	(-9.44)	(-9.59)
Lev	0.475***	0.464***	0.475***	0.474***
	(8.89)	(8.69)	(8.87)	(8.88)
$TobinQ$	0.166***	0.167***	0.166***	0.166***
	(15.35)	(15.43)	(15.35)	(15.34)
$NAPS$	0.020***	0.020***	0.019***	0.020***
	(4.97)	(4.85)	(4.76)	(4.97)
$Persistence$	-0.002	-0.002	-0.002	-0.002
	(-0.67)	(-0.78)	(-0.91)	(-0.68)
$Agelist$	0.220***	0.207***	0.213***	0.220***
	(4.32)	(4.07)	(4.17)	(4.32)
ROA	-3.290***	-3.322***	-3.304***	-3.286***
	(-12.24)	(-12.34)	(-12.31)	(-12.22)
$Volatility$	-0.016*	-0.015	-0.016*	-0.016*
	(-1.65)	(-1.58)	(-1.77)	(-1.66)
EM	0.280***	0.283***	0.288***	0.281***
	(3.58)	(3.63)	(3.69)	(3.59)
$Floatingstock$	-0.109**	-0.105**	-0.099**	-0.108**
	(-2.40)	(-2.32)	(-2.20)	(-2.38)
$Board$	0.031	0.032	0.023	0.031
	(0.86)	(0.88)	(0.62)	(0.85)
$Position$	-0.035**	-0.034**	-0.034**	-0.035**
	(-2.20)	(-2.11)	(-2.16)	(-2.20)

续表

变量	知识产权保护	政府干预	金融发展水平	法治水平
$Mangement$	-0.186***	-0.180***	-0.173***	-0.185***
	(-2.88)	(-2.79)	(-2.69)	(-2.86)
$First$	0.111	0.123*	0.145**	0.114
	(1.60)	(1.79)	(2.12)	(1.64)
$Balance$	0.042***	0.043***	0.044***	0.042***
	(2.76)	(2.83)	(2.90)	(2.79)
$State$	-0.002	0.001	-0.006	-0.002
	(-0.13)	(0.04)	(-0.38)	(-0.14)
$Constant$	0.726***	0.673***	0.698***	0.721***
	(3.12)	(2.90)	(3.00)	(3.10)
$Industry, Year$	控制	控制	控制	控制
F	251.51	248.24	247.78	251.81
$Adjusted-R^2$	0.617	0.617	0.616	0.617

注：*、**、***分别代表在10%、5%、1%水平上显著。多元回归进行了White异方差检验和Robust稳健标准差修正，并对多元回归进行了公司层面的聚类（Cluster）处理。System指制度环境，包括知识产权保护、政府干预、金融发展水平、法治水平。

三 内生性检验

技术创新影响盈余价值相关性，可能存在内生性或自选择偏差，因为盈余价值相关性比较强的公司可能本身技术创新能力就强（当然也不排除真实的创新能力未被投资者识别的可能），所以可能存在自选择偏差。为了避免或减少自选择偏差可能对回归结果造成的影响，采用Heckman二阶段回归法，具体如下：（1）建立以技术创新（设置为哑变量）为因变量的回归模型［见模型（6-2）］，进行Probit回归，计算出Inverse Mills Ratio（IMR）；（2）控制IMR后，再对模型（6-1）进行OLS回归，回归结果见表6-6、表6-7和表6-8，我们发现控制内生性后本书的结论未改变。

$Inno\_dummy = \rho_0 + \rho_1 Subsidy + \rho_2 Size + \rho_3 Lev + \rho_4 TobinQ + \rho_5 NAPS +$

$\rho_6 Persistenc + \rho_7 Agelist + \rho_8 ROA + \rho_9 Volatility + \rho_{10} EM + \rho_{11} Floatingstock +$
$\rho_{12} Board + \rho_{13} Position + \rho_{14} Mangement + \rho_{15} First + \rho_{16} Balance + \rho_{17} State +$
$Industry + Year + \mu$ （6－2）

其中，$Inno\_dummy$ 为技术创新的虚拟变量，当 $Innovation$ 大于中位数时，其值取1，否则取0。$Subsidy$ 为政府补助的自然对数，其余变量定义同模型（6－1）。另外，内生性检验的样本筛选过程中有部分样本因存在缺失值，最终确定913家公司的3493个非平衡面板观测值。

表6－6　技术创新、产权性质与盈余价值相关性（内生性）回归结果

变量	全样本	国有企业	非国有企业
EPS_t/P_t-1	5.872***	4.665***	7.237***
	(10.70)	(7.50)	(7.46)
$Innovation$	0.015**	0.007	0.016
	(2.32)	(0.94)	(1.44)
$Innovation \times EPS_t/P_{t-1}$	－0.212**	－0.165*	－0.172
	（－2.01）	（－1.48）	（－0.78）
$Size$	－0.028	0.001	－0.070**
	（－1.24）	(0.03)	（－2.32）
Lev	0.405***	0.348***	0.603***
	(7.49)	(5.03)	(6.43)
$TobinQ$	0.144***	0.164***	0.134***
	(13.17)	(8.69)	(8.43)
$NAPS$	0.013***	0.001	0.035***
	(3.15)	(0.10)	(4.61)
$Persistence$	－0.002	－0.004**	0.010**
	（－0.89）	（－2.06）	(2.01)
$Agelist$	0.077	0.062	－0.057
	(1.14)	(0.80)	（－0.46）

续表

变量	全样本	国有企业	非国有企业
ROA	-2.899***	-2.050***	-3.304***
	(-9.83)	(-5.70)	(-7.10)
Volatility	-0.032*	-0.012	-0.715**
	(-1.78)	(-0.75)	(-2.32)
EM	0.226**	0.349**	0.215**
	(2.57)	(2.06)	(2.29)
Floatingstock	-0.074	-0.108*	-0.010
	(-1.38)	(-1.75)	(-0.12)
Board	-0.017	-0.069	0.031
	(-0.42)	(-1.14)	(0.51)
Position	-0.025	-0.024	-0.001
	(-1.41)	(-0.87)	(-0.02)
Mangement	-0.154*	-3.239*	-0.087
	(-1.79)	(-1.91)	(-0.76)
First	0.242***	0.142*	0.206
	(3.11)	(1.71)	(1.36)
Balance	0.049***	0.021	0.051*
	(2.92)	(0.86)	(1.94)
State	-0.015		
	(-0.84)		
IMR	-0.198**	-0.124	-0.354***
	(-2.21)	(-0.97)	(-2.78)
Constant	0.308	-0.171	1.535***
	(0.81)	(-0.29)	(2.96)
Industry, Year	控制	控制	控制
Observations	3493	1987	1506
F	216.81	151.58	94.11
Adjusted-R^2	0.621	0.659	0.606

注：*、**、***分别代表在10%、5%、1%水平上显著。多元回归进行了White异方差检验和Robust稳健标准差修正，并对多元回归进行了公司层面的聚类（Cluster）处理。

表 6-7 技术创新、盈余波动性、盈余持续性与盈余价值相关性（内生性）回归结果

变量	盈余波动性 大	盈余波动性 小	盈余持续性 强	盈余持续性 弱
EPS_t/P_{t-1}	4.561***	7.135***	8.502***	2.878***
	(6.81)	(8.53)	(10.49)	(4.15)
$Innovation$	0.023***	0.006	0.028**	0.003
	(2.70)	(0.64)	(2.35)	(0.45)
$Innovation \times EPS_t/P_{t-1}$	-0.327**	-0.071	-0.437**	-0.013
	(-2.23)	(-0.39)	(-2.35)	(-0.09)
$Size$	-0.045	-0.084***	-0.162***	-0.058*
	(-1.49)	(-3.03)	(-5.75)	(-1.75)
Lev	0.485***	0.291***	0.175**	0.451***
	(6.01)	(4.09)	(2.09)	(5.94)
$TobinQ$	0.122***	0.187***	0.195***	0.116***
	(8.28)	(11.47)	(12.31)	(8.17)
$NAPS$	0.016***	0.013**	0.016***	0.007
	(2.83)	(2.13)	(2.80)	(1.11)
$Persistence$	-0.002	0.015**	0.023***	-0.005**
	(-1.21)	(2.06)	(5.15)	(-2.45)
$Agelist$	0.226**	0.046	0.197**	0.147
	(2.27)	(0.54)	(2.11)	(1.59)
ROA	-1.819***	-5.507***	-4.939***	-1.234***
	(-5.68)	(-9.91)	(-11.17)	(-2.79)
$Volatility$	-0.023	-0.157	0.328	-0.028
	(-1.35)	(-0.10)	(0.78)	(-1.58)
EM	0.158	0.387***	0.280**	0.194
	(1.30)	(3.04)	(2.31)	(1.11)
$Floatingstock$	-0.030	-0.181***	-0.180**	-0.086
	(-0.39)	(-2.70)	(-2.49)	(-1.20)
$Board$	0.073	-0.018	0.007	0.036
	(1.15)	(-0.35)	(0.12)	(0.60)

续表

变量	盈余波动性		盈余持续性	
	大	小	强	弱
$Position$	-0.030	-0.030	-0.023	-0.016
	(-1.15)	(-1.23)	(-0.92)	(-0.64)
$Mangement$	0.080	-0.469***	-0.425***	-0.150
	(0.58)	(-3.99)	(-3.48)	(-1.13)
$First$	0.239**	0.105	0.054	0.151
	(2.14)	(0.88)	(0.45)	(1.63)
$Balance$	0.050**	0.037	0.028	0.039
	(1.99)	(1.51)	(1.10)	(1.64)
$State$	-0.013	-0.027	-0.022	0.025
	(-0.50)	(-1.11)	(-0.86)	(1.08)
IMR	-0.148	0.049	0.292***	0.011
	(-1.39)	(0.46)	(2.82)	(0.08)
$Constant$	-0.126	1.706***	2.690***	0.502
	(-0.24)	(3.65)	(4.93)	(1.04)
$Industry, Year$	控制		控制	
$Observations$	1706	1787	1735	1758
F	93.34	146.93	113.44	123.89
$Adjusted - R^2$	0.606	0.643	0.650	0.631

注：*、**、*** 分别代表在10％、5％、1％水平上显著。多元回归进行了White异方差检验和Robust稳健标准差修正，并对多元回归进行了公司层面的聚类（Cluster）处理。

表6-8 技术创新、制度环境与盈余价值相关性（内生性）回归结果

变量	知识产权保护	政府干预	金融发展水平	法治水平
EPS_t/P_{t-1}	5.913***	5.851***	5.827***	5.901***
	(10.70)	(10.63)	(10.59)	(10.69)
$Innovation$	0.015**	0.014**	0.014**	0.015**
	(2.43)	(2.28)	(2.27)	(2.44)
$Innovation \times EPS_t/P_{t-1}$	-0.321***	-0.283**	-0.246**	-0.312***
	(-3.15)	(-2.45)	(-2.22)	(-3.09)

续表

变量	知识产权保护	政府干预	金融发展水平	法治水平
$System \times Innovation \times EPS_t/P_{t-1}$	0.215**	0.189**	0.102*	0.191**
	(2.42)	(2.25)	(1.33)	(2.18)
$Size$	-0.025	-0.027	-0.027	-0.026
	(-1.11)	(-1.20)	(-1.20)	(-1.12)
Lev	0.404***	0.402***	0.407***	0.404***
	(7.49)	(7.45)	(7.51)	(7.48)
$TobinQ$	0.144***	0.144***	0.144***	0.144***
	(13.18)	(13.21)	(13.17)	(13.18)
$NAPS$	0.013***	0.013***	0.013***	0.013***
	(3.24)	(3.19)	(3.13)	(3.24)
$Persistence$	-0.002	-0.002	-0.002	-0.002
	(-0.77)	(-0.83)	(-0.82)	(-0.76)
$Agelist$	0.070	0.070	0.072	0.071
	(1.04)	(1.05)	(1.06)	(1.06)
ROA	-2.896***	-2.903***	-2.892***	-2.894***
	(-9.85)	(-9.88)	(-9.81)	(-9.84)
$Volatility$	-0.030*	-0.030*	-0.031*	-0.030*
	(-1.65)	(-1.69)	(-1.72)	(-1.66)
EM	0.215**	0.220**	0.227**	0.217**
	(2.45)	(2.52)	(2.58)	(2.46)
$Floatingstock$	-0.074	-0.076	-0.074	-0.074
	(-1.39)	(-1.42)	(-1.39)	(-1.38)
$Board$	-0.011	-0.011	-0.017	-0.012
	(-0.27)	(-0.28)	(-0.43)	(-0.30)
$Position$	-0.023	-0.023	-0.024	-0.023
	(-1.34)	(-1.34)	(-1.40)	(-1.35)
$Mangement$	-0.161*	-0.162*	-0.157*	-0.160*
	(-1.87)	(-1.88)	(-1.82)	(-1.86)
$First$	0.223***	0.227***	0.239***	0.227***
	(2.87)	(2.92)	(3.08)	(2.91)

续表

变量	知识产权保护	政府干预	金融发展水平	法治水平
Balance	0.048***	0.048***	0.050***	0.049***
	(2.86)	(2.85)	(2.92)	(2.88)
State	-0.013	-0.012	-0.014	-0.013
	(-0.73)	(-0.68)	(-0.79)	(-0.74)
IMR	-0.215**	-0.201**	-0.202**	-0.213**
	(-2.36)	(-2.21)	(-2.23)	(-2.34)
Constant	0.277	0.310	0.314	0.275
	(0.73)	(0.82)	(0.83)	(0.73)
Industry, Year	控制	控制	控制	控制
Observations	3493	3493	3493	3493
F	210.02	211.47	209.59	210.05
Adjusted-R^2	0.621	0.621	0.621	0.621

注：*、**、*** 分别代表在10%、5%、1%水平上显著。多元回归进行了White异方差检验和Robust稳健标准差修正，并对多元回归进行了公司层面的聚类（Cluster）处理。System指制度环境，包括知识产权保护、政府干预、金融发展水平、法治水平。

四 稳健性检验

其一，选取创新能力比较强的行业的企业进一步进行多元回归，即仅选取采矿业（B），制造业（C），建筑业（E）及信息传输、软件和信息技术服务业（I）四类行业（所选样本中这些行业的授权专利数较多），以增强本书结论的可靠性。这样处理一方面是这些行业的企业技术创新能力相对较强，另一方面也考虑了技术创新的行业差异。样本筛选过程中，最终确定1014家公司的4093个非平衡面板观测值。回归结果见表6-9、表6-10和表6-11。

表6-9 技术创新、产权性质与盈余价值相关性回归结果

变量	全样本	国有企业	非国有企业
EPS_t/P_{t-1}	6.909***	5.594***	8.457***
	(13.14)	(8.55)	(8.96)

续表

变量	全样本	国有企业	非国有企业
$Innovation$	0.015***	0.012*	0.010
	(2.63)	(1.68)	(1.00)
$Innovation \times EPS_t/P_{t-1}$	-0.387***	-0.369***	-0.193
	(-3.91)	(-2.92)	(-0.96)
$Size$	-0.077***	-0.035***	-0.141***
	(-9.47)	(-3.79)	(-8.97)
Lev	0.434***	0.354***	0.548***
	(8.56)	(5.47)	(6.91)
$TobinQ$	0.153***	0.167***	0.152***
	(16.39)	(10.90)	(12.17)
$NAPS$	0.019***	0.005	0.039***
	(4.90)	(0.96)	(5.71)
$Persistence$	-0.002	-0.005**	0.007
	(-0.81)	(-2.54)	(1.47)
$Agelist$	0.217***	0.125**	0.221**
	(4.39)	(2.07)	(2.58)
ROA	-3.150***	-2.430***	-3.780***
	(-12.64)	(-7.50)	(-9.76)
$Volatility$	-0.017**	-0.021***	0.154
	(-2.27)	(-3.64)	(0.79)
EM	0.292***	0.309**	0.289***
	(3.51)	(2.15)	(2.77)
$Floatingstock$	-0.093**	-0.111*	-0.079
	(-2.16)	(-1.96)	(-1.28)
$Board$	0.024	0.007	0.013
	(0.70)	(0.15)	(0.26)
$Position$	-0.030**	-0.027	-0.017
	(-2.00)	(-1.12)	(-0.87)
$Mangement$	-0.179***	-2.111*	-0.183***
	(-2.99)	(-1.92)	(-2.69)

续表

变量	全样本	国有企业	非国有企业
$First$	0.159**	0.122	0.022
	(2.38)	(1.56)	(0.19)
$Balance$	0.044***	0.029	0.031
	(3.05)	(1.38)	(1.52)
$State$	-0.006		
	(-0.40)		
$Constant$	0.670***	0.138	2.038***
	(3.10)	(0.48)	(5.09)
$Industry, Year$	控制	控制	控制
$Observations$	4093	2181	1912
F	289.00	198.75	132.79
$Adjusted-R^2$	0.640	0.681	0.621

注：*、**、***分别代表在10%、5%、1%水平上显著。多元回归进行了White异方差检验和Robust稳健标准差修正，并对多元回归进行了公司层面的聚类（Cluster）处理。

表6-10　技术创新、盈余波动性、盈余持续性与盈余价值相关性（行业）回归结果

变量	盈余波动性		盈余持续性	
	大	小	强	弱
EPS_t/P_{t-1}	5.812***	8.354***	9.432***	3.897***
	(8.99)	(9.35)	(11.54)	(5.71)
$Innovation$	0.016**	0.017*	0.033***	0.005
	(1.97)	(1.86)	(3.15)	(0.75)
$Innovation \times EPS_t/P_{t-1}$	-0.505***	-0.231	-0.571***	-0.178
	(-3.63)	(-1.32)	(-3.34)	(-1.19)
$Size$	-0.080***	-0.082***	-0.099***	-0.056***
	(-6.82)	(-6.85)	(-7.39)	(-5.11)
Lev	0.521***	0.274***	0.275***	0.422***
	(7.49)	(3.95)	(3.60)	(7.14)
$TobinQ$	0.133***	0.188***	0.196***	0.119***
	(11.09)	(13.62)	(13.68)	(11.12)

续表

变量	盈余波动性		盈余持续性	
	大	小	强	弱
$NAPS$	0.020***	0.017***	0.019***	0.013**
	(4.06)	(2.99)	(3.79)	(2.53)
$Persistence$	-0.003	0.017**	0.018***	-0.005***
	(-1.54)	(2.25)	(4.08)	(-2.85)
$Agelist$	0.292***	0.135**	0.176**	0.197***
	(4.21)	(1.97)	(2.29)	(3.34)
ROA	-2.175***	-5.423***	-4.730***	-1.766***
	(-7.73)	(-12.69)	(-12.86)	(-4.68)
$Volatility$	-0.014*	0.128	-0.003	-0.020*
	(-1.92)	(0.08)	(-0.45)	(-1.77)
EM	0.177*	0.423***	0.246*	0.132
	(1.75)	(3.36)	(1.86)	(0.84)
$Floatingstock$	-0.052	-0.138**	-0.080	-0.077
	(-0.85)	(-2.27)	(-1.19)	(-1.47)
$Board$	0.045	0.017	0.065	0.005
	(0.82)	(0.38)	(1.23)	(0.10)
$Position$	-0.027	-0.038*	-0.041*	-0.017
	(-1.26)	(-1.74)	(-1.95)	(-0.80)
$Mangement$	-0.099	-0.290***	-0.177*	-0.158*
	(-1.21)	(-3.08)	(-1.94)	(-1.82)
$First$	0.209**	0.128	0.155	0.128
	(2.15)	(1.39)	(1.47)	(1.52)
$Balance$	0.058***	0.039*	0.033	0.041*
	(2.68)	(1.89)	(1.55)	(1.95)
$State$	-0.010	-0.020	-0.034	0.024
	(-0.46)	(-0.94)	(-1.39)	(1.19)
$Constant$	0.338	1.188***	1.191***	0.350
	(1.04)	(4.04)	(3.27)	(1.26)
$Industry, Year$	控制	控制	控制	控制
$Observations$	2078	2015	2029	2064

续表

变量	盈余波动性		盈余持续性	
	大	小	强	弱
F	131.30	191.58	149.63	179.74
$Adjusted-R^2$	0.630	0.663	0.659	0.654

注：*、**、***分别代表在10%、5%、1%水平上显著。多元回归进行了White异方差检验和Robust稳健标准差修正，并对多元回归进行了公司层面的聚类（Cluster）处理。

表6-11 技术创新、制度环境与盈余价值相关性（行业）回归结果

变量	知识产权保护	政府干预	金融发展水平	法治水平
EPS_t/P_{t-1}	6.901***	6.833***	6.847***	6.894***
	(13.27)	(13.13)	(13.02)	(13.23)
$Innovation$	0.015***	0.014**	0.015**	0.015***
	(2.62)	(2.51)	(2.56)	(2.64)
$Innovation \times EPS_t/P_{t-1}$	-0.485***	-0.457***	-0.414***	-0.477***
	(-5.14)	(-4.54)	(-4.13)	(-5.03)
$System \times Innovation \times EPS_t/P_{t-1}$	0.224***	0.234***	0.101*	0.199**
	(2.72)	(2.89)	(1.37)	(2.44)
$Size$	-0.078***	-0.077***	-0.077***	-0.078***
	(-9.37)	(-9.41)	(-9.49)	(-9.37)
Lev	0.435***	0.431***	0.436***	0.434***
	(8.57)	(8.49)	(8.59)	(8.56)
$TobinQ$	0.154***	0.154***	0.153***	0.154***
	(16.46)	(16.48)	(16.41)	(16.45)
$NAPS$	0.019***	0.019***	0.019***	0.019***
	(4.98)	(4.93)	(4.87)	(4.98)
$Persistence$	-0.001	-0.001	-0.001	-0.001
	(-0.61)	(-0.70)	(-0.72)	(-0.61)
$Agelist$	0.216***	0.211***	0.215***	0.217***
	(4.38)	(4.28)	(4.33)	(4.39)
ROA	-3.148***	-3.158***	-3.147***	-3.147***
	(-12.71)	(-12.75)	(-12.65)	(-12.69)

续表

变量	知识产权保护	政府干预	金融发展水平	法治水平
$Volatility$	-0.016**	-0.015*	-0.016**	-0.016**
	(-1.99)	(-1.94)	(-2.10)	(-2.01)
EM	0.286***	0.285***	0.293***	0.286***
	(3.43)	(3.44)	(3.53)	(3.45)
$Floatingstock$	-0.100**	-0.097**	-0.094**	-0.099**
	(-2.29)	(-2.24)	(-2.18)	(-2.26)
$Board$	0.030	0.030	0.024	0.029
	(0.86)	(0.86)	(0.68)	(0.83)
$Position$	-0.029*	-0.029*	-0.030**	-0.030*
	(-1.94)	(-1.94)	(-2.00)	(-1.95)
$Mangement$	-0.189***	-0.186***	-0.181***	-0.188***
	(-3.16)	(-3.12)	(-3.03)	(-3.14)
$First$	0.134**	0.142**	0.156**	0.138**
	(1.98)	(2.11)	(2.33)	(2.04)
$Balance$	0.043***	0.043***	0.044***	0.043***
	(2.95)	(2.97)	(3.05)	(2.98)
$State$	-0.004	-0.003	-0.006	-0.004
	(-0.23)	(-0.16)	(-0.35)	(-0.25)
$Constant$	0.689***	0.677***	0.683***	0.682***
	(3.18)	(3.14)	(3.14)	(3.14)
$Industry, Year$	控制	控制	控制	控制
$Observations$	4093	4093	4093	4093
F	280.51	280.33	277.80	280.51
$Adjusted-R^2$	0.641	0.641	0.641	0.641

注：*、**、*** 分别代表在10%、5%、1%水平上显著。多元回归进行了 White 异方差检验和 Robust 稳健标准差修正，并对多元回归进行了公司层面的聚类（Cluster）处理。System 指制度环境，包括知识产权保护、政府干预、金融发展水平、法治水平。

其二，为了避免或减弱遗漏变量对回归结果的影响，采用固定效应模型重新进行多元回归，以增强本章结论的可靠性。固定效应回归结果分别见表 6-12、表 6-13 和表 6-14。

表6-12 技术创新、产权性质与盈余价值相关性（固定效应）回归结果

变量	全样本	国有企业	非国有企业
EPS_t/P_{t-1}	7.517***	5.430***	10.085***
	(15.42)	(9.97)	(12.60)
Innovation	0.011	0.002	0.024*
	(1.09)	(0.18)	(1.71)
$Innovation \times EPS_t/P_{t-1}$	-0.347***	-0.251**	-0.300
	(-3.53)	(-2.33)	(-1.60)
Size	-0.248***	-0.152***	-0.339***
	(-7.66)	(-3.78)	(-7.57)
Lev	0.977***	1.076***	0.843***
	(8.80)	(7.65)	(5.81)
TobinQ	0.235***	0.229***	0.219***
	(23.11)	(15.73)	(17.18)
NAPS	0.055***	0.036***	0.084***
	(7.57)	(4.22)	(8.11)
Persistence	-0.005**	-0.008***	0.008**
	(-2.37)	(-3.81)	(2.11)
Agelist	1.061	0.545	2.520**
	(1.52)	(0.60)	(2.39)
ROA	-3.030***	-1.862***	-3.950***
	(-9.70)	(-4.93)	(-10.12)
Volatility	0.005	0.049	-0.671
	(0.08)	(0.21)	(-1.20)
EM	0.288***	0.342**	0.237*
	(2.76)	(2.22)	(1.95)
Floatingstock	-0.113*	-0.115	-0.125
	(-1.80)	(-1.58)	(-1.34)
Board	-0.124	-0.004	-0.075
	(-1.45)	(-0.03)	(-0.61)
Position	-0.025	-0.007	-0.030
	(-1.01)	(-0.21)	(-1.02)

续表

变量	全样本	国有企业	非国有企业
$Mangement$	-0.297	-1.353	-0.215
	(-1.26)	(-0.37)	(-1.02)
$First$	0.845***	0.680***	1.325***
	(4.06)	(2.64)	(4.55)
$Balance$	0.192***	0.192***	0.206***
	(5.61)	(3.69)	(5.29)
$State$	0.004		
	(0.05)		
$Constant$	1.003	0.424	-2.089
	(0.42)	(0.13)	(-0.57)
$Industry, Year$	控制	控制	控制
$Observations$	4267	2284	1983
F	252.72	177.53	133.66
$Adjusted-R^2$	0.550	0.629	0.450

注：*、**、*** 分别代表在10%、5%、1%水平上显著。多元回归进行了White异方差检验和Robust稳健标准差修正，并对多元回归进行了公司层面的聚类（Cluster）处理。

表6-13 技术创新、盈余波动性、盈余持续性与盈余价值相关性（固定效应）回归结果

变量	盈余波动性		盈余持续性	
	大	小	强	弱
EPS_t/P_{t-1}	5.311***	9.884***	12.519***	2.640***
	(9.69)	(10.98)	(14.99)	(4.20)
$Innovation$	0.022	0.008	0.015	-0.014
	(1.48)	(0.57)	(0.95)	(-0.97)
$Innovation \times EPS_t/P_{t-1}$	-0.314***	-0.018	-0.440**	-0.090
	(-2.62)	(-0.09)	(-2.32)	(-0.80)
$Size$	-0.217***	-0.213***	-0.277***	-0.128***
	(-4.50)	(-4.86)	(-5.84)	(-2.80)
Lev	1.058***	0.742***	0.552***	0.777***
	(6.99)	(4.50)	(3.49)	(4.86)

续表

变量	盈余波动性 大	盈余波动性 小	盈余持续性 强	盈余持续性 弱
$TobinQ$	0.194***	0.261***	0.256***	0.199***
	(14.49)	(16.45)	(18.53)	(12.84)
$NAPS$	0.047***	0.059***	0.039***	0.051***
	(4.30)	(6.28)	(4.35)	(4.28)
$Persistence$	-0.004**	0.004	0.012**	-0.006***
	(-2.28)	(0.53)	(2.41)	(-3.34)
$Agelist$	2.436**	0.513	0.266	2.163**
	(2.15)	(0.55)	(0.27)	(2.23)
ROA	-1.541***	-6.550***	-6.885***	-0.428
	(-4.89)	(-8.04)	(-14.90)	(-0.96)
$Volatility$	0.061	2.770	-0.681	0.102
	(0.95)	(1.24)	(-1.37)	(1.44)
EM	0.246*	0.350**	0.269*	-0.016
	(1.79)	(2.47)	(1.82)	(-0.09)
$Floatingstock$	-0.175*	-0.019	0.081	-0.108
	(-1.70)	(-0.21)	(0.84)	(-1.08)
$Board$	-0.003	-0.234***	-0.200**	-0.046
	(-0.04)	(-2.76)	(-2.28)	(-0.55)
$Position$	-0.145	-0.096	-0.164	-0.113
	(-1.17)	(-0.85)	(-1.31)	(-1.00)
$Mangement$	-0.012	-0.024	-0.006	-0.019
	(-0.36)	(-0.75)	(-0.16)	(-0.59)
$First$	-0.623**	-0.036	-0.107	-0.502
	(-2.00)	(-0.09)	(-0.29)	(-1.42)
$Balance$	0.976***	0.833***	0.276	1.111***
	(3.27)	(2.85)	(0.91)	(4.15)
$State$	0.195***	0.254***	0.134***	0.150***
	(4.17)	(4.96)	(2.64)	(3.36)
$Constant$	-4.344	2.199	5.006	-5.294
	(-1.12)	(0.68)	(1.49)	(-1.58)

续表

变量	盈余波动性		盈余持续性	
	大	小	强	弱
$Industry, Year$	控制		控制	
$Observations$	2135	2132	2131	2136
F	125.43	149.01	138.17	125.97
$Adjusted-R^2$	0.435	0.599	0.565	0.465

注：*、**、***分别代表在10%、5%、1%水平上显著。多元回归进行了White异方差检验和Robust稳健标准差修正，并对多元回归进行了公司层面的聚类（Cluster）处理。

表6-14 企业创新、制度环境与盈余价值相关性（固定效应）回归结果

变量	知识产权保护	政府干预	金融发展水平	法治水平
EPS_t/P_{t-1}	6.975***	6.924***	7.259***	6.970***
	(14.10)	(13.95)	(14.55)	(14.02)
$Innovation$	0.001	0.001	0.008	0.001
	(0.05)	(0.08)	(0.76)	(0.11)
$Innovation \times EPS_t/P_{t-1}$	-0.439***	-0.419***	-0.369***	-0.431***
	(-4.43)	(-4.25)	(-3.74)	(-4.34)
$System \times Innovation \times EPS_t/P_{t-1}$	0.898***	0.877***	0.351**	0.818***
	(5.63)	(5.63)	(2.40)	(5.16)
$Size$	-0.241***	-0.243***	-0.247***	-0.241***
	(-7.48)	(-7.54)	(-7.63)	(-7.47)
Lev	0.943***	0.954***	0.972***	0.945***
	(8.52)	(8.62)	(8.76)	(8.53)
$TobinQ$	0.237***	0.237***	0.236***	0.237***
	(23.34)	(23.34)	(23.18)	(23.31)
$NAPS$	0.056***	0.057***	0.055***	0.056***
	(7.69)	(7.77)	(7.55)	(7.67)
$Persistence$	-0.004*	-0.004*	-0.005**	-0.004*
	(-1.70)	(-1.90)	(-2.20)	(-1.72)
$Agelist$	1.043	1.087	1.157*	1.047
	(1.50)	(1.56)	(1.65)	(1.50)

续表

变量	知识产权保护	政府干预	金融发展水平	法治水平
ROA	-3.080***	-3.028***	-3.044***	-3.061***
	(-9.90)	(-9.74)	(-9.75)	(-9.84)
$Volatility$	0.005	0.008	0.008	0.005
	(0.07)	(0.12)	(0.13)	(0.08)
EM	0.268**	0.269***	0.288***	0.270***
	(2.57)	(2.59)	(2.77)	(2.60)
$Floatingstock$	-0.110*	-0.112*	-0.109*	-0.108*
	(-1.77)	(-1.79)	(-1.75)	(-1.74)
$Board$	-0.118	-0.117	-0.112	-0.119
	(-1.39)	(-1.38)	(-1.32)	(-1.41)
$Position$	-0.027	-0.027	-0.024	-0.027
	(-1.09)	(-1.10)	(-0.98)	(-1.09)
$Mangement$	-0.320	-0.314	-0.303	-0.318
	(-1.37)	(-1.34)	(-1.29)	(-1.36)
$First$	0.784***	0.809***	0.852***	0.792***
	(3.78)	(3.90)	(4.09)	(3.82)
$Balance$	0.188***	0.191***	0.195***	0.189***
	(5.51)	(5.59)	(5.69)	(5.54)
$State$	0.011	0.007	0.002	0.011
	(0.16)	(0.10)	(0.03)	(0.15)
$Constant$	0.946	0.816	0.621	0.932
	(0.39)	(0.34)	(0.26)	(0.39)
Industry, Year	控制	控制	控制	控制
Observations	4267	4267	4267	4267
F	246.89	246.89	243.94	246.30
Adjusted-R^2	0.555	0.550	0.546	0.554

注：*、**、***分别代表在10%、5%、1%水平上显著。多元回归进行了White异方差检验和Robust稳健标准差修正，并对多元回归进行了公司层面的聚类（Cluster）处理。System指制度环境，包括知识产权保护、政府干预、金融发展水平、法治水平。

其三，为进一步减少技术创新可能存在的内生性，同时考虑专利发挥作用或者说产生经济效应需要一段时间，因此，特选取滞后两期授权专利再次进行多元回归分析。在样本筛选过程中，最终确定972家公司的3475个非平衡面板观测值。回归结果见表6-15、表6-16和表6-17。

表6-15 技术创新、产权性质与盈余价值相关性（滞后两期）回归结果

变量	全样本	国有企业	非国有企业
EPS_t/P_{t-1}	7.166***	5.918***	8.205***
	(12.37)	(8.41)	(7.65)
$Innovation$	0.014**	0.010	0.008
	(2.14)	(1.31)	(0.71)
$Innovation \times EPS_t/P_{t-1}$	-0.405***	-0.286***	-0.304
	(-4.17)	(-2.94)	(-1.20)
$Size$	-0.075***	-0.043***	-0.129***
	(-8.37)	(-4.12)	(-7.58)
Lev	0.449***	0.355***	0.556***
	(7.95)	(4.85)	(6.28)
$TobinQ$	0.153***	0.150***	0.159***
	(15.28)	(9.91)	(11.86)
$NAPS$	0.019***	0.003	0.041***
	(4.59)	(0.55)	(5.83)
$Persistence$	-0.002	-0.005**	0.002
	(-0.74)	(-2.04)	(0.45)
$Agelist$	0.215***	0.122*	0.273***
	(3.96)	(1.83)	(2.91)
ROA	-3.440***	-2.789***	-3.896***
	(-11.75)	(-6.62)	(-9.16)
$Volatility$	-0.023***	-0.021***	-0.641**
	(-3.00)	(-4.10)	(-2.10)
EM	0.245***	0.333	0.297***
	(3.15)	(1.54)	(3.71)
$Floatingstock$	-0.132***	-0.147**	-0.108
	(-2.69)	(-2.33)	(-1.47)

续表

变量	全样本	国有企业	非国有企业
$Board$	0.004	-0.002	-0.002
	(0.11)	(-0.04)	(-0.03)
$Position$	-0.031*	-0.046*	-0.008
	(-1.80)	(-1.70)	(-0.35)
$Mangement$	-0.199***	-1.148**	-0.183**
	(-3.10)	(-2.33)	(-2.41)
$First$	0.159**	0.142*	0.068
	(2.19)	(1.70)	(0.52)
$Balance$	0.044***	0.029	0.036
	(2.72)	(1.30)	(1.46)
$State$	-0.013		
	(-0.74)		
$Constant$	0.689***	0.401	1.613***
	(2.97)	(1.33)	(3.75)
$Industry, Year$	控制	控制	控制
$Observations$	3475	1792	1683
F	190.05	112.51	109.11
$Adjusted - R^2$	0.580	0.613	0.576

注：*、**、*** 分别代表在10%、5%、1% 水平上显著。多元回归进行了 White 异方差检验和 Robust 稳健标准差修正，并对多元回归进行了公司层面的聚类（Cluster）处理。

表6-16 技术创新、盈余波动性、盈余持续性与价值相关性（滞后两期）回归结果

变量	盈余波动性		盈余持续性	
	大	小	强	弱
EPS_t/P_{t-1}	6.743***	8.069***	9.196***	5.116***
	(9.85)	(7.65)	(10.97)	(6.27)
$Innovation$	0.011	0.016	0.024**	0.005
	(1.35)	(1.35)	(2.16)	(0.64)
$Innovation \times EPS_t/P_{t-1}$	-0.428***	-0.271	-0.488***	-0.228
	(-3.85)	(-1.32)	(-3.18)	(-1.72)

续表

变量	盈余波动性 大	盈余波动性 小	盈余持续性 强	盈余持续性 弱
$Size$	-0.071***	-0.084***	-0.093***	-0.054***
	(-5.63)	(-5.99)	(-6.68)	(-4.40)
Lev	0.509***	0.307***	0.291***	0.430***
	(6.54)	(3.81)	(3.53)	(6.12)
$TobinQ$	0.140***	0.185***	0.188***	0.125***
	(10.73)	(12.64)	(12.87)	(10.15)
$NAPS$	0.019***	0.020***	0.022***	0.011*
	(3.56)	(3.04)	(4.14)	(1.77)
$Persistence$	-0.002	-0.002	0.028***	-0.008***
	(-0.89)	(-0.27)	(4.54)	(-2.76)
$Agelist$	0.289***	0.119	0.131	0.217***
	(3.86)	(1.49)	(1.61)	(3.32)
ROA	-2.878***	-5.418***	-4.786***	-2.414***
	(-8.21)	(-11.59)	(-11.65)	(-5.16)
$Volatility$	-0.022***	0.310	-0.005	-0.024**
	(-2.89)	(0.18)	(-0.78)	(-2.31)
EM	0.144	0.395***	0.198*	0.036
	(1.32)	(3.61)	(1.81)	(0.20)
$Floatingstock$	-0.090	-0.199***	-0.117	-0.103*
	(-1.33)	(-2.72)	(-1.58)	(-1.71)
$Board$	0.031	-0.001	0.027	0.005
	(0.56)	(-0.02)	(0.48)	(0.09)
$Position$	-0.025	-0.045*	-0.038	-0.017
	(-1.05)	(-1.78)	(-1.60)	(-0.69)
$Mangement$	-0.119	-0.325***	-0.214**	-0.165*
	(-1.36)	(-3.20)	(-2.29)	(-1.72)
$First$	0.210**	0.118	0.154	0.118
	(2.00)	(1.11)	(1.44)	(1.19)
$Balance$	0.061***	0.029	0.036	0.040*
	(2.62)	(1.24)	(1.53)	(1.74)

续表

变量	盈余波动性		盈余持续性	
	大	小	强	弱
$State$	-0.016	-0.022	-0.037	0.023
	(-0.64)	(-0.91)	(-1.42)	(1.02)
$Constant$	0.217	1.382***	1.329***	0.253
	(0.66)	(3.92)	(3.59)	(0.79)
$Industry,Year$	控制	控制	控制	控制
$Observations$	1755	1720	1750	1725
F	93.01	111.53	108.69	98.48
$Adjusted-R^2$	0.591	0.581	0.597	0.606

注：*、**、*** 分别代表在10%、5%、1%水平上显著。多元回归进行了 White 异方差检验和 Robust 稳健标准差修正，并对多元回归进行了公司层面的聚类（Cluster）处理。

表6-17 技术创新、制度环境与盈余价值相关性（滞后两期）回归结果

变量	知识产权保护	政府干预	金融发展水平	法治水平
EPS_t/P_{t-1}	7.145***	7.093***	6.998***	6.914***
	(12.04)	(12.10)	(11.85)	(11.64)
$Innovation$	0.013**	0.013**	0.011*	0.010
	(2.08)	(1.99)	(1.66)	(1.60)
$Innovation \times EPS_t/P_{t-1}$	-0.479***	-0.462***	-0.423***	-0.454***
	(-4.79)	(-4.61)	(-4.39)	(-4.67)
$System \times Innovation \times EPS_t/P_{t-1}$	0.172*	0.198**	0.237**	0.353***
	(1.95)	(2.26)	(2.47)	(3.45)
$Size$	-0.075***	-0.074***	-0.074***	-0.076***
	(-8.31)	(-8.27)	(-8.34)	(-8.44)
Lev	0.450***	0.444***	0.452***	0.451***
	(7.97)	(7.88)	(7.99)	(7.98)
$TobinQ$	0.153***	0.153***	0.153***	0.153***
	(15.32)	(15.34)	(15.38)	(15.37)
$NAPS$	0.019***	0.019***	0.018***	0.019***
	(4.66)	(4.60)	(4.52)	(4.72)
$Persistence$	-0.001	-0.002	-0.001	-0.001
	(-0.58)	(-0.67)	(-0.58)	(-0.39)

续表

变量	知识产权保护	政府干预	金融发展水平	法治水平
$Agelist$	0.212***	0.207***	0.207***	0.212***
	(3.92)	(3.83)	(3.79)	(3.90)
ROA	-3.435***	-3.447***	-3.462***	-3.440***
	(-11.74)	(-11.80)	(-11.88)	(-11.77)
$Volatility$	-0.022***	-0.021***	-0.021***	-0.021***
	(-2.74)	(-2.68)	(-2.65)	(-2.59)
EM	0.238***	0.241***	0.251***	0.237***
	(3.07)	(3.09)	(3.23)	(3.08)
$Floatingstock$	-0.137***	-0.134***	-0.133***	-0.141***
	(-2.76)	(-2.72)	(-2.71)	(-2.84)
$Board$	0.010	0.010	0.004	0.012
	(0.26)	(0.27)	(0.10)	(0.33)
$Position$	-0.030*	-0.030*	-0.031*	-0.031*
	(-1.77)	(-1.77)	(-1.80)	(-1.84)
$Mangement$	-0.207***	-0.204***	-0.202***	-0.211***
	(-3.22)	(-3.18)	(-3.16)	(-3.28)
$First$	0.139*	0.142*	0.153**	0.126*
	(1.88)	(1.94)	(2.09)	(1.69)
$Balance$	0.043***	0.043***	0.044***	0.042***
	(2.63)	(2.63)	(2.71)	(2.61)
$State$	-0.011	-0.009	-0.010	-0.007
	(-0.61)	(-0.53)	(-0.59)	(-0.41)
$Constant$	0.713***	0.700***	0.720***	0.736***
	(3.07)	(3.02)	(3.09)	(3.16)
Industry，Year	控制	控制	控制	控制
Observations	3475	3475	3475	3475
F	183.76	183.76	182.53	185.71
$Adjusted-R^2$	0.580	0.581	0.581	0.581

注：*、**、*** 分别代表在10%、5%、1%水平上显著。多元回归进行了 White 异方差检验和 Robust 稳健标准差修正，并对多元回归进行了公司层面的聚类（Cluster）处理。System 指制度环境，包括知识产权保护、政府干预、金融发展水平、法治水平。

经过上述稳健性测试，本章结论并未改变。

第五节　小结

选取沪深 A 股 2008—2015 年上市公司作为研究样本，构建理论与假说，并建立实证模型，研究企业创新与盈余价值相关性之间的关系，即研究企业创新是否产生盈余价值相关性信息，并考虑产权性质、盈余波动性、盈余持续性和制度环境等对企业创新与盈余价值相关性之间的调节作用。经验证据表明：（1）企业创新能力的增强反而降低了盈余价值相关性，该结论的出现可能因为我国的技术创新存在加速化陷阱现象，即存在"问题专利""垃圾专利"，或者存在追求短期效益、注重专利产品的数量却忽视专利产品的质量，因此，在"大众创业、万众创新"的大环境中，加强培育"工匠精神"是何等重要；（2）产权性质、盈余波动性、盈余持续性和制度环境对技术创新与盈余价值相关性之关系产生调节效应，发现在国有企业中，技术创新能力的增强降低了盈余价值相关性，这表明在国有企业中，创新的加速化陷阱现象更加严重；盈余波动大和持续盈利能力强的企业，技术创新与盈余价值相关性之间的负相关性进一步加强，这表明当盈余波动大的时候，企业为了保持持续盈利能力，可能会加大研发投入，所以盈余波动大的时候，加速化陷阱现象变得更为严重；同时，当持续盈利能力增强的时候，企业用于研发的资金更加充裕，反而可能加剧加速化陷阱现象；不过，制度环境表现出了对技术创新与盈余价值相关性之间关系的正向调节效应，即在知识产权保护强、政府干预弱、金融发展水平高、法治水平高的地区的企业，技术创新与盈余价值相关性之间的负相关关系得到改善，起到积极的调节作用，这表明，从长远来看，加强制度环境建设对企业开展技术创新活动是有益的，特别能够提高企业技术创新产出质量，有利于提高盈余价值相关性，能够为投资者决策提供有用信息。

第七章 研究结论与政策建议

第一节 研究结论

党的十八大报告明确提出"科技创新是提高社会生产力和综合国力的战略支撑，必须摆在国家发展全局的核心位置"，强调要实施创新驱动发展战略。同时，产业转型升级、"大众创业、万众创新"等国家战略的实施，都表明技术创新在经济增长中的重大作用。本书以创新驱动发展战略为背景，以我国资本市场上市公司为样本，研究技术创新与盈余质量之间的关系，并研究产权性质、公司治理水平、融资约束、制度环境等对技术创新与盈余质量之关系的调节效应。研究发现在我国资本市场中，竞争优势和加速化陷阱现象均存在。总体而言，技术创新能够降低盈余波动性、提高盈余持续性以及降低盈余价值相关性，通过经验证据得到的具体结论概况如下：

第一，技术创新与盈余波动性。

以2007—2015年沪深A股上市公司为样本，研究了技术创新与盈余波动性之间的关系，并研究产权性质、公司治理水平、成立年龄、知识产权保护、政府干预、金融发展水平和法治水平等对两者之关系的调节效应，研究发现：其一，技术创新能力的增强，能够抑制会计盈余的波动性，因为随着创新能力的增强，企业形成竞争优势，经营业绩更加稳定，使盈余波动性降低；其二，从产权性质上讲，在国有企业中，技术创新使盈余波动性进一步得到抑制，这可能与国有企业具有资源优势、更易获取外部融资等，更有利于开展研发创新活动有关；其三，相对于公司治理水平高的公司，在公司治理水平较弱的企业中，技术创新能力的增强使盈余波动性更低；其四，相较于成立年龄较大的企业，在成立年龄较小的企业中，技术创新能力的增强进一步降低盈余波动性；其五，制度环境影响技术创新与会计盈余波动性之间的关系，具体表现在：（1）相对于知识产权保护弱的地区的企业，在知识产权保护强的地区的企业中，技术创新能力的增强进一步抑制了盈余波动性；（2）相对于政府干预弱的地区的企业，在政府干预强的地区的企业中，技术创新能力的增强进一步抑制了盈余波动性；（3）相对于金融发展水平低的地区的企业，在金融发展水平高的地区的企业，技术创新能力的增强进一步抑制了盈余波动性；（4）相对于法治水平低的地区的企业，在法治水平高的地区的企业，技术创新能力的增强进一步抑制了盈余波动性。

根据上述结论得到如下启示：（1）技术创新能力的增强能够帮助企业形成竞争优势，盈余波动性能够得到抑制；（2）就创新能力强、弱而言，因产权性质的不同而有差异，比如国有企业因有资源优势、外部融资优势等而具有更强的创新能力，从而进一步降低了经营业绩波动；（3）公司治理机制影响技术创新，但公司治理水平的提高并未使技术创新与盈余波动性之间的负相关性进一步降低，反而公司治理水平弱的企业中，两者之间的负相关性更低，这可能与片面追求满足监管层的要求以及追求短期效益等的公司治理机制建设有关，而且公司治理并不是为了达到制衡或控制的目的，更重要的是要建立合理的治理结构；（4）成立年龄小的企业，因其创新活动更加积极、更加活跃，进而技术创新更能推动经营业绩持续稳定增长；（5）制度环境影响技术创新，而且能够对技术创新与盈余波动性之间的关系起到调节作用。

第二，技术创新与盈余持续性。

以 2007—2015 年沪深 A 股上市公司为样本，研究了技术创新与盈余持续性之间的关系，并研究产权性质、公司治理水平、融资约束、盈余波动性、知识产权保护、政府干预、金融发展水平和法治水平等对两者之关系的调节效应，研究发现：（1）技术创新能力的增强能够提高盈余持续性，这可能与创新能够形成竞争优势、增强企业持续获利能力有关；（2）就产权性质而言，在国有企业中，技术创新能力的增强，进一步提高了企业持续获利的能力；（3）相较于公司治理水平较高的企业，在公司治理水平较低的企业中，技术创新与盈余持续性之间的正相关性进一步增加；（4）相较于融资约束较强的企业，在融资约束较弱的企业中，技术创新与盈余持续性之间的正相关性进一步增加；（5）相较于盈余波动性较小的企业，在盈余波动性较大的企业中，削弱了技术创新与盈余持续性之间的正相关性，但进一步研究发现，盈余波动大的公司，削弱的主要是技术创新与应计利润之间的正相关性，而技术创新与经营活动现金流之间的正相关性增强了；（6）制度环境影响技术创新与盈余持续性之间的关系，具体表现在：①相对于知识产权保护较强的企业，在知识产权保护较弱的企业中，技术创新与盈余持续性之间的正相关性进一步增强；②相对于政府干预弱的企业，在政府干预较强的企业中，技术创新与盈余持续性之间的正相关性进一步增强；③相对于金融发展水平高的地区的企业，在金融发展水平低的地区的企业，技术创新与盈余持续性之间的正相关性进一步增强；④相对于法治水平高的地区的企业，在法治水平低的地区的企业，技术创新与盈余持续性之间的正相关性进一步增强。

根据上述结论得到如下启示：（1）技术创新能力的增强，有利于提高盈余持续性；（2）技术创新能力的强弱因产权性质的不同而有差异，在国有企业中，创新能力的增强使得企业持续盈利的能力进一步增强;(3)公司治理机制影响技术创新,但技术创新与盈余持续性之间的正相关性,反而存在于公司治理水平较弱的企业中,该结论一定程度上说明我国资本市场中,公司治理建设并未取得预期效果,并未建立起有效的公司治理机制或结构;(4)融资约束将对技术创新产生影响,在融资约束较弱的企业中,更有利于技术创新能力的增强,进而增强技术创新与盈余持续性之间的正相关性;(5)盈余波动性降低了技术创新与盈余持续性之间的正相关性;(6)制度环境影响技术创新,且对技术创新与盈余持续性之间的关系起到调节作用,但是并未发现完善的制度环境进一步加强技术创新与盈余持续性之间的正相关性,反而是弱化了两者之间的正相关性,这可能与加速化陷阱理论有关。

第三,技术创新与盈余价值相关性。

以2007—2015年沪深A股上市公司为样本,研究了技术创新与盈余价值相关性之间的关系,并研究产权性质、盈余波动性、盈余持续性、知识产权保护、政府干预、金融发展水平和法治水平等对两者之关系的调节效应,研究发现:(1)技术创新降低了盈余价值相关性;(2)相对于非国有企业而言,在国有企业中,技术创新与盈余价值相关性之间的负相关性进一步降低;(3)相对于盈余波动小的企业,在盈余波动性大的企业中,技术创新与盈余价值相关性之间的负相关性进一步降低;(4)相对于持续盈利能力弱的企业,在持续盈利能力强的企业中,技术创新能力的增强进一步降低了盈余价值相关性;(5)制度环境影响技术创新与盈余价值相关性之间的关系,具体表现在:①相对于知识产权保护弱的地区的企业,在知识产权保护强的地区的企业,技术创新能力的增强,有利于提高盈余价值相关性;②相对于政府干预强的地区的企业,在政府干预弱的地区的企业,技术创新能力的增强,有利于提高盈余价值相关性;③相对于金融发展水平弱的地区的企业,在金融发展水平强的地区的企业,技术创新能力的增强,有利于提高盈余价值相关性；④相对于法治水平弱的地区的企业，在法治水平强的地区的企业，技术创新能力的增强，有利于提高盈余价值相关性。

根据上述结论得到如下启示：（1）技术创新能力的增强反而使盈余价值相关性降低，这可能与"加速化陷阱"有关；（2）国有产权性质的企业，技术创新与盈余价值相关性之间的负相关性进一步降低；（3）盈余波动性和盈余持续性对技术创新与盈余价值相关性产生调节效应，或者说影响两者之间的关系；（4）制度环境影响技术创新，而且对技术创新与盈余价值相关性之间的关系起到调节作用，完善的制度环境有利于削弱技术创新与盈余价值相关性之间的负相关性，或者说，加强制度环境建设，能够真正实现技术创新能力的提高，进而有利于增强盈余价值相关性。

第二节　政策建议

本书基于中国的资本市场，研究技术创新对盈余质量的影响，具体包括盈余波动性、盈余持续性和盈余价值相关性，根据本书的研究结论，再结合当前中国推行的创新驱动发展战略，对政府、企业、投资者等的相关政策建议如下：

第一，企业应积极贯彻国家创新驱动发展战略，开展技术创新活动，为企业长远发展提供强大技术支撑力量。根据本书的研究结论，企业的技术创新不但能够抑制盈余波动性，还能够提高盈余持续性，因此，加强技术创新有利于企业经营业绩稳定、持续增长。

第二，企业应加强公司治理机制建设，优化公司治理结构，真正解决公司治理中存在的实际问题。根据本书的结论，公司治理水平高的企业，创新能力的增强并未使盈余波动性降低，也未使盈余持续性增强，这说明我国的公司治理在某些方面可能起到一定的作用，比如公司治理水平高能够抑制激进避税行为，但未必有利于技术创新活动的开展、实现企业长期稳定发展和持续盈利，而且应避免出现为了满足监管层规定的硬性指标，却忽视了建设合理的治理结构。公司治理不是为了实现制衡，而应是建设良好的公司治理结构，要充分认识到公司治理是"治理问题"和"治理结构"组成的体系。

第三，政府应加强制度环境建设，为企业长期发展构建良好的经营环境。加强知识产权保护建设、减少政府行政干预、提高金融发展水平以及法治水平，也许就短期而言，对企业并未产生较大的正面影响，有时可能反而产生负面影响，但是从企业的长远发展来说，加强制度环境建设是必需的，对企业的长期经营发展是有益的。本书研究发现，知识产权保护较强、政府干预较弱、金融发展水平较高以及法治水平较高的地区的企业，技术创新能力的增强，有利于抑制盈余波动；虽然在知识产权保护弱、政府干预强、金融发展水平低和法治水平低的地区的企业，企业创新能力的增强，反而有利于提高盈余持续性，但在知识产权保护强、政府干预弱、金融发展水平高和法治水平高的地区的企业，技术创新能力的增强，有利于提高盈余价值相关性。从这些我们可以看出，加强制度环境建设，虽然短期内可能会出现"加速化陷阱"，产生"问题专利"和"垃圾专利"等情况，但是从长期来看，创建良好的制度环境有利于技术创新，进而使企业实现稳定、持续盈利，并能增强盈余价值相关性。

第四，投资者应关注企业实施的技术创新战略，为决策提供有用的价值相关信息。技术创新虽然降低了盈余价值相关性（可能与"加速化陷阱"有关），但是在制度环境比较好的地区的企业，创新能力的增强，有利于提高盈余价值相关性，因此，投资者不但要考虑企业的技术创新能力，还应结合企业所处的地理位置，分析制度环境可能对技术创新的影响，以及对技术创新与盈余质量的调节效应。

第五，政府不但应鼓励企业进行技术创新，为技术创新创建良好的制度环境，而且应鼓励企业培育"工匠精神"，制定企业的长期创新战略。虽然说，企业创新能力的增强，有利于抑制盈余波动、增强盈余持续性，但是却降低了盈余价值相关性，这些结论充分表明技术创新存在"竞争优势"和"加速化陷阱"两种截然相反的情况；但从企业的长远发展来看，推动技术创新，要完善制度环境、加强制度环境建设，对保障企业通过技术创新，增强核心竞争力、形成竞争优势，实现长期经营发展是非常重要的。

第三节 研究局限性与后续研究展望

一 研究局限性

第一，盈余持续性、盈余可预测性和盈余变动性是反映盈余变动的重要指标（Schipper and Vincent，2003），会计信息质量包括盈余持续性、可预测性、盈余平滑、异常应计、应计质量、盈余反应系数和盈余价值相关性等（Perotti and Wagenhofer，2014），因研究问题以及篇幅的限制，本书仅研究了盈余波动性、盈余持续性和盈余价值相关性，技术创新是否影响其他盈余质量以及理论基础如何，需进一步研究。

第二，衡量技术创新能力的指标包括创新投入（R&D）、创新产出（专利、专利引用、新产品数量、新产品销售收入等），而本书只选取授权专利数量作为技术创新的衡量指标。

第三，本书的理论框架主要基于"竞争优势理论"和"加速化陷阱理论"，所以，并未突破传统的分析框架，是否可用其他新的理论阐释技术创新对盈余质量产生不同影响，需进一步研究。

第四，单就盈余波动性和盈余持续性而言，其实属于企业的经营业绩范畴，而衡量经营业绩的指标通常包括会计指标（如 ROA）和市场指标（如托宾 Q 值），而本书研究的是会计指标，并未涉及市场指标。

二　后续研究展望

第一，进一步研究技术创新对盈余可预测性、盈余平滑等盈余质量的影响，这样就可以比较系统、全面地研究技术创新对盈余质量的影响。

第二，采用研发投入、专利引用情况等来衡量技术创新，这样不但考虑了技术创新的产出，而且涉及了创新的投入。

第三，采用市场指标来衡量企业的经营业绩。

第四，为了增强研究的贡献，或者说使研究的内容更加丰富，本书综合考虑了产权性质、公司治理、融资约束、制度环境等对技术创新与盈余质量之间的调节效应，后期还可以考虑诸如宏观经济政策、内部控制等可能存在的对两者之间关系的调节效应。

参考文献

边泓、贾婧：《规模扩张、盈余变异程度与盈余持续性》，《会计与经济研究》2015年第5期。

蔡地、万迪昉：《制度环境影响企业的研发投入吗？》，《科学学与科学技术管理》2012年第4期。

陈俊、陈汉文：《公司治理、会计准则执行与盈余价值相关性——来自中国证券市场的经验证据》，《审计研究》2007年第2期。

陈昆玉：《上市公司技术创新、融资与成长》，《科研管理》2015年第3期。

陈晓、陈小悦、刘钊：《A股盈余报告的有用性研究——来自上海、深圳股市的实证证据》，《经济研究》1999年第6期。

程虹、宁璐：《劳动生产率的企业年龄效应研究——来自中国企业—员工匹配调查数据的证据》，《产经评论》2016年第4期。

邓传洲：《公允价值的价值相关性：B股公司的证据》，《会计研究》2005年第10期。

丁一兵、傅缨捷、曹野：《融资约束、技术创新与跨越"中等收入陷阱"——基于产业结构升级视角的分析》，《产业经济研究》2014年第3期。

董雪兵、朱慧、康继军、宋顺锋：《转型期知识产权保护制度的增长效应研究》,《经济研究》2012 年第 8 期。

樊纲、王小鲁、朱恒鹏:《中国市场化指数——各地区市场化相对进程 2011 年报告》,经济科学出版社 2011 年版。

方红星、段敏:《内部控制信息披露对盈余价值相关性的影响——来自 A 股上市公司 2007—2011 年度的经验数据》,《审计与经济研究》2014 年第 6 期。

方红星、张志平:《内部控制对盈余持续性的影响及其市场反应——来自 A 股非金融类上市公司的经验证据》,《管理评论》2013 年第 12 期。

冯·布朗:《创新之战》,机械工业出版社 1999 年版。

韩美妮、王福胜:《法治环境、财务信息与创新绩效》,《南开管理评论》2016 年第 5 期。

贺贵才、于永达:《知识产权保护与技术创新关系的理论分析》,《科研管理》2011 年第 11 期。

洪剑峭、方军雄:《关联交易和会计盈余的价值相关性》,《中国会计评论》2005 年第 1 期。

姜付秀、刘志彪、陆正飞:《多元化经营、企业价值与收益波动研究》,《财经问题研究》2006 年第 11 期。

姜国华、李远鹏、牛建军:《我国会计准则和国际会计准则盈余报告差异及经济后果研究》,《会计研究》2006 年第 9 期。

姜国华、张然:《稳健性与公允价值:基于股票价格反应的规范性分析》,《会计研究》2007 年第 6 期。

江伟、李斌:《审计任期与盈余价值相关性——基于签字注册会计师任期的经验研究》,《审计与经济研究》2007 年第 5 期。

雷倩华、涂虹羽:《社会资本与盈余持续性——来自中国上市公司的经验证据》,《金融评论》2016 年第 2 期。

李东红:《基于价值创造的我国上市公司增长及其波动研究》,中国社会科学出版社 2012 年版。

黎欢、龚六堂:《金融发展、创新研发与经济增长》,《世界经济文汇》2014 年第 2 期。

李丽青:《我国现行 R&D 税收优惠政策的有效性研究》,《中国软科学》2007 年第 7 期。

李苗苗、肖洪钧、赵爽:《金融发展、技术创新与经济增长的关系研究——基于中国的省市面板数据》,《中国管理科学》2015 年第 1 期。

李姝:《多元化、盈余波动性及公司治理的调节效应》,《山西财经大学学报》2013 年第 12 期。

李姝、梁郁欣、田马飞:《内部控制质量、产权性质与盈余持续性》,《审计与经济研究》2017 年第 1 期。

李维安、李浩波、李慧聪:《创新激励还是税盾?——高新技术企业税收优惠研究》,《科研管理》2016 年第 11 期。

李远鹏、牛建军:《退市监管与应计异象》,《管理世界》2007 年第 5 期。

李正生:《中国知识产权保护的经济学思考》,《经济体制改革》2007 年第 5 期。

李志强、赵卫军:《企业技术创新与商业模式创新的协同研究》,《中国软科学》2012 年第 10 期。

李卓、宋玉:《股利政策、盈余持续性与信号显示》,《南开管理评论》2007 年第 1 期。

廖义刚、徐影:《投资机会、高质量审计与盈余的价值相关性》,《财经论丛》2013 年第 4 期。

林洲钰、林汉川、邓兴华:《所得税改革与中国企业技术创新》,《中国工业经济》2013 年第 3 期。

刘斌、吴娅玲:《会计稳健性对盈余价值相关性的影响研究——基于公允价值计量的视角》,《财经理论与实践〈双月刊〉》2010 年第 9 期。

柳剑平、程时雄:《中国 R&D 投入对生产率增长的技术溢出效应——基于工业行业（1993—2006 年）的实证研究》,《数量经济技术经济研究》2011 年第 11 期。

刘云中:《中国股票市场对会计盈余和会计应计量信息的反映》,《中国软科学》2003 年第 11 期。

娄贺统:《企业技术创新的税收激励效应研究》,立信会计出版社 2010 年版。

卢闯、刘俊勇、孙健、杨棉之:《控股股东掏空动机与多元化的盈余波动效应》,《南开管理评论》2011 年第 5 期。

鲁桐、党印:《公司治理与技术创新:分行业比较》,《经济研究》2014 年第 6 期。

陆宇建、蒋玥:《制度变革、盈余持续性与市场定价行为研究》,《会计研究》2012 年第 1 期。

罗进辉、吴祖光、黄震:《在建工程、公司治理与盈余价值相关性——来自 2002—2011 年中国 A 股上市公司的经验证据》,《山西财经大学学报》2012 年第 11 期。

罗军:《民营企业融资约束、对外直接投资与技术创新》,《中央财经大学学报》2017 年第 1 期。

迈克尔·波特:《竞争优势》,华夏出版社 1997 年版。

迈克尔·波特:《国家竞争优势》,中信出版社 2012 年版。

苗妙、魏建、刘安:《法治环境、金融深化与企业投资结构偏向》,《中国经济问题》2016 年第 2 期。

牛草林、李娇:《异质机构投资者持股对上市公司盈余持续性的影响研究》,《财经理论研究》2014 年第 6 期。

牛建波:《董事会规模的治理效应研究——基于业绩波动的新解释》,

《中南财经政法大学学报》2009年第1期。

彭韶兵、黄益建：《会计信息可靠性与盈余持续性——来自沪、深股市的经验证据》，《中国会计评论》2007年第2期。

沈弋、徐光华、钱明：《双元创新动因、研发投入与企业绩效——基于产权异质性的比较视角》，《经济管理》2016年第2期。

宋建波、高升好、关馨姣：《机构投资者持股能提高上市公司盈余持续性吗？——基于中国A股上市公司的经验证据》，《中国软科学》2012年第2期。

宋建波、田悦：《管理层持股的利益趋同效应研究——基于中国股上市公司盈余持续性的检验》，《经济理论与经济管理》2012年第12期。

孙爱军、陈小悦：《关于会计盈余的信息含量的研究——兼论中国股市的利润驱动特性》，《北京大学学报》（哲学社会科学版）2002年第1期。

孙光国、郭睿：《无形资产降低了年度盈余的持续性吗？——来自我国A股非金融上市公司的经验证据》，《预测》2016年第2期。

孙健、文雯、袁蓉丽、石玉凝：《上市公司委托理财与盈余波动性》，《中国软科学》2016年第6期。

孙晓华、王昀、徐冉：《金融发展、融资约束缓解与企业研发投资》，《科研管理》2015年第5期。

谭力文、丁靖坤：《21世纪以来战略管理理论的前沿与演进——基于SMJ（2001—2012）文献的科学计量分析》，《南开管理评论》2014年第2期。

谭青：《内部控制、会计——税收差异与盈余持续性》，《商业研究》2015年第5期。

唐未兵、傅元海、王展祥：《技术创新、技术引进与经济增长方式转变》，《经济研究》2014年第7期。

王福胜、吉姗姗、程富：《盈余管理对上市公司未来经营业绩的影响研究——基于应计盈余管理与真实盈余管理比较视角》，《南开管理评论》2014 年第 2 期。

王刚刚、谢富纪、贾友：《R&D 补贴政策激励机制的重新审视——基于外部融资激励机制的考察》，《中国工业经济》2017 年第 2 期。

王红霞、高山行：《基于资源利用的企业 R&D 投入与创新产出关系的实证研究》，《科学学研究》2009 年第 2 期。

汪健、曲晓辉：《关联交易、外部监督与盈余持续性——基于 A 股上市公司的经验证据》，《证券市场导报》2015 年第 9 期。

王小鲁、樊纲、余静文：《中国分省份市场化指数报告（2016）》，社会科学文献出版社 2017 年版。

王跃堂、孙铮、陈世敏：《会计改革与会计信息质量——来自中国证券市场的经验证据》，《会计研究》2001 年第 7 期。

魏明海、岳勇坚、雷倩华：《盈余质量与交易成本》，《会计研究》2013 年第 3 期。

吴璇、田高良、李玥婷、王建玲：《会计稳健性对盈余持续性和盈余反应系数的不对称影响研究》，《预测》2017 年第 3 期。

吴延兵：《R&D 与生产率——基于中国制造业的实证研究》，《经济研究》2006 年第 11 期。

肖华、张国清：《内部控制质量、盈余持续性与公司价值》，《会计研究》2013 年第 5 期。

谢盛纹、刘杨晖：《高管权力、产权性质与盈余持续性》，《华东经济管理》2015 年第 12 期。

解维敏、方红星：《金融发展、融资约束与企业研发投入》，《金融研究》2011 年第 5 期。

解维敏、唐清泉、陆姗姗：《政府 R&D 资助，企业 R&D 支出与自主创新——来自中国上市公司的经验证据》，《金融研究》2009 年第

6 期。

许春明、单晓光：《中国知识产权保护强度指标体系的构建及验证》，《科学学研究》2008 年第 4 期。

徐经长、戴德明、毛新述、姚淑瑜：《预测盈余的价值相关性研究——来自深圳、上海股市的经验证据》，《证券市场导报》2003 年第 12 期。

徐晓松：《公司治理："结构"抑或"问题"》，《政法论坛》2013 年第 11 期。

徐欣、唐清泉：《专利竞争优势与加速化陷阱现象的实证研究——基于中国上市公司专利与盈余关系的考察》，《科研管理》2012 年第 6 期。

杨棉之、李鸿浩、刘骁：《盈余持续性、公司治理与股价崩盘风险——来自中国证券市场的经验证据》，《现代财经》2017 年第 1 期。

严焰、池仁勇：《R&D 投入、技术获取模式与企业创新绩效——基于浙江省高技术企业的实证》，《科研管理》2013 年第 5 期。

尹志锋、叶静怡、黄阳华、秦雪征：《知识产权保护与企业创新》，《世界经济》2013 年第 12 期。

余琰、李怡宗：《高息委托借款与企业盈利能力研究——以盈余持续性和价值相关性为视角》，《审计与经济研究》2016 年第 4 期。

曾铖、郭兵：《产权性质、组织形式与技术创新绩效——来自上海微观企业数据的经验研究》，《科学学与科学技术管理》2014 年第 12 期。

曾雪云：《公允价值计量与金融市场风险》，北京大学出版社 2014 年版。

湛泳、李珊：《金融发展、科技创新与智慧城市建设——基于信息化发展视角的分析》，《财经研究》2016 年第 2 期。

张国清：《盈余持续性与公司价值》，东北财经大学出版社 2015 年版。

张国清、赵景文：《资产负债项目可靠性、盈余持续性及其市场反应》，

《会计研究》2008年第3期。

张杰、周晓艳、李勇:《要素市场扭曲抑制了中国企业R&D?》,《经济研究》2011年第8期。

张景奇:《上市公司会计信息价值相关性及盈余可持续性——基于Ohlson模型的实证研究》,经济管理出版社2013年版。

张景奇、孟卫东、陆静:《我国企业盈余可持续性影响因素研究——基于EBO模型的我国上市公司实证数据》,《管理评论》2010年第3期。

张军、王军只:《内部控制审核与操纵性应计项——来自沪市的经验证据》,《中央财经大学学报》2009年第2期。

张俊瑞、孟祥展、白雪莲:《多元化经营与盈余持续性的关系研究》,《西安交通大学学报》(社会科学版)2016年第11期。

张然、张会丽:《新会计准则中合并报表理论变革的经济后果研究——基于少数股东权益、少数股东损益信息含量变化的研究》,《会计研究》2008年第12期。

张瑞君、李小荣:《金字塔结构、业绩波动与信用风险》,《会计研究》2012年第3期。

张学勇、廖理:《股权分置改革、自愿性信息披露与公司治理》,《经济研究》2010年第4期。

赵春光:《现金流量价值相关性的实证研究——兼评现金流量表准则的实施效果》,《会计研究》2004年第2期。

赵宇龙:《会计盈余披露的信息含量——来自上海股市的经验证据》,《经济研究》1998年第7期。

赵中华、鞠晓峰:《技术溢出、政府补贴对军工企业技术创新活动的影响研究——基于我国上市军工企业的实证分析》,《中国软科学》2013年第10期。

郑成思:《知识产权法:新世纪初的若干研究重点》,法律出版社2004

年版。

钟腾、汪昌云：《金融发展与企业创新产出——基于不同融资模式对比视角》，《金融研究》2017年第12期。

周方召、符建华、仲深：《外部融资、企业规模与上市公司技术创新》，《科研管理》2014年第3期。

周煊、程立茹、王皓：《技术创新水平越高企业财务绩效越好吗？——基于16年中国制药上市公司专利申请数据的实证研究》，《金融研究》2012年第8期。

朱红军、汪辉：《"股权制衡"可以改善公司治理吗？——宏智科技股份有限公司控制权之争的案例研究》，《管理世界》2004年第10期。

朱乃平、朱丽、孔玉生、沈阳：《技术创新投入、社会责任承担对财务绩效的协同影响研究》，《会计研究》2014年第2期。

朱平芳、徐伟民：《政府的科技激励政策对大中型工业企业R&D投入及其专利产出的影响——上海市的实证研究》，《经济研究》2003年第6期。

Aghion, P. S., Bond, A. Klemm, and I. Marinescu, Technology and Financial Structure: Are Innovative Firms Different?, *Journal of the European Economic Association*, 22 (2/3), 2004: 277 – 288.

Aghion, P., P. Howitt, and D. Mayerfoulkes, The Effect of Financial Development on Convergence: Theory and Evidence, *Quarterly Journal of Economics*, 120 (1), 2005: 173 – 222.

Anctil, R. M., and S. Chamberlain, Determinants of the Time Series of Earnings and Implications for Earnings Quality, *Contemporary Accounting Research*, 22 (3), 2005: 483 – 517.

Ang, J. B., Financial Reforms, Patent Protection, and Knowledge Accumulation in India, *World Development*, 38 (8), 2010: 1070 – 1081.

Ang, J. S., Y. M. Cheng, and C. P. Wu., Does Enforcement of Intellectual Property Rights Matter in China? Evidence from Financingand Investment Choices in the High-tech Industry, *Review of Economics and Statistics*, 96 (2), 2014: 332 – 348.

Arrow, K. J. , The Economic Implications of Learning by Doing, *The Review of Economic Studies*, 29 (3), 1962: 155 – 173.

Arundel, A. , The Relative Effectiveness of Patents and Secrecy for Appropriation, *Research Policy*, 30 (4), 2001: 611 – 624.

Ball, R. , and P. Brown, An Empirical Evaluation of Accounting Income Numbers, *Journal of Accounting Research*, 6 (2), 1968: 159 – 178.

Ball, R. , and R. Watts, Some Time Series Properties of Accounting Income, *The Journal of Finance*, 27 (3), 1972: 663 – 681.

Banker, R. D. , R. Huang, and R. Natarajan, Incentive Contracting and Value Relevance of Earnings and Cash Flows, *Journal of Accounting Research*, 47 (3), 2009: 647 – 678.

Barney, J. , Firm Resources and Sustained Competitive Advantage, *Journal of Management*, 17 (1), 1991: 99 – 120.

Barth, M. E. , Fair Value Accounting: Evidence from Investment Securities and the Market Valuation of Banks, *Accounting Review*, 69 (1), 1994: 1 – 25.

Barth, M. E. , J. A. Elliott, and M. W. Finn, Market Rewards Associated with Patterns of Increasing Earnings, *Journal of Accounting Research*, 37 (2), 1999: 387 – 413.

Beaver, W. H. , The Information Content of Annual Earnings Announcements, *Journal of Accounting Research*, 6 (6), 1968: 67 – 92.

Beneish, M. and M. Vargus, Insider Trading, Earnings Quality, and Accrual Mispricing, *The Accounting Review*, 77 (4), 2002: 755 –

791.

Berchicci, L. , Towards an Open R&D System: Internal R&D Investment, External Knowledge Acquisition and Innovative Performance, *Research Policy*, 42 (1), 2013: 117-127.

Bloom, N. , R. Griffith, and J. V. Reenen, Do R&D Tax Credits Work? Evidence from a Panel of Countries 1979 - 1997, *Journal of Public Economics*, 85 (1), 2002: 1-31.

Boubakri, F. , The Relationship Between Accruals Quality, Earnings Persistence and Accruals Anomaly in the Canadian Context, *International Journal of Economics and Finance*, 4 (6), 2012: 51-62.

Brennan, M. J. , and P. J. Hughes, Stock Prices and the Supply of Information, *The Journal of Finance*, 46 (5), 1991: 1665-1691.

Brown, J. R. , G. Martinsson, and B. C. Petersen, Law, Stock Markets, and Innovation, *The Journal of Finance*, 68 (4), 2013: 1517-1549.

Cahan, S. F. , D. Emanuel, and J. Sun, The Effect of Earnings Quality and Country-level Institutions on the Value Relevance of Earnings, *Review of Quantitative Finance and Accounting*, 33 (4), 2009: 371-391.

Cao, S. S. , and G. S. , Narayanamoorthy, Earnings Volatility, Post-earnings Announcement Drift, and Trading Frictions, *Journal of Accounting Research*, 50 (1), 2012: 41-74.

Carroll, G. R. , A Stochastic Model of Organizational Mortality: Review and Reanalysis, *Social Science Research*, 12 (4), 1983: 303-329.

Chen, C. , Time-varying Earnings Persistence and the Delayed Stock Return Reaction to Earnings Announcements, *Contemporary Accounting*

Research, 30 (2), 2013: 549 – 578.

Chen, C. J. P., S. Chen, X. J. Su, Is Accounting Information Value-relevant in the Emerging Chinese Stock Market?, *Journal of International Accounting, Auditing & Taxation*, 10 (1), 2001: 1 – 22.

Cheng, C. S. A., Earnings Permanence and the Incremental Information Content of Cash Flows from Operations, *Journal of Accounting Research*, 34 (1), 1996: 173 – 181.

Cheng, C. S. A., C. S. Liu, and S. Thomas F., Earningspermanence and the Incremental Information Content of Cash Flows from Operations, *Journal of Accounting Research*, 34 (1), 1996: 173 – 181.

Cheng, S., Board Size and the Variability of Corporate Performance, *Journal of Financial Economics*, 87 (1), 2008: 157 – 176.

Clubb, C., and G. Wu, Earnings Volatility and Earnings Prediction: Analysis and UK Evidence, *Journal of Business Finance & Accounting*, 41 (1/2), 2014: 53 – 72.

Cockburn, I., and Z. Griliches, Industry Effects and Appropriability Measures in the Stock Markets Valuation of R&D and Patents, *The American Economic Review*, 78 (2), 1988: 419 – 423.

Coe, D. T., E. Helpman, and A. W. Hoffmaister, North-south R&D Spillovers, *The Economic Journal*, 107 (440), 1997: 134 – 149.

Cohen, W. M., and D. A. Levinthal, Innovation and Learning: the two Faces of R & D, *The Economic Journal*, 99 (397), 1989: 569 – 596.

Collins, D. W., and S. P. Kothari, An Analysis of Intertemporal and Cross-sectional Determinants of Earnings Response Coefficients, *Journal of Accounting and Economics*, 11 (2/3), 1989: 143 – 181.

Comin, D., and T. Philippon, The Rise in Firm-level Volatility: Causes and Consequences, *NBER Macroeconomics Annual*, 20 (20), 2005: 167 – 201.

Cropper, M., and W. Oates, Environmental Economics: a Survey, *Journal of Economic Literature*, 30 (2), 1992: 675 – 740.

Deb, J., and G. Sen, Income Diversification and Earnings' Volatility: Experience of the Indian Banking Sector, *prajnan*, 144 (3), 2015: 207 – 224.

Dechow, P., Accountingearnings and Cash Flows as Measures of firm Performance: the Role of Accounting Accruals, *Journal of Accounting and Economics*, 18 (1), 1994: 3 – 42.

Dechow, P. M., C. M. Schrand, Earnings Quality, *CFA Digest*, 34 (4), 2004: 82 – 85.

Dechow, P. M., and W. Ge, The Persistence of Earnings and Cash Flows and the Role of Special Items: Implications for the Accrual Anomaly, *Review of Accounting Studies*, 11 (2), 2006, 253 – 296.

Dechow, P. M., and I. D. Dichev, The Quality of Accruals and Earnings the Role of Accrual Estimation Errors, *The Accounting Review*, 77 (Supplement), 2002: 35 – 59.

Dechow, P., W. Ge, and C. Schrand, Understanding Earnings Quality: A Review of the Proxies, Their Determinants and Their Consequences, *Journal of Accounting & Economics*, 50 (2 – 3), 2010: 344 – 401.

Dichev, H. D., and V. W. Tang, Matching and the Changing Properties of Accounting Earnings Over the Last 40 years, *The Accounting Review*, 83 (6), 2008: 1425 – 1460.

Dierickx, I., and K. Cool, Asset Stock Accumulation and Sustainability of Competive Advantage, *Management Science*, 35 (12), 1989: 1504 – 1511.

Dosi, G., Sources, Procedures, and Microeconomic Effects of innovation, *Journal of Economic Literature*, 26 (3), 1988: 1120 – 1171.

Dunne, P., and A. Hughes, Age, Size, Growth and Survival: UK Companies in the 1980s, *The Journal of Industrial Economics*, 42 (2), 1994: 115 – 140.

Easton, P. D., and T. S. Harris, Earnings As an Explanatory Variable for Returns, *Journal of Accounting Research*, 29 (1), 1991: 19 – 36.

Ebaid, E. S., Persistence of Earnings and Earnings Components: Evidence from the Emerging Capital Market of Egypt, *International Journal of Disclosure and Governance*, 8 (2), 2011: 174 – 193.

Evans, D. S., Tests of Alternative Theories of firm Growth, *Journal of Political Economy*, 95 (4), 1987: 657 – 674.

Francis, J., R. LaFond, P. M. Olsson, and K. Schipper, Cost of Equity and Earnings Attributes, *The Accounting Review*, 79 (4), 2004: 967 – 1010.

Francis, J., and M. Smith, A Reexamination of the Persistence of Accruals and Cash Flows, *Journal of Accounting Research*, 43 (3), 2005: 413 – 451.

Frankel, R., and L. Litov, Earnings Persistence, *Journal of Accounting and Economics*, 47 (1 – 2), 2009: 182 – 190.

Gilbert, C. G, Unbundling the Structure of Inertia: Resource Versus Routine Rigidity, *Academy of Management Journal*, 48 (5), 2005: 741 – 763.

Goel, A. M., and A. V. Thakor, Overconfidence, CEO Selection, and Corporate Governance, *The Journal of Finance*, 63 (6), 2008: 2737 – 2784.

Graham, J. R., R. Campbell, and H. S. Rajgopal, The Economic Implications of Corporate Financial Reporting, *Journal of Accounting and Economics*, 40 (1 –3), 2005: 3 –73.

Gregory, A., J. Whittaker, and X. YAN, Corporate Social Performance, Competitive Advantage, Earnings Persistence and firm Value, *Journal of Business Finance & Accounting*, 43 (1/2), 2016: 3 –30.

Griffith, R., S. Redding, and J. V. Reenen, Mapping the two Faces of R&D: Productivity Growth in a Panel of OECD Industries, *The Review of Economics and Statistics*, 86 (4), 2004: 883 –895.

Griliches, Z., Hybrid Corn: An Exploration in the Economics of Technological Change, *Econometrica*, 25 (4), 1957: 501 –522.

Griliches, Z., Issues in Assessing the Contribution of Research and Development to Productivity Growth, *The Bell Journal of Economics*, 10 (1), 1979 (Spring): 92 –116.

Griliches, Z., R&D and the Productivity Slowdown, *American Economic Review*, 70 (2), 1980: 343 –348.

Griliches, Z., Productivity, R&D, and Basic Research at the firm Level in the 1970s, *American Economic Review*, 76 (1), 1986: 141 –154.

Griliches, Z., The Search for R&D Spillovers, *Scandinavian Journal of Economics*, 94 (Supplement), 1992: 29 –47.

Gunny, K. A., *What are the Consequences of Real Earnings Management?*, California: University of Califomia, 2005.

Gunny, K. A., The Relation Between Earnings Management Using Real Activities Manipulation and Future Performance: Evidence from Meeting Earnings Benchmarks, *Contemporary Accounting Research*, 27 (3), 2010: 855 –888.

Hadlock, C. J., and J. R. Pierce, Newevidence on Measuring Financial

Constraints: Moving Beyond the KZ Index, *The Review of Financial Studies*, 23 (5), 2010: 1909 – 1940.

Hall, B. H., The Financing of Research and Development, *Oxford Review of Economic Policy*, 18 (1), 2003: 35 – 51.

Hall, B. H., Exploring the Patent Explosion, *The Journal of Technology Transfer*, 30 (1), 2004: 35 – 48.

Hall, B. H., and J. Lerner, The Financing of R&D and Innovation, *Handbook of the Economics of Innovation*, 1, 2009: 609 – 639.

Hausman, J., B. H. Hall and Z. Griliches, Econometric Models for Count Data with an Application to the Patents-R&D Relationship, *The Econometric Society*, 52 (4), 1984: 909 – 938.

Haussler, C., D. Harhoff, and E Müller, To be Financed or not-the Role of Patents for Venture Capital Financing, *Working Paper*, 2009.

Hewitt-Dundas N., and S. Roper, Output Additionality of Public Support for Innovation: Evidence for Irish Manufacturing Plants, *European Planning Studies*, 18 (1), 2010: 107 – 122.

Hodder, L. D., P. E. Hopkins, and J. M. Wahlen, Risk-relevance of fair Value Income Measures for Commercial Banks, *The Accounting Review*, 81 (2), 2006: 337 – 375.

Holthausen, R. W., and R. L. Watts, The Relevance of the Value-relevance Literature for Financial Accounting Standard Setting, *Journal of Accounting and Economics*, 3131 (1/3), 2001: 3 – 75.

Horton, J., and G. Serafeim, Market Reaction to and Valuation of IFRS Reconciliation Adjustments: First Evidence from the UK, *Review of Accounting Studies*, 115 (4), 2010: 725 – 751.

Howitt, P., and P. Aghion, Capital Accumulation and Innovation as Complementary Factors in Long-run Growth, *Journal of Economic Growth*,

3 (2), 1998: 111 – 130.

Hsu, P. H., Technological Innovations and Aggregate Risk Premiums, *Journal of Financial Economics*, 94 (2), 2009: 264 – 279.

Hsu, P. H., and H. Hu, Advisory Board and Earnings Persistence, *Journal of Accounting, Auditing & Finance*, 31 (1), 2016: 134 – 157.

Hu, A. G. Z. Ownership, Government R&D, Private R&D, and Productivity in Chinese Industry, *Journal of Comparative Economics*, 29 (1), 2001: 136 – 157.

Jeon, S., I. Kanga, and S. Lee, The Relationship Between Persistence of Abnormal Earnings and Usefulness of Accounting Information in Hotel Companies, *Tourism Management*, 25 (6), 2004: 735 – 740.

Jeon, S., J. Kim, S. Lee, The Persistence of Abnormal Earnings and Systematic Risk, *Tourism Management*, 27 (5), 2006: 867 – 873.

Jonas, G. J., and J. Blanchet, Assessing Quality Offinancialreporting, *Accounting Horizons*, 14 (3), 2000: 353 – 363.

Jovanovic, B., Selection and the Evolution of Industry, *Econ Ometrica*, 50 (3), 1982: 649 – 670.

Kanwar, S., and R. Evenson, On the Strength of Intellectual Property Protection that Nations Provide, *Journal of Development Economics*, 90 (1), 2009: 50 – 56.

Klassen, K. J., J. A. Pittman, M. P. Reed, and S. Fortin, A Cross-national Comparison of R&D Expenditure Decisions: Tax Incentives and Financial Constraints, *Contemporary Accounting Research*, 21 (3), 2004: 639 – 680.

Kormendi, R., and R. Lipe, Earnings Innovations, Earnings Persistence, and Stock Returns, *The Journal of Business*, 60 (3), 1987: 323 – 345.

Krishnan, G. V. , G. Visvanathan, and W. Yu, Do Auditor-provided Tax Services Enhance or Impair the Value Relevance of Earnings?, *Journal of the American Taxation Association*, 35 (1), 2013: 1 – 19.

Lanjouw, J. O. , and M. Schankerman, Enforcing Intellectual Property Rights, *Working Paper*, 2001.

Laeven, L. , and G. , Majnoni, Does Judicial Efficiency Lower the Cost of Credit?, *Journal of Banking & Finance*, 29 (7), 2005: 1791 – 1812.

Lee, K. W. , B. Lev and G. H. H. Yeo, Executive pay Dispersion, Corporate Governance, and firm Performance, *Review of Quantitative Finance & Accounting*, 30 (3), 2008: 315 – 338.

Lennard, A. , Stewardship and the Objectives of Financial Statements: A Comment on IASB's, *Accounting in Europe*, 4 (1), 2007: 51 – 66.

Lev, B. , On the Usefulness of Earnings and Earnings Research: Lessons and Directions from two Decades of Empirical Research, *Journal of Accounting Research*, 27, 1989: 153 – 192.

Levine, R. , Financial Development and Economic Growth: Views and Agenda, *Journal of Economic Literature*, 35 (2), 1997: 688 – 726.

Li, D. Financial Constraints, R&D Investment, and Stock Returns, *Review of Financial Studies*, 24 (9), 2011: 2974 – 3007.

Li, X. B. , Sources of External Technology, Absorptive Capacity, and Innovation Capability in Chinese State-Owned High-Tech Enterprises, *World Development*, 39 (7), 2011: 1240 – 1248.

Lipe, R. C. , The Information Contained in the Components of Earnings, *Journal of Accounting Research*, 24 (Supplement), 1986: 37 – 64.

Mahjoub, L. B. , and H. Khamoussi, Environmental and social policy and earning persistence, *Business Strategy & the Environment*, 22 (3),

2013: 159-172.

Mamuneas, T. P., and M. I. Nadiri, Public R&D Policies and Cost Behavior of the US Manufacturing Industries, *Journal of Public Economics*, 63 (1), 1996: 57-81.

Mansury, M. A., J. H. Love, Innovation, Productivity and Growth in US Business Services: A Firm-level Analysis, *Technovation*, 28 (1/2), 2008: 52-62.

Mansfield, E., *The Economics of Technological Change*, New York: W. W. Norton & Company Inc., 1968.

Mansfield, E., The R&D Tax Credit and Other Technology Policy Issues, *American Economic Review*, 4 (76), 1986: 190-194.

Morales, M. F., Financial Intermediation in a Model of Growth Through Creative Destruction, *Macroeconomic Dynamics*, 7 (7), 2003: 363-393.

Myers, S. C., and N. S. Majluf, Corporate Financing and Investment Decisions When Firms Have Information That Investors do Not Have, *Journal of Finance Economics*, 13 (2), 1984: 187-221.

Nichols, D. C., and J. M. Wahlen, How do Earnings Numbers Relate to Stock Returns? a Review of Classic Accounting Research with Updated Evidence, *Accounting Horizons*, 18 (4), 2004: 263-286.

Nordhaus, W. D., Invention, Growth and Welfare, *The Economic Journal*, 80 (318), 1970: 341-343.

North, D. C., and B. R. Weingast, Constitutions and Commitment: the Evolution of Institutional Governing Public Choice in Seventeenth-century England, *The Journal of Economic History*, 49 (4), 1989: 803-832.

O'Connell V., Reflections on Stewardship Reporting, *Accounting Horizons*,

21 (2), 2007: 215 - 227.

Ohlson, J. A. , Earnings, Book Values and Dividends in Equity Valuation, *Contemporary Accounting Research*, 11 (2), 1995 (Spring): 661 - 687.

Patel, P. , and K. Pavitt, National Innovation Systems: Why They are Important, and How They Might be Measured and Compared, *Economics of Innovation & New Technology*, 3 (1), 2006: 77 - 95.

Penman, S. , and X. Zhang, Accounting Conservatism, the Quality of Earnings, and Stock Returns, *The Accounting Review*, 77 (2), 2002: 237 - 264.

Penrose, E. T. , The Theory of the Growth of the Firm, *Oxford: Oxford University Press*, 1959.

Perotti, P. and A. Wagenhofer, Earnings Quality Measures and Excess Returns, *Journal of Business Finance and Accounting*, 41 (5/6), 2014: 545 - 571.

Prais, S. J. , E. Mansfield, Industrial Research and Technological Innovation: An Econometric Analysis, *Economic Journal*, 78 (311), 1968: 676.

Ramakrishna, R. T. S. , and J. K. Thomas, Valuation of Permanent, Transitory, and Price-irrelevant Components of Reported Earnings, *Journal of Accounting, Auditing & Finance*, 13 (3), 1998: 301 - 336.

Reitzig, M. , Improving Patent Valuations for Management Purposes-validating Newindicators by Analyzing Applicationrationales, *Research Policy*, 33 (6/7), 2004: 939 - 957.

Riahi-Belkaoui, A. , and F. K. Alnajjar, Multinationality as a Determinant of Earnings Persistence, *Managerial Finance*, 28 (3), 2002: 83 -

96.

Richardson, S., Earnings Quality and Short Sellers, *Accounting Horizons*, *Supplement*, 2003: 49 – 61.

Richardson, S. A., R. G. Sloan, M. T. Soliman, and I. Tuna, Accrual Reliability, Earnings Persistence and Stock Prices, *Journal of Accounting and Economics*, 39 (3), 2005: 4437 – 485.

Richardson, S., R. G. Sloan, M. Soliman, and I. Tuna, Information in Accruals About the Quality of Earnings, *Working Paper*, 2001.

Romer, P. M., Growth Based on Increasing Returns Due to Specialization, *American Economic Review*, 77 (2), 1987: 56 – 62.

Romer, P. M., Endogenous Technological Change, *Journal of Political Economy*, 98 (5), 1990: 71 – 102.

Roychowdhury, S., Earnings Management Through Real Activities Manipulation, *Journal of Accounting and Economics*, 42 (3), 2006: 335 – 370.

Schipper, K., and L. Vincent, Earnings Quality, Accounting Horizons, *Supplement*, 2003: 97 – 110.

Schmookler, J., Invention and Economic Growth, *Cambridge, MA: Harvard University Press*, 1966.

Schumpeter, J. A., The Theory of Economic Development: an Inquiry into Profits, Capital, Credit, Interest, and the Business Cycle, *Cambridge MA: Harvard University Press*, 1934.

Skinner, D. J., and E. Soltes, What do Dividends Tell us About Earnings Quality?, *Review of Accounting Studies*, 16 (1), 2011: 1 – 28.

Sloan, R. G., Do Stock Prices Fully Reflect Information in Accruals and Cash Flows About Future Earnings?, *The Accounting Review*, 71 (3), 1996: 289 – 315.

Smith, C. W. , and R. L. Watts, The Investment Opportunity Set and Corporate Financing Dividend, and Compensation Policies, *Journal of Finance Economics*, 32 (3), 1992: 263 – 292.

Sørensen, J. B. , and T. E. Stuart, Aging, Obsolescence, and Organizational Innovation, *Administrative Science Quarterly*, 45 (1), 2000: 81 – 112.

Stern, N. , A Strategy for Development, *World Bank*, 2002, 17 (3), 2002: 88 – 101.

Subramanyam, K. R. , and J. J. Wild, Going-oncern Status, Earnings Persistence, and Informativeness of Earnings, *Contemporary Accounting Research*, 13 (1), 1996: 251 – 273.

Toivanen, O, P. Stoneman, and D. Bosworth, Innovation and the Market Value of UK Firms, 1989 – 1995, *Oxford Bulletin of Economics and Statistics*, 64 (1), 2002: 39 – 61.

Trajtenberg, M. , The Welfare Analysis of Product Innovations, with an Application to Computed Tomography Scanners, *Journal of Political Economy*, 97 (2), 1989: 444 – 479.

Wallman, S. M. H. , The Future of Accounting and Financial Reporting part II: The Colorized Approach, *Accounting Horizons*, 10 (2), 1996: 138 – 148.

Wallsten, S. J. , The Effects of Government-industry R&D Programs on Private R&D: The Case of the Small Business Innovation Research Program, *Rand Journal of Economics*, 31 (1), 2000: 82 – 100.

Wernerfelt, B. A. , Resource-Based View of the Firm, *Strategic Management Journal*, 5 (5), 1984: 171 – 180.

Whited, T. M. , and G. Wu, Financial Constraints Risk, *Review of Financial Studies*, 19 (2), 2006: 531 – 559.

Wurgler, J., Financial Markets and the Allocation of Capital, *Journal of Financial Economics*, 58 (1/2), 2000: 187 –214.

Xie, H., The Mispricing of Abnormal Accruals, *Accounting Review*, 76 (3), 2011: 357 –373.

致　　谢

本书是基于笔者博士论文基础之上完成的。2013年9月，笔者进入中国人民大学商学院攻读会计学博士学位，师从会计名家徐经长教授。时光荏苒，度过四年博士学习生涯，毕业后进入上海立信会计金融学院从事教学和研究工作。回想读博阶段，无比怀念，有恩师的谆谆教导与培养，有同门和同窗的帮助与鼓励，也有家人的默默奉献与支持！值此拙作出版之际，向他们表达谢意！

首先感谢恩师徐经长教授，感谢徐老师对我学业的悉心教导和培养以及在学习生活中无微不至的关怀和帮助。恩师学识渊博、治学严谨，指导学生认真负责，在生活中恩师对待学生和蔼可亲、宽厚仁爱，对待学术高标准、严要求，这种精神财富始终鞭策着我，激励着我励精图治、砥砺前行！

在中国人民大学商学院会计系学习期间，有幸结识了许多学术大家和青年才俊，他们对科研的孜孜追求、严于律己的治学风范，成为我今后教学和科研工作的指路灯塔！在此一并感谢中国人民大学商学院会计系戴德明教授、耿建新教授、荆新教授、赵西卜教授、徐泓教授、于富生教授、林钢教授、张敏教授、叶康涛教授、周华教授、宋建波教授、曹伟教授、袁蓉丽教授、吴武清副教授、张博副教授、戴璐副教授、孙曼莉副教授、秦玉熙副教授和高靖宇老师等。感谢财务与金融系孙茂竹教授、王化成教授、姜付秀教授、汪叔夜教授、况伟大教授和许年行教授等。感谢商学院博士教务老师陈君、施小斌和马玉阳等。正是以上师长的辛勤耕耘、悉心培养，帮助我顺利完成学业！

四年的博士学习离不开同门、同窗的热情帮助，当我在学术研究中迷茫时，他们的热情点拨让我茅塞顿开！当我在学习中遇到困难时，他们像师长一样指点迷津！当我在生活中不如意时，他们的体贴和关心让我增加信心和力量！感谢博士师兄弟姐妹：曾雪云、叶慧芬、史国英、张艺馨、关馨姣、梁博、王胜海、胡文龙、海洋、薛杰、张东旭、杨俊华、张璋、乔菲和贺浩森等。感谢博士同窗高渭川、高诚、马云飙、许浩然、贾祥功、武家鹏、李哲、徐策、董小红、王放、彭效冉、张玉华和张毅飞等。

拙作出版之际，对上海立信会计金融学院科研处老师、会计学院的领导和同事以及中国社会科学出版社王曦老师的辛勤付出一并表达谢意！

最后感谢我的父母，正是因为他们在背后默默的奉献，给予我前行的动力，支撑我顺利完成学业。感谢我的爱人，她的大力支持、体谅和包容，让我静心专攻于学术，她辛勤的工作，勤劳持家，任劳任怨，让我无后顾之忧！

感谢所有支持、关心我的朋友们！

汪　猛

2020年1月于上海